大學課程的
多元教學與實務

—————— 楊康宏 — 著

五南當代學術叢刊　　　　　五南圖書出版公司 印行

中文摘要

　　本書為作者應用各式教學法於不同課程的成果，包含課程設計、教學實施、質性及量化分析學生學習成效等。所使用的教學法包含問題導向學習教學法（PBL, Problem-based Learning）、專題式學習教學法（PBL, Project-based Learning）、個案式學習教學法（CBL, Case-based Learning）、資訊融入教學法、分組式教學法及遠距教學等。這些不同教學法有時相互搭配使用，有時候則單獨使用，或原有設計的教學法或策略可能隨著課程進行而有動態調整，例如，在1031學期「工作研究」課程實施PBL課程，在一個偶然機會與國貿系老師談到跨領域課程合作，在詳細討論之後認為在期中考結束後，嘗試跨領域PBL教學，幫助學生可以學得更好。因此，兩個班級都改變原有設計，分別在自己的課堂適度調整課程設計，最後獲得不錯的教學成效，提升學生學習成果。本書所提及的課程包含大學部「工作研究」、大學部「生產計畫與管制」、大學部「線性代數」、大學部「電資與人類文明」、研究所碩專班「品質管理」及大學部「工業工程總結實踐」總結性課程。在所有課程中以「工作研究」及「生產計畫與管制」兩門課使用PBL教學法的頻率是最高的，在書中也會有比較詳細的說明與結果展示。另外本書對於如何應用教學法進行課程設計及在課堂實施的教學策略於各章節說明。簡列重要發現與成效於下，

1. 在大班級必修課中應用PBL教學配合模擬遊戲教學策略為本書的亮點有別於其他常用的PBL教學模式如醫學院模式（Medical school model）、流動的促進者模式（Floating facilitator model）或是同儕導師模式（Peer tutor model）。融入模擬遊戲的大班級PBL模式除了可以活潑課程進行外，對於學生學習成效有明顯的提升效果。（第三章「工作研究」、第四章「生產計畫與管制」）

2. 本書提出一個PBL跨領域課程架構，讓不同領域的兩門課程可以在互不干擾原有教學設計下，一起進行跨領域教學。（第三章「工作研

究」）

3. 從資訊融入數學課程中發現資訊能力較佳的同學，在學習數學的過程中動機及成績明顯優於未參與資訊融入的同學。（第五章「線性代數」）

4. 應用PBL教學模式將專業倫理融入低年級通識必修課，建立大班級通識課程PBL教學模式。（第六章「電資與人類文明」）

5. 融合個案分析與講述式教學，創造合適情境讓學生完成指定學習任務，最後綜整系列課程所學工業工程知識，完成課堂計畫。（第七章「品質管理」）

6. 本書提出總結性課程的規劃與實施包含如何從奠基石課程、核心石課程銜接至總結性課程在本書中也會一併呈現。（第八章「工業工程實習」）

7. 附錄附上本人向教育部申請的教學實踐計畫申請書，讓有興趣的老師做為申未來申請的參考。

關鍵詞：問題導向教學、資訊融入教學、跨領域教學

Abstract

This book demonstrates results of author's applying various teaching methods in different classes over the years, including course design, teaching implement, qualitative and quantitative analysis of students' learning outcomes. Those teaching methods include Problem-based Learning (PBL), Project-based Learning(PBL), Case-cased Learning(CBL), Technology Implementation into Classroom, Group instruction, and Distant learning. Sometimes I collocate more than one teaching method in one class. Sometimes I apply only one teaching procedure in class. Sometimes I adaptively change one teaching method to another one; an example of the class "Motion and Time Study" during semester 1031, originally, I applied PBL in class, and later on I applied Interdisciplinary teaching with a teacher of Economy class after the midterm exam. The reason to change the method of instruction is that both of two teachers agreed that students could benefit more from a collaborative teaching of "Motion and Time Study" and "Economy" classes than the original teaching. Therefore, both teachers changed original class designs and adjusted teaching structures and finally students of two classes took advantages of the adaptive teachings and acquired good learning outcomes.

The classes I use them in this book include "Motion and Time Study", "Production Planning and Control", "Linear Algebra", "Electrical Engineering and Human Civilization", "Quality Management", and "Internship in Industrial Engineering". PBL are frequently applied in "Motion and Time Study" and "Production Planning and Control", and therefore teaching results are demonstrated in detail for those two courses. In addition, this book explains how to implement teaching methods and strategies in class in different chapters. The follows show the distinct results and findings.

- Applying PBL-based simulation game in a big class is the highlight of this report, which differentiates from common used PBL models, including the Medical school model, the Floating facilitator model or the Peer tutor model. The significant result shown in this report is that applying a simulation game in a big class not only makes the class brisk but promotes learning outcomes of students. (Chapter 3 "Motion and Time Study," Chapter 4 "Production Planning and Control")

- A course design structure of this book is for different teachers collaborating PBL interdisciplinary teaching, which teachers can teach independently without interfering with each other. (Chapter 3 "Motion and Time Study")

- For the mathematical class, students given programming lectures with good programming abilities had an increased motivation and had better grades compared to students without programming lectures. (Chapter 5 "Linear Algebra")

- Applying PBL to professional ethics topics to freshman compulsory general course to establish general course PBL model. (Chapter 6 "Electrical Engineering and Human Civilization")

- Combining Case-Based Learning and Lecturing, creating suitable scenarios for students to accomplish assignments, and finally asking students applying knowledge learned from lectures to finish final class projects.

- Showing how to design Cornerstone courses, Cornerstone courses, and Capstone courses. (Chapter 8 "Internship in Industrial Engineering")

- The appendix of this book provides an application material for MOST Teaching Practice Research Program for reference.

Keyword: Problem-based Learning, Technology Implementation into Classroom, Interdisciplinary teaching

Abstract

(7)

CONTENTS
目　錄

第一章

特色課程實施的背景及發展歷程

摘要

1. 說明特色教學法的實施如PBL主要受到荷蘭臺夫特工業大學系統工程政策與管理研究所老師的教學影響。

2. 比較中原大學與臺夫特工業大學的學分架構，並舉例系統工程、政策分析與管理研究所的課程設計說明教學架構對於特色教學的重要性。

3. 說明「工作研究」課程所建立的理想課程模式與實際操作之間的差異，導引出本書目的在於收集個人教學實務經驗及實施教學行動研究希望建立教學模式讓未來有興趣實施相關教學法的老師有所參考。

4. 闡述本人的教學理念為培養工業工程學生具備「秉持著科學精神，兼具道德品格與社會責任，考量系統思維邏輯，應用科學及工程方法，解決所面臨的問題」的能力的緣由。

5. 說明本書的課程介紹包含「工作研究」、大學部「生產計畫與管制」、大學部「線性代數」、大學部「電資與人類文明」、研究所碩專班「品質管理」及大學部「工業工程總結實踐」總結性課程。

　　本書整理了作者在中原大學工業與系統工程學系過去9年來於不同課程中融入多種教學法的課堂歷程、學生學習成效分析、教學面臨的議題及可能解決方案以及未來教學展望，其中包含問題本位學習教學法（Problem-based learning）、專題式學習教學法、個案式學習教學法、資訊融入教學及非同步遠距教學法等。藉由本次出書的撰寫過程讓自己反思及持續精進自己教學知能，除了期望自我激發潛能在未來教學技術能更上一層樓外，也希望本書的教學成果分享可以提供其他對於本書中所提教學法有興趣的老師作為教學的參考。

一、本書撰寫緣起

我相信很多人對於小時候的國語作文課都會有一個共同的印象，老師幾乎都會給小朋友一個非常雷同的作文題目「我的志願」，在寫這本書的同時，我幾乎想不起來我當時到底長大後立志要做什麼樣的職業，但是，我很清楚的記得立志要當老師是在大學二年級。在大學的課堂中，所學習到是有別於中學通識課程的專業課程，把專業學會是一件很「酷」的事情，若是可以教會別人專業那會是一件更酷的事情，當然這並不是一個多麼偉大的想法，但這卻是導引我往高等教育深造，進入大學殿堂當老師的一把金鑰。雖然離開大學的課堂超過了二十年，但目前為止，還是有一些令我直到現在還印象深刻的科目以及上課方式例如：應用數學軟體求解微分方程式，應用流體力學實驗說明水庫大壩設計，大學課堂上老師們使用不同的教學手法引導學生學習專業，讓我覺得十分的有趣，當時的我常常在想希望有一天也要成為像老師一樣的人，在教室培養國家未來的主人。於是乎當時我就立志繼續唸碩士班及博士班，希望取得學位後往高等教育發展，在大學中當一個稱職的好老師。大學四年級上學期因學業成績還不錯，取得參加研究所直升考試資格，經由甄選順利的進入碩士班就讀。在大四上學期就已經找到指導老師，開始做研究的日子。直到現在，我還一直深深牢記著老師對於研究生的訓練的方式。記得才大四的我，老師就把國科會[1]計畫中重要的研究項目交給我執行，從來不知道什麼是研究，也沒有做過專題研究的我十分的惶恐，腦袋中所浮現的是話大概是這樣，我連大學學位都還沒有，怎麼懂得做研究，怎麼有可能獨立執行國科會計畫項目，完成老師所交付的任務。當時，老師告訴我他在德國留學的時候，很多不懂的研究項目都透過做中學，他認為有許多的研究項目都來自於實際的工程需求，有了研究的需求，為了解決工程問題，必須累積相關的知識，解決問題。解決問題一定有不明白的地方，有知識的缺角，要主動學習相關的知識，彌補知識的不足後，進而有能力可以解決問題。老師因為

---

[1] 國科會於2014年改制為科技部。

在德國進修博士班時所受的訓練對他的學習有不錯的效果，所以他都是用做中學的訓練方式，訓練研究生。通常的方式都是給研究生一個具有挑戰的任務，研究生根據任務的需求，學習相關的知識，同時從任務中找到論文題目，進而完成相關論文。

在人生的一個轉捩點，放棄了臺灣的研究所學位，於2000年前往荷蘭臺夫特工業大學系統工程政策分析與管理碩士班進修，從來沒有出國留過學的我，感受到一切都是相當的新鮮，尤其是受教育的方式，和在臺灣截然不同。在臺灣唸大學以及研究所的時候，大多數留學國外的老師都是從美國或者是日本留學歸國的老師，老師上課的方式，會遵循教科書的架構，上課的流程，基本上就是依據教科書架構進行授課，根據教科書的內容，指派習題練習，進行期中考及期末考。少數的老師會讓同學形成小組，給定與課程相關的主題，讓學生針對主題進行討論，在我記憶所及，老師對於小組並沒有什麼特別的規範或是引導。到了荷蘭求學以後，課堂上課的架構表面上和在臺灣沒有什麼不同。每一節課一開始，老師會給學生課程大綱，說明課程的進行以及考核的標準，然而，課程大綱的設計就與臺灣老師的設計相當不同。臺灣老師的課程設計，遵循教科書的架構，而荷蘭老師的課程設計，幾乎沒有標準教科書，在我所就讀的系所，老師的教材幾乎是自己設計的，有些老師是收集許多書、論文、網路資料形成教材，有些老師則是自己撰寫教材講義，由多位老師共同設計帶狀課程及教材，也是常見的事情，這好像跟我印象中每個老師都是單獨授課的方式非常的不一樣。初到荷蘭，就深深感受到荷蘭教育的方式與在臺灣唸大學時受教育的方法有極大的差別，我也必須從重新學習與適應。2009年完成博士學位後，就到中原大學工業與系統工程學系任教至今，在中原大學工業與系統工程學系的授課方式，深深受到當年在臺夫特工業大學老師的影響。

來到中原大學之後，才知道中原大學是執行教育部教學卓越計畫的績優學校，每一年，中原大學教務處及教務處所屬相關二級單位包含教發中心、學發中心、專業倫理中心等都會推動教學相關的計畫，學校許多老師

協助相關計畫的執行。但是，就我當作第一線老師的觀察，中原大學所執行的教學卓越計畫乃至現在的高教深耕計畫所實施的教學計畫，限於僵化及彈性不足的教學制度下，教學創新計畫多數難以有系統化的實施，例如大多數的科目學分數為三學分，對比在臺夫特工業大學的課程學分，老師可以在某一個規範下自主設計，一門課可能是八學分，這門八學分的課不全然都是在教室上課，可能只有四學分是課堂上課，另外四學分是作業及課堂計畫，而在臺灣大部分的課程，作業或是課堂計畫並不能給予學分只是課程設計下的「附屬品」，雖然目前許多大學開始有微學分的概念，但是，微學分的課程的設計理念與一般課程不太一樣，可能著重於探索性課程或是通識課程，很難形成專業課程學分。另外，高喊教學創新的浪潮下，一些學校開始推動學生自主學習課程架構，自主學習課程雖然有彈性，但是，很難在一個有系統的架構設計下進行完整的專業課程學習。

在荷蘭臺夫特工業大學時的學習雖然離目前時間已經久遠，但直到現在，記憶仍然深刻。在學習的當下所感受到的是每一節課的老師都有自己的教學特色及方法，老師認真且踏實的教學，也可以感受老師們並不會因為同時有繁重的研究工作就不重視教學工作。在課堂上實施「創新教學」似乎是荷蘭老師的基因，至少我的感受是這樣。老師的教學目標只有一個，就是讓學生透過老師的教學，學習專業知識以及相關專業能力。在課堂上，老師除了一般講授課程之外，常應用小組討論、實例探討、課堂計畫、或結合實作或遊戲情境等教學方法進行教學，學生在情境中學習，將所學知識內化，培養解決問題的能力。荷蘭老師的授課方式也影響我在中原課堂上的教學，在課程中，除了傳統的講授外，我會使用多元教學法於課堂教學，在目前我所授課的課程中有兩門課，「工作研究」及「生產計畫與管制」，常態的使用問題/計畫導向學習（PBL，Problem-based Learning/Project-based Learning）教學法。

在實施不同教學法的過程中，最常遇到的困難就是許多臺灣學生還是習慣於老師單向的講授式教學進行學習，學生所設定的學習目標往往只是著重在通過考試拿到學分，對於是否養成專業能力並不是很在乎。另外，

大學課程的多元教學與實務

有一些學生需要一些時間習慣多元教學法，學生需要多一些的時間適應會造成學習成效延遲或無法達到我所設定的教學目標。另外，學校的課程學分的架構過於死板不夠彈性。許多老師在課程設計上為了配合既有的學分及授課時數，在教學的設計上，受到了許多的限制，往往只是以傳授學生專業知識為主課程設計目標，其他能力，如分析問題能力、解決問題能力、書寫口說能力及國際視野並未融入在課程中，雖然每一門課都有對應能力指標，在實際教學現場，大部分的老師在課程上並無針對能力指標作為實際教學目標。

　　為了落實專業知識與能力培養共存的教學目標，荷蘭臺夫特工業大學的課程架構有著與目前臺灣一般學校課程架構不一樣的設計，也就是彈性的課程學分架構。課程學分數的彈性相當的大，不同課程的屬性有不同學分數配置，在課程的設計上相當的多元。以我在荷蘭臺夫特工業大學系統工程政策分析與管理研究所所修的一門課「Decision making in an international context」為例，其學分數為7學分，該門課為一個老師授課，老師在課堂上的授課、考試及相關作業等，學生若通過考核後得4學分另外的3學分則為一個專題寫作及兩個課堂計畫；另一門課為「Technology and society」共8學分，由四門課組成分別是「哲學」、「經濟學」、「安全科學」、「組織與管理」，共有四位老師分別授課，每一門課老師各有自己的考核標準和課程進行方式，通過所有考核才能拿到8學分；另外還有課程模組分別由兩門課所形成，包含「Systems engineering and policy analysis」及「Continuous and discrete dynamic systems model」。其中，「Systems engineering and policy analysis」為6學分，由一位老師授課，「Continuous and discrete dynamic systems model」為8學分，又拆成兩個子課程模組，由兩位老師各考核4個學分。由以上的說明可以知道，荷蘭臺夫特大學的學分架構有相當的彈性，這樣彈性的架構給予老師課程設計一些自主空間。臺灣的大學的學分架構及課程設計就我所知，除了實習、專題、論文等學分較為彈性外，課程設計與學分認定彈性空間並不大。

為了說明荷蘭與臺灣的大學學分架構的差別，本書進一步分析荷蘭臺夫特工業大學與中原大學的學分架構。由於兩大學雖然同屬以理工為多數科系的學校，但是大多數的系所差異大，以下分析選出臺夫特工業大學與中原大學相近屬性的系所加以說明，科系包含資訊科學（computer science）學士班與碩士班、電機工程（Electrical engineering）學士班與碩士班、建築、都市與建築科學（Architecture, Uranism, and Building Science）學士班與碩士班、系統工程政策與管理（系統工程、政策分析與管理）學士班與碩士班。中原大學相對應的系所分別是中原大學的對應系所為「電機工程系碩士班」及「電機工程系學士班」、「資訊工程碩士班」及「資訊工程學士班」、「建築系碩士班」及「建築系學士班」，「工業與系統工程學系碩士班」及「工業與系統工程學系學士班」。表1.1列出兩所學校屬性相近的系所學制。將所有系所的學分分佈繪製如圖1.1-圖1.4所示。

表1.1　臺夫特工業大學與中原大學用於學分架構比較之系所

Delft University of Technology	中原大學
Master Electrical Engineering	電機工程所碩士班
Bachelor Electrical Engineering	電機工程系學士班
Master Computer Science	資訊工程所碩士班
Bachelor Computer Science	資訊工程系學士班
Master Architecture, Urbanism, and Building Science	建築系碩士班
Bachelor Architecture, Urbanism, and Building Science	建築系學士班
Master Systems Engineering, Policy Analysis and Management	工業與系統工程所碩士班
Bachelor Systems Engineering, Policy Analysis and Management	工業與系統工程系學士班

　　臺夫特工業大學的學分採用EC（European Credit）系統，每一個EC相當於28小時的學習。臺灣的學分制，每一個學分是18小時。臺夫特工業大學一門課是1EC則表示一週上課學習活動是1個小時，與臺灣一般一

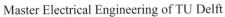

Master Electrical Engineering of TU Delft

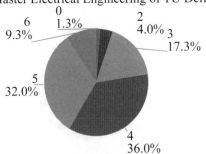

中原大學電機工程碩士班

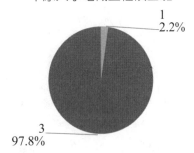

Bachelor Electrical Engineering of TU Delft

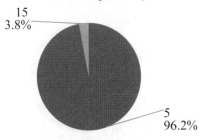

中原大學電機工程系學士班

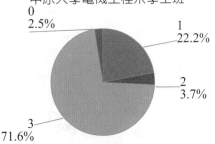

圖1.1　臺夫特工業大學與中原大學電機系碩士班與學士班學分架構分佈圖

Master Computer Science of TU Delff

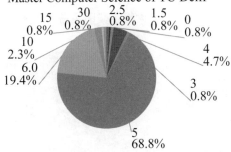

中原大學資訊工程所碩士班

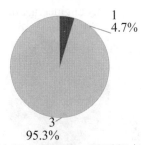

Bachelor Electrical Engineering of TU Delft

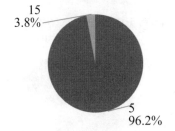

中原大學資訊工程系學士班

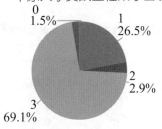

圖1.2　臺夫特工業大學與中原大學資訊科學系碩士班與學士班學分架構分佈圖

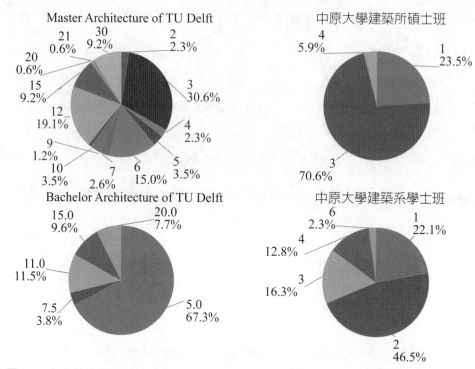

圖1.3 臺夫特工業大學與中原大學建築系碩士班與學士班學分架構分佈圖

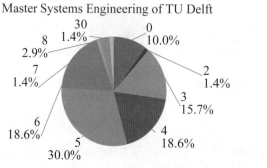
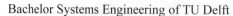
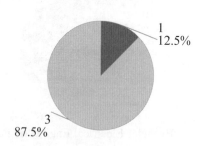

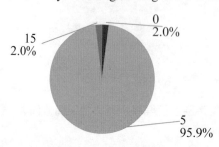
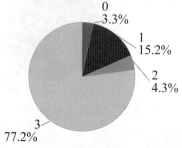

圖1.4 臺夫特工業大學系統工程、政策分析與管理與中原大學工業與系統工程碩士
班與學士班學分架構分佈圖

個學分一週學習活動約略爲1小時是相同的[2]。由四個系所的分析比較中可以發現，中原大學無論是碩士班及學士班的學分均以三學分爲主，臺夫特工業大學大學部的課程主要以五學分爲主，但是碩士班課程的學分架構則並沒有以一個主要的學分數爲主。若將碩士班及學士班的資料統整可以更看出這樣的趨勢（圖1.5），而臺夫特工業大學碩士學制的學分則以五學分或是六學分爲主。

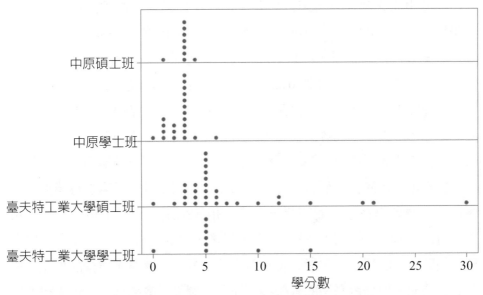

圖1.5　臺夫特工業大學與中原大學系所學分分佈比較圖（以學制爲分類）

表1.2　臺夫特工業大學與中原大學學分架構比較表

	TU Delft碩士班	TU Delft學士班	中原大學碩士班	中原大學學士班
小於3學分	4.0%	0.0%	9.4%	37.9%
3學分	14.2%	0.0%	**89.1%**	**58.1%**
4學分	15.2%	0.0%	1.4%	3.4%
5學分	**36.9%**	**94.5%**	0.0%	0.0%
6學分	13.5%	0.0%	0.0%	0.6%
大於6學分	16.2%	5.5%	0.0%	0.0%

---

[2] 每一個EC或是學分不全然代表每一週一小時的教學學習時間，例如在臺灣一些實驗課是一學分兩小時。

臺夫特工業大學為科技大學，在學校中其實並沒有像在中原大學有所謂豐富的通識或是博雅課程，中原大學大學部2學分或以下的課程幾乎都是通識或是博雅課程，而一學分的部分許多為實驗課或是講座課程（表1.2），2學分（含以下）的課程，佔比約37.9%因此，主要專業課程以3學分為主，佔比58.1%，相較於臺夫特工業大學大學部主要專業課程學分為5 EC，佔比94%而言，可以發現臺夫特工業大學，對於專業課程強度與深度相較於中原大學而言，來得更多。在訓練專業人才的碩士班而言，兩個學校也是相當的不同，中原大學而言，有89.1%的專業課程學分為3學分，而臺夫特工業大學，則只有36.9%的專業課程學分為5EC，其他學分數的課程，佔比介於10%到20%之間，可以看出來臺夫特工業大學，在專業碩士課程中，為了培養學生不同的專業能力，學分架構相當的有彈性，而中原大學培養學生的專業能力可以說是課程為主。根據以上的分析，相較臺夫特工業大學中原大學培養學生的專業能力以學分時數而言，相較來說略為不足，以碩士班而言，除了專業能力的深度外，更需要專業能力的廣度，中原大學在這方面的學分考量，相較來說也顯得不足，這樣的結果，可以推論中原大學的學生在畢業以後，無論是在碩士班或者是學士班，相同年紀的學生專業能力將有所不足，或者是落後，這樣的推論，或許有失公允，但是就長期的教學觀察而言，個人所教過課堂上的大學部學生以及碩士研究生，的確有能力不足的現象，這也是我實施特色教學其中一個動機，希望能夠在教學現場改變過去我的老師輩單純以講授式教學的方式，透過課程適度的調整與改革，幫助學生學習，提升學生學習的學習成效。

以下將舉例說明臺夫特工業大學碩士班的學分與課程架構。表1.3為臺夫特工業大學Master Program of Complex Systems Engineering, and Management 2018年的課程架構。入門課程Introduction to Designing in Complex Systems 2EC必修、核心、及選修專業課程為5EC，另外配合一個兩個Period的10EC課程及35EC的碩士論文學分（含論文準備學分），雖然課程上似乎專業課程為5EC，但是，學生仍可以自選學分數超出5EC

的核心與選修課程，只要滿足在畢業學分規範即可。

　　臺夫特工業大學雖然一學年也是分兩學期，但是每一個學期又分為兩個Period，每一個Period約為10週。學校的規範每一個EC為28學習小時。因此，以5EC的課程而言，10週的學習小時就是140小時。以中原大學3學分的課程在18週中的學習小時為54小時。從課程的安排上和學習小時的緊湊可以看出來臺夫特工業大學在安排學生學習的效率是相當高。另外，再以系統工程與管理研究所過去所開設的兩個課程大綱中所列的教學授課方式列於表1.4。（詳細課程大綱見附錄一）

　　兩門課雖然在同一個系，不僅是學分數，老師授課人數，授課方式，授課時間，考核方式也不同。第一門課（Supply Chain Analysis and Engineering）只有一位授課老師，每週授課兩到三小時並非固定，授課方式分別為講授式教學、學生自學以及課堂計畫回饋。學生進行的每個作業都有相關性，最後的課程計畫學生根據一連串所做的作業，設計並且分析在假設情境下的公司如何進行一連串的物流活動。學生的學習除了在課堂上，學生自己也必須收集相關資料，完成老師所指定的課堂計畫拿到學分。第二門課（Introduction to Designing Multi-actor Systems）為入門課程共11位老師一起授課，每一個老師授課一整天，對於學生的成績考核，每個老師都有在自己的授課部分進行個別考核，考核部分共計佔成績75%，另外25%則是課堂計畫的部分。在臺夫特工業大學中每一堂課都是經過精密的設計，老師的自主權也相當的大，可以彈性調整上課的架構，上課的時間以及上課的方式。反觀國內大學，課程的設計和考核相對單調，彈性也不足，大部分的老師還是使用出席、期中期末考、隨堂考試、回家作業作為考核項目。雖然也有課堂報告或小組討論，但限於學分數大多是三學分的架構，這些團體作業的規模相對有限，大都是比較小範圍小規模的報告（見附錄二，臺灣大學「物流管理」課程2017年課綱範例）。雖然目前學校也積極鼓勵以學生為中心的教學導向，但是老師的教學方式，並沒有太多的改變，我個人認為最重要的原因，限於學分架構不夠彈性，挹注教學資源不足，許多老師老師無法敞開心胸，固守在傳統講

表1.3 臺夫特工業大學複雜系統工程與管理碩士班2018課程設計

First Year

	1st semester		2nd semester	
	1st Period	2nd Period	3rd Period	4th Period
Introduction to Designing in Complex Systems (2EC)	Complex systems engineering (5EC)	Managing Multi-actor decision making (5EC)	Law and Institutions (5EC)	Design project (5EC)
	Institutional economics for designing in Sociotechnical systems (5EC)	Methods and techniques: Agent-based modeling (5EC) or Statistics Analysis of Choice Behavior (5EC)	Methods and techniques: Mixed Research Methods Multiactor systems (5EC) or Designing Networked Systems (5EC)	SEPAM Research challenges (5EC)
	Track (5EC) (學生自選核心課程)	Track (5EC) (學生自選核心課程)	Track (5EC) (學生自選核心課程)	Track (5EC) (學生自選核心課程)

Second Year

	1st semester		2nd semester	
	1st Period	2nd Period	3rd Period	4th Period
	Elective (15EC)	Preparation for Master Thesis (5EC)	SEPAM Master Thesis Project (30EC)	
	Elective (10EC)			

重製 https://d1rkab7tlqy5f1.cloudfront.net/TUDelft/Onderwijs/Opleidingen/Master/MSc_Systems_Engineering__Policy_Analysis_and_Management/ComplexSystemsEngineeringandManagementCurriculum2.png

表1.4 範例課程大綱說明

	Supply Chain Analysis and Engineering (6EC)	Designing Multi-actor Systems (2EC)
Instructor	1 Professor	11 Professors in total
Education Method	Lectures (2 to 3 hours each week), self-study and project feedback sessions.A set of assignments in where the student will 'play' a start-up that has to make a series of logistic-based decisions.At the end of the course students will write (based on their own analysis) a business logistics plan for a "hypothetical" company and a supply chain positioning plan to show their abilities to integrate a series of during the lecture addressed topics.acceptability of the results of their analyses, to discuss difficult design decisions, to test assumptions, to get information, and to learn about blind spots.Supervisors have expertise in the technical domain, in institutional design and in process design. Weekly lectures, in-class discussions, group presentations and discussions of distributed articles and cases.The first weeks the student will work a logistics analysis and a supply chain analysis.The last weeks the student will work on a supply chain analysis and engineering assignment.	Every day is a full day programme of lectures, workshops, project work, etc.at which attendance is required between 8:45 AM and 5:30 PM
Assessment	The work should contain a relevant set of the analysis and engineering methods that have been discussed in class or can be found in the study material.The work should be sufficiently referenced in respect to written material (from the reader and beyond).A more detailed list of assessment criteria will be handed-out parallel to the large assignment during the second week of the semester.	SPM4111 will be assessed by an individual examination on the course materials on the Thursday immediately following the course week (75%).The project work done during the week accounts for 25% of the final score.

授式教學上，對於面對到需要調整自己的教學方式時的心態大多為不願意改變。在老師升等的主流制度下，多數老師多以研究為升等規劃，教學升等制度相較研究升等制度對老師相對不友善，也較為嚴苛，導致願意投入教學實務或教學研究升等老師相較研究升等的老師比例相當的低，因此，有想法或願意敞開心胸投入有別於講授式教學的老師並不多。在過去很幸運的有機會在臺夫特工業大學以及美國的奧克拉荷馬大學了解到歐洲學校與美國學校在教學上的差異，除了有機會學習並精進自己的研究知能，同時，也學習到國外優秀老師應用有別於臺灣傳統以教師為中心的教學。

2009年初從美國奧克拉荷馬大學工業研究所拿到博士後，進入了中原大學工業與系統工程學系任教。我在荷蘭臺夫特工業大學就讀系統工程、政策分析與管理研究所碩士班，研究主題與專業訓練以系統模擬與分析為主，在奧克拉荷馬大學工業研究所博士班的研究方向則是作業研究與最佳化分析為主，若以我的專長作為授課考量，比較合適的科目應該是數學類或資訊類的課程。但是由於大多數的課程已於前一學期末安排完畢，一些必修的數學或是資訊類課程系上已經做了妥適的安排，我所教的課程大多都不是我在研究所得專長，98學期當時恰巧有一位資深老師因身體不適，「工作研究」課程臨時需要老師代課，在其他老師無法代課的狀況下，我就成為代課的不二人選。仔細的檢視了過去授課老師的教學設計與教學內容，發覺「工作研究」課程內容與過去自己在業界執行專案的工作內容與步驟十分的類似，具有高度的關聯性，加上「工作研究」的基礎理論並非困難，短時間之內要備課應該也不會有太大的困難，因此，就這樣開始教授非自己研究專長的課程。也許有些反骨吧，進入大學第一年的課程，授課的方式以及內容，希望有別於過去的老師。在缺乏實際在大學上課經驗的我想起了在荷蘭時上課時的老師教學情況，課堂上老師常常應用實例在課堂上創造出與現實相仿的情境，透過老師的教學，及與同學進行小組討論共同解決老師所給定的作業或是課程計畫。經由這樣的學習過程，反思老師在課堂上教授的知識，並且成功在老師所創造的情境下，有效的融會貫通知識，促進學生的學習成效，達到學習的效果。雖然不確定

模仿荷蘭臺夫特工業大學老師的教學方式是否眞的有效果，但是可以確定的是我的個人感受與自身經驗，在臺夫特工業大學學習的方式，的確促進了我的學習成效。因此，我決定在傳統講授式教學外，融入其他的教學活動輔助教學，例如，在教室裡創造出與現實世界相仿的情境，讓學生所學習的專業，可以應用在教室的情境當中。搭配著學習情境，我設計了一個需要學生在課堂必須求解的問題，這個問題必須是一個「複雜問題」而且可以連結老師的教的專業知能以及學生所學的專業能力。由於「工作研究」是傳授學生關於如何生產產品相關知識的問題，所以，我所定義的問題如下：「**應用課堂上的桌椅形成可以製造產品的產線，生產每小時20件一模一樣的產品**」。根據原始題目進行課程設計的構想如圖1.6所示，老師的教學內容以及要培養學生的能力透過核心問題串接，整個課程的理想學習歷程如圖1.7[3]所示。學生學習成效的成績的考核則由學生在學習歷程中所展現的口頭報告、書面報告及個人學習心得作爲最後的評分標準。

「工作研究」爲工業系大學部學生第一門的專業基礎課程，學生於課程的開始並無相關背景專業知識，若要讓課程在現有地教學架構下順利進行，在課程的前段就需要進行基本知識的授課，建立學生的背景知識。另外，爲了讓學生可以在後續進行團體課堂合作計畫，在課堂上必須透過一些課程活動讓學生學習怎麼可以有效的進行團體學習。經由老師的教學和學習動機的刺激，學生在課堂外需要一起完成老師所指定的任務，應用課堂學習的知識，完成學習任務，達成學習的目標。單在一門「工作研究」課程中，要完全傳授學生產品的生產的所相關知識是不可能也是不切實際的，但可以在專業知識的概念上，盡可能讓學生有完整架構的理解，其他專業課程知能的補充，在不影響上課進度下在課堂中補充，其餘則可以透過老師或助教協助由學生自學或經由同儕學習在實驗課或者課餘時間完成。例如，在這個課程中，品質管制單元原來屬於大三另外一門必修課的授課內容，並不包含在老師「工作研究」的課程教學大綱中。因此，我

3　圖1.8為根據圖1.7理想教學下產生了一些非預期的教學歷程。將於後續工作研究課程中作一詳細說明。

在課堂上做了合適的引導，教導學生如何找到相關的內容，透過網路及圖書館等讓學生找尋相關資料，自我學習，並透過小組討論，補足原有課程設計中所缺的相關知識，進而可以完成我所指定的課堂計畫，達到學習成果。

　　圖1.7原本是我理想中，整個學期的理想歷程，老師和學生透過緊密

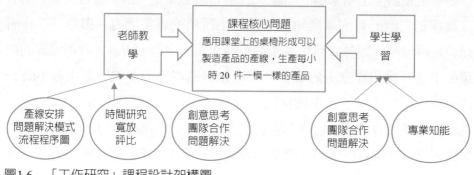

圖1.6　　「工作研究」課程設計架構圖

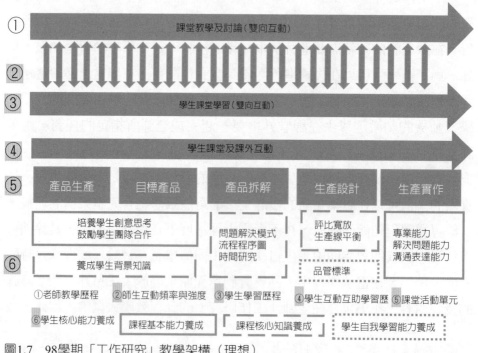

圖1.7　98學期「工作研究」教學架構（理想）

的溝通與課堂互動，將老師所要傳授的專業知識，無縫的傳達給學生，學生可以充分的吸收老師給予的專業知識，然而，學生的學習成效以及我所觀察到的課堂歷程，並未我的想像，雖然「工作研究」課程的進行大致上可以按照自己的想法進行，但是，課堂的教學為一個動態的歷程，會因為老師教學經驗及學生的屬性有所不同，也呈現動態的教學歷程，師生互動、學生學習和學生自我學習的過程因此產生了微妙的變化，這些變化在課程設計之初都是沒有預期到的。從開始教授「工作研究」課程，已經歷經了8次的課程教學，雖然每一次的教學經驗都略有不同，但是在相同架構下的課程實施，整個教學歷程十分的相似，圖1.8顯示了這幾年來我在課堂觀察後對於我個人理想的教學模式的修正。像是原本期待學生和老師的互動是頻繁的，經由師生頻繁互動，提升學習動機，進而有效促進學生自我學習（圖1.7 ②）。然而，現實狀況往往是學生一開始可能不熟悉老師或不熟悉老師教法，無論是跟老師互動的頻率以及強度都遠遠不如預期（圖1.8 ②），一開始幾乎沒有互動，等到課程慢慢進行，學生熟悉老師教法，開始信任老師，學習動機才有可能被引發，在初步了解課程後，才會跟老師有比較密集且頻率高的互動。另外，老師的教學也不可能跟學生一直保持雙向互動教學（圖1.7 ①），而必須修正為一開始要強度比較大的講述式單向教學，隨著不同的課程單元（圖1.7 ⑤⑥、圖1.8 ⑤⑥）漸進修正為互動式討論教學（圖1.8 ①），後續討論章節（3.4.3）會進一步說明。

從圖1.7及圖1.8的比較可以看到，課程架構的設計基本上沒有更動，但是老師的教學必須針對上課與學生的互動進行動態的調整。比起自己所就讀的標竿學校臺夫特工業大學，中原大學或是其他大專院校在相關的教學制度或教學支援相對薄弱，無法在學成歸國後大展身手，在臺灣教學制度略為僵化的狀況下，曾經也有失望之時。然而，「工作研究」以及其他課程成功的達到自己預期的教學目標給了我極大的鼓舞，2010年我將98學期一整年的課程實施結果撰寫成論文「融入PBL為基礎的模擬遊戲於課堂教學成效之探討與成果分享」，參與了臺北科技大學舉辦的第一屆「學

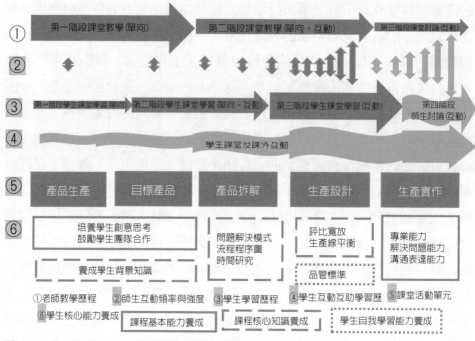

① 第一階段課堂教學(單向) → 第二階段課堂教學(單向、互動) → 第三階段課堂討論(互動)

②

③ 第一階段學生課堂學習(單向) → 第二階段學生課堂學習(單向、互動) → 第三階段學生課堂學習(互動) → 第四階段師生討論(互動)

④ 學生課堂及課外互動

⑤ 產品生產　目標產品　產品拆解　生產設計　生產實作

⑥
培養學生創意思考
鼓勵學生團隊合作

問題解決模式
流程程序圖
時間研究

評比寬放
生產線平衡

專業能力
解決問題能力
溝通表達能力

養成學生背景知識

品管標準

①老師教學歷程　②師生互動頻率與強度　③學生學習歷程　④學生互動互助學習歷　⑤課堂活動單元
⑥學生核心能力養成　課程基本能力養成　課程核心知識養成　學生自我學習能力養成

圖1.8　「工作研究」教學架構與實際教學歷程

習生產力」全國教學研討會論文比賽，獲得銀牌獎。在來自全國優秀的老師中表現突出，讓自己有了自信開始一連串的教學實驗，雖然老師這個行業在現今這個年代，許多人已經不再認為是值得投資的行業，但是，每當學期結束，統整各門授課的教學成果，往往又激發我的熱情，讓我繼續有動力，有勇氣在每一次的課程都嘗試創新，或者至少融入創新元素，希望藉由創新教學，讓資源不豐富的私立大學課堂學生能有更好的學習。教書十年，比起很多資深有經驗的老師而言，我可能還算是毛頭小夥子，大言不慚的在吹噓自己的教學技術，但是，在教書的過程中，遇到了許多困難，這些困難在實務上可以很好解決也很不好解決，都取決一念之間。若只是把教書當成工作上的責任，盡力完成就好，我想這樣或許也是個解決方法，但是過於消極被動。因此，我在教學的過程中，都會盡可能收集教學歷程資料，希望留下為什麼會產生教學問題，學生為什麼會產生學習問題，我是如何分析、如何解決問題，或是哪一些問題是還不能解決，或者

可能是無解，希望藉由記錄自己的教學研究、教學活動以及教學經驗做為未來教學自我精進的基礎，也希望提供遇到類似教學疑惑的老師或者提供相關想要進行多元創新教學的老師一些實務上的參考。

二、教學理念與教育目標

　　老師工作最重要的目的之一在於將知識傳遞給學生。面對到目前學生的學習屬性以及學習方式應該很多老師都可以發現學生的學習跟過去的我們在學習時的樣態有著極大的差異，因此，為了讓學生有效學習，老師教學的方式必須要一定程度的調整。透過老師有效率的教學，學生經由學習過程，將老師所傳授的知識經思維轉化，將知識吸收、內化後成為相關能力，為未來進入職涯進行準備。所有學生不管是最後學歷為何在畢業離開學校後，都會進入職場，因此，在學校所累積的知識及培養的能力就會成為未來學生永久的資產，成為學生在生涯或職涯中面臨現實環境下於各種情境解決問題的金鑰。記得在我進入博士班的第一天，我的指導老師問了一個似乎我從來沒有想過的基本問題，「你覺得從工業工程畢業後，你將會成為什麼樣的一個人？」，從小到大的教育歷程，好像從來沒有碰過這樣的「考題」，一時之間不知道該怎麼回答這樣的問題，回想到為何到美國繼續完成博士學位的初衷，當時我是這樣回答老師，「唸完工業工程，我想成為遇到問題時，可以有效率的解決問題的人」，老師點了點頭，但是，沒有百分之百的滿意我的答案，他做了一點修正說：「唸工業工程的人要有效率的解決問題必須是要**秉持著科學精神，考量系統思維邏輯，應用科學及工程方法，解決所面臨的問題**」[4]。

　　我的博士指導老師年紀比我輕，能夠說出這樣的話，讓年紀有些虛長的我能夠頻頻點頭同意他的看法，是相當值得我學習的一個學者，我個人也認為這句話是個很棒的概念。從進入中原大學開始教書以來，我就把老師送給我的話當成為我培養學生教學的中心思想。無論是教授什麼課程，

4　老師的回答的原文已不復記憶，文句經本人適度修飾。

除了讓學生學習基礎知識外，也要讓學生了解所學的專業知識與解決生活上或工作上的問題之間的關聯，並有能力分析問題進而解決問題。在教學上，傳授學生專業知識，同時也要提升學生的思維邏輯，如此才會有效率的傳遞知識，提升學生專業知能，同時培養學生專業知能的同時，也要養成學生相關因應未來現實世界的能力及品格。近年來有一些社會重大事件的發生，像是塑化劑或是餿水油事件，商人為了賺取利潤，不惜泯滅自己的良知，應用專業知識，犧牲大眾健康，賺取不該屬於企業的利潤。這些事件提醒自己，傳授學生專業的同時，要讓學生知道專業知能必須用在對的地方，不要違反大眾利益。因此，我要將我教書的中心思想做一點點的修正，唸工業工程的人必須具備的能力是：「**秉持著科學精神，兼具道德品格與社會責任，考量系統思維邏輯，應用科學及工程方法，解決所面臨的問題**」。

除了我個人的教學理念外，一些教學的依據也來自於學校、院、系所規範老師教學上所必須遵循的教育目標，以中原大學電資學院工業系具有IEET工程認證的資格為例，共有四個教育目標[5]，每個教育目標對應兩個核心能力，如下所列：

1　培養活用數學、科學、工程及管理等知識與原理，以解決工業與系統工程問題之能力。

　1.1　對於專業課題具備確認與解決問題之能力。

　1.2　在系統與流程之設計與管理中，具備介面整合之能力。

2　強化學生在專業上之實務應用能力。

　2.1　具備參與實務問題分析、解決及實作之經驗。

　2.2　具備良好的簡報與書面報告之能力。

3　厚植學生的專業素養。

　3.1　具備社會責任、安全環保意識與倫理抉擇之能力。

　3.2　具備團隊合作與溝通領導之能力。

5　工業系大學部、碩士班、碩專班及博士班的教育目標以及核心能力有差異，本報告引用大學部教育目標及核心能力。http://www.ise.cycu.edu.tw/wSite/ct？xItem=84683&ctNode=24750&mp=44001

大學課程的多元教學與實務

020

4 培養學生的創新精神與全球化視野。

4.1 具備持續學習與創新之熱忱。

4.2 具備基本外語能力，認識時事議題，並具有國際觀。

比對工業系四個教育標與本人教育理念，除了全球化視野外，本人的教育理念大多與工業系的教學目標相近，因此，在課堂上的教學，全球化視野的目標適度的會融入教學過程中。在實務上的執行面來說，本人的教育理念範圍較小，比較容易落實在每一個課程當中，而系上的教育目標以及核心能力則有賴於全系所老師的共同努力，甚至需要包含院校的老師一同協助共同培養學生成為一個全人的工業系畢業生。因此，在每一個授課中都會選擇部分核心能力培養學生，而在教育目標的實踐上，則以融入本人的教育理念於每一個授課當中。依據教學理念所引導出來的理想教學循環，我想達到的是依據教學理念及目標並以學生學習為中心的概念導引本人的課程設計及實施，學生經過教學歷程提升學習成效，課程實施的結果啟發教學反思，檢核原始設計之教學目標是否達成，重新修正、精進或提升下個教學循環，如圖1.9所示。

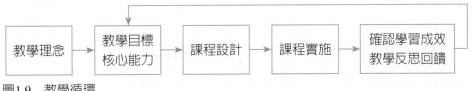

圖1.9　教學循環

我想大部分的老師會認為教學是老師的天職，只要盡力的教學，學生就可以得到好的學習成效，從過去在國外學習的經驗，或是當老師投入教學研究中發現這樣的想法不一定總是會成立。老師教學與學生學習是一個動態的交互過程，老師在正式課程實施之前，課程設計是必須依據教學目標要有充分的準備，課程的實施過程必須時時確定學生學習成效，檢視教學歷程是否偏離教學目標，是否可以有效的培養學生的核心相關能力，在上課的歷程收集相關的資料，動態進行教學課程實施微調，在課程結束後，要再次確認學生學習成效，並且透過教學反思，課程實施歷程經驗，

作為下一次課程實施的參考，透過一次次的教學循環，提升課程品質，才有辦法盡可能的達成每次上課的教學目標。

三、本書所提課程簡介

接下來將介紹在過去將近10年在中原大學的課堂上實施有別於傳統的「講述教學法」（Lecturing）的多種教學法，包括問題導向（Problem-based）或是計畫導向（Project-based）教學（PBL教學法[6]），非同步遠距教學，資訊融入教學，分流教學，跨領域教學等方法。以下將簡介本報告所包含的的課程，相關教學法的理論將於第二章介紹。

(一)大學部工作研究

「工作研究」為工業系基礎核心必修課程之一，也是學生進入工業系後，第一門接觸關於工業工程，特別是與製造業有關的專業課程。課程的核心理論以「時間研究」、「生產系統規劃」、「動作分析」及「問題解決方法」為主。相關理論大約在1970年代已經發展的相當純熟，但由於大多數所牽涉到的專業知識需要大量的運算，在資訊工具不發達的過去，相關應用一直無法有效地進行擴散。現今資訊科技及軟體應用高度發達，過去許多問題都必須依靠人工計算的部分，已經被資訊應用所取代，這也提供了一個契機，讓這些知識的應用可以在課堂上實現。

現在工業工程所學的專業，也大量應用在服務業，過去工業工程的專業主要應用在實體產品，但是由於服務業產品屬性與實體產品有一定程度的差距，「工作研究」課程所學到的專業就不能完全適用於服務業的產品上，例如「工作研究」的專業知識可以設計組裝線生產實體產品，但是對於如KK BOX音樂平臺所提供的數位影音的服務提供，與組裝線的概念完全不相關，但是，若是如問題解決的流程方法等相關知識應用仍然與「工作研究」中所學有一定程度的相關。雖然「工作研究」中的專業知識理論

6　本報告所指PBL教學法為以PBL為主體觀念的教學法，但通常為了不同學生學習差異，會彈性調整或是融入其他的教學手法。

沒有辦法完全適用於現今所有的產業，但考量「中原工業與系統工程學系」畢業生的工作類型，大約50%以上的學生會進入製造業，因此，「工作研究」還是中原工業與系統工程系的一個重點科目。

「工作研究」課程內容主要包括「工作方法」、「工作標準」、「工作設計」、「生產流程分析」、「問題解決工具」等。其中最重要的一個部分是如何量測「標準時間」，課程中教導學生應用不一樣的方式量測時間，並考慮「評比」、「寬放」原則於量測時間之中。另外，「工作研究」課程中所應包含的還有「工作環境設計」、「工作環境安全」、「獎工制度」等，在其他課程中會對於這些比較與製造技術間接相關的單元進行說明，這些單元並不會包含在「工作研究」課程授課之中。

「工作研究」這門課是我最常使用PBL教學法的課程。除了在這門課進行講授式教學，還配合著約8週以上PBL為核心基礎的模擬遊戲，讓學生在教室的環境中，形成團隊設計產品，並利用課堂上的桌椅形成生產產品的產線，將所設計的產品製造出來。在整個活動的課程中，教師一邊授課，學生同時應用老師所授課程知識於生產製造產品之中，深化所學知識。隨著課程的實施越來越純熟，目前也與商學院的經濟學課程進行跨領域PBL課程的實施，詳細的課程實施於第三章說明。

(二)大學部生產計畫與管制

「生產計畫與管制」為工業系進階核心課程之一，在比較早期的「生產計畫與管制」課程，主要將議題限縮在工廠內的相關製造問題，像是「生產排程」。在近年來由於物流鏈議題受到重視，物流議題開始被包含在「生產計畫與管制」教學中，因此，目前在「生產計畫與管制」的授課內容，除了一些製造相關的單元，同時也納入了物流鏈議題的相關內容。在我的課堂授課內容集中在「客戶需求預測」、「庫存管理」、以及「製造排程」。除了課程內容外，在這門課程另外有實驗課程配合，在實驗課程通常會讓學生進行物流或製造的電腦模擬遊戲，讓學生可以將所學的知識應用在模擬的情境中，驗證所學知識。

「生產計畫與管制」課程為接續「工作研究」的進階課程，「工作研究」主要將焦點集中在工廠內所面對的議題，而「生產計畫與管制」則將焦點擴大為一家公司在物流鏈中所要面對的所有問題。由於兩門課有一定程度的關聯性，若這門課的學生在修課之前沒有上過我所開設的「工作研究」，對於PBL課程不知如何進行，我會讓學生在進入主要「生產計畫與管制」單元之前，先進行與「工作研究」相關的單元，熟悉PBL模擬遊戲的進行，讓學生熟悉PBL教學架構，學習足夠「生產計畫與管制」的背景知識及養成足夠的能力應用所學背景知識於「生產計畫與管制」模擬遊戲，完成課程。

(三)大學部線性代數

「線性代數」課程為中原工業與系統工程學系的進階數學課程「作業研究」的先備課程。授課內容為「矩陣」及「向量」的運算、抽象數學概念的「向量空間」，介紹數學運算架構的原理。中原工業與系統工程學系的學生數學能力普遍不佳，班上大約會有將近1/3到1/2的學生在學習抽象概念的數學上是有困難的。在「矩陣」及「向量」運算部分，大部分屬於比較「機械式」的學習，學生只要按照公式學習，不需要了解原理，基本上都可以學會如何應用公式，但是，如何將所學於實務問題中，學生大部分是不清楚的，而抽象的「向量空間」的課程內容，大部分的學生就很難在有限的學習時間中完全理解。目前在「作業研究」的解題，許多時候都是應用資訊軟體進行解題，已經很少會應用人工的方式進行解題，因此，在這門課我融入了資訊工具教學為「作業研究」進行知識紮根，除了學得基礎理論外，讓學生學會應用數學軟體求解問題，減少機械化人工演算的時間，多餘的時間可以讓學生用於理解線性代數實務應用或是抽象數學概念的重要性。一些學生就算無法完全理解「線性代數」相關理論，但至少可以應用相關軟體解決實務問題。

(四) 大學部電資與人類文明

　　「電資與人類文明」為中原大學電資學院通識課程，屬於大一的概論課程，其目的在於讓學生認識中原大學電資學院四個系（電機工程系、電子工程系、資訊工程系及工業與系統工程學系）的專業在學什麼，過去發展的歷史、目前最新的研究以及發展趨勢，並藉由這門課增進學生的知識廣度。這門課由電資學院四個系多位老師一起授課。每一個老師每週必須到不同系班級，針對自己的專業進行介紹。由於每個系的班級數及每一班人數均不同，造成每位老師的授課時數很難一致，每班同學在學期中的進度也會有所不同，這樣的現實狀況，造成了老師共同設計課程的困難。由於「電資與人類文明」是院通識，每門課授課內容受到規範，老師可以自主調整授課內容的彈性幾乎沒有，只能針對部分內容進行微調。這門課是臨時支援課程，所以授課當時也無法和其他系所老師一同共同商議課程進度，因此，除了我打算融入PBL教學法外，其他老師都還是維持傳統講授式教學。由於各系老師之間沒有一個好的溝通協調平臺，要多位老師共同與我合作進行PBL教學法格外的困難，因此，在授課的策略上，我只選擇了授課時數最多的的一班，進行PBL教學法，這門課也是我首次嘗試PBL教學在大學部一年級的通識課程。

(五) 碩專班品質管理

　　中原大學工業與系統工程學系主要培養的學生是希望學生未來可以進入製造業工作，但是在近來就讀碩士在職專班的學生雖然學生的工作大多數與製造業有關，但是很多學生的大學畢業系所卻不是與工業系相關的科系，約佔入學學生79%，而工業相關科系只佔21%（圖1.10）。

　　這些來自同樣製造業的在職生，因為工作上的需求，必須增進自己在職場上的知能，於是來到中原大學工業系碩士在職專班進行就讀。由於這些學生工業系的基礎知能略嫌不足，所以在碩士專班除了專業選修課程外，不同於碩士班，共有四門必修專業課程包含，「統計方法」、「作業研究」、「生產管理」、「品質管理」，而近年來，我也固定的在「品質

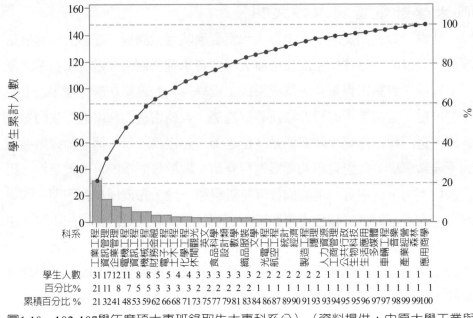

科系	工業工程	資訊管理	企業管理	電機工程	資訊工程	機械工程	財務金融	電子工程	土木工程	化學工程	休閒觀光	英文	食品科學	設計類	數學	織品服裝	文學	光電工程	航空工程	統計	經濟	製造工程	人力資源	工商管理	公共行政	生物科技	生活應用	多媒體	車輛工程	機械	產業經濟	森林	應用商學
學生人數	31	17	12	11	8	8	5	5	4	4	3	3	3	3	3	3	2	2	2	2	2	2	1	1	1	1	1	1	1	1	1	1	1
百分比%	21	11	8	7	5	5	3	3	3	3	2	2	2	2	2	2	1	1	1	1	1	1	1	1	1	1	1	1	1	1	1	1	1
累積百分比%	21	32	41	48	53	59	62	66	68	71	73	75	77	79	81	83	84	86	87	89	90	91	93	93	94	95	95	96	97	97	98	99	99 100

圖1.10　102-107學年度碩士專班錄取生大專科系分）（資料提供：中原大學工業與系統工程學系）

管理」進行授課。

　　從這幾年的授課觀察可以發現，碩專班在實務應用上的能力相當的好，但是學理基礎不佳，導致無論是在課程學習或是撰寫論文時，許多學生都表達遇到了一定程度的困難。因此，我在碩士專班的「品質管理」課程授課時，為了順利實施課程，讓學生可以學習相關學理知識，每一堂課的開始，我都會花一些時間了解該班學生屬性與學習需求，在多次的課程實施下來，對於品質管理方面的知能，大多數的學生在工作上都有類似需要，即業界常使用「品質管理」中的「六個標準差」手法進行問題解決或改善，在參與修課許多的學生在自己的工作中也有相當的比例執行過六個標準差專案進行專案改善，但是很多同學並不明白為什麼這樣的改善手法是有效的。有了學生在學習上需求的資訊，我在「品質管理」中就以「六個標準差」相關的學理知能作為授課的重點，讓學生在學校的學習可以和自己的工作進行接軌。統計知識是最基本的基礎，因此，除了適度調整教科書的章節順序，課程的開始，必須對於學生於前一個學期所學習的

大學課程的多元教學與實務

026

「統計方法」再次複習，並連結相關統計知識與六個標準差理論，有了理論基礎後，接著就講解六個標準差中最常使用的問題解決模式DMAIC（Define定義，Measure量測，Analysis分析，Improvement改善，Control控制），培養學生解決問題能力所需要的知識。為了關聯學生所學理論與工作職場需求，授課的方式為授課與案例討論並行，每一堂課的案例討論，則串接為期末專案，專案的設計與發想由學生小組討論產生，所使用解決問題的工具，則由我授課中學習，在案例發想與解決的過程中，我的角色為引導學生完成專案，並不主導學生課堂計畫執行，讓學生自我掌握學習的方向與進度。在這堂課基本上是使用講授式教學、小組討論及個案為導向的教學（Case-based learning, CBL）混合式教學，其架構如圖1.11所示。

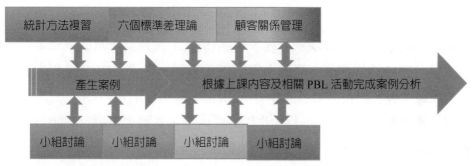

圖1.11　品質管理課程架構

　　以目前中原大學工業與系統工程學系對於碩士在職專班的安排，必修課程為每兩週上課一次，每一次的上課是六個小時。因為進行講授及CBL混和式教學，我將每一次的上課分成上午講授式教學，下午CBL小組討論活動。三個小時進行講述式教學教導學生相關基礎知能，每一節上午上課都會有一個指定要完成的任務，下午一到兩個小時的小組討論活動，學生必須將必須產生案例融入我所指定的學習任務，每一次小組活動，學生必須分組進行每組約10分鐘的學習分享報告，同時我會進行5分鐘的反饋及讓他組進行提問，藉由短時間的快速反思激發學生學習成效。這樣課程設計的邏輯在於早上三小時的講授式教學的內容會成為下午小組討論活動的

背景知識或是資訊，所以在小組應用所自創或實際案例時，已經累積了上午課程的基礎知識，足以完成下午的小組活動。隨著不同的單元課程，學生進行相關聯的課堂活動，最後將所有活動進行連結，就可以完成案例分析，將老師所教授的課程吸收消化，學得知識。

(六)大學部工業工程總結實踐

「工業工程總結實踐」[7]為中原工業與系統工程學系大學四年級最重要的一門必修課，其內容包括在四年級畢業以前每個學生要完成六次的工廠參觀，大三暑期必須完成六週以上的暑期實習或是暑期專題。課程主要內容為學生將暑期實習或是專題完成一份專案報告，並於課堂上進行口頭報告與展示。這一門課在中原大學工業與系統工程學系有超過40年的歷史，原本的課程設計與目前所謂的總結性課程（Capstone）基本上是一致的，只是在過去課程並不強調總結性課程的這個名詞。在IEET工程教育認證的規範之下，目前臺灣許多申請IEET工程教育認證的大學系所都必須要有總結性的課程。臺灣大學的許多課程，也受到IEET工程教育認證的規範影響，早在其他各大學導入工程認證的總結性課程前，就開始了總結性課程的實施，IEET工程教育認證也委託臺灣大學執行過總結性課程的老師向其他大學進行課程設計與實施的分享擴散。經過幾年的嘗試，臺灣大學歸納了多年實施總結性課程的經驗，認為一個好的總結性課程在實施之前，學生應該已經歷過奠基石課程（cornerstone）及核心石課程（keystone），如此，在奠基課程及核心課程的基礎下，學生才有一定能力完成程總結性課程（呂良，2014）。表1.5為臺大土木系對於完整的總結性課程設計所做的具體建議。

表1.5　臺大土木系Capstone帶狀課程設計範例

	奠基石Cornerstone	核心石Keystone	合頂石Capstone
原則	用常識、直覺做設計、啟發末來的求知慾	在知識學習的過程中及時應用所學	在學習全套的課程後提出實際工程解學方案

---

[7]　107學期第一學期（2018年9月）開始由原來的「工業工程實習」更名為「工業工程總結實踐」。

大學課程的多元教學與實務

	奠基石Cornerstone	核心石Keystone	合頂石Capstone
修課時機	一年級	二年級	三、四年級
先修課目	無	工程數學、材料力學等基礎必修	大學部選修科目
期末成果	實體或數位模型	實體模型	口頭與上臺報告
實體課程	大一（上）的「土木工程概念設計」及大一（下）「土木工程基本實作」	結構學」及「流體力學」實驗。	「土木工程設計實務」：
上課主要內容	基本上都是採小班教學，並讓學生分組實作。	前半學期是做一個木橋設計，後半學期為氣動力浮體設計	(1)臺大溪頭自然教育園區纜車系統可行性評估與規劃興建；和(2)霧社水庫排砂防淤系統初步規劃及可行性評估。

重製表一（呂良，2014）

中山大學從102學年度開始推行「總結性課程（Capstone courses）模組建置改善計畫」，強調總結性課程必須包含創新教學、實務導向、產業參與、課程品保四個要素。在修習總結性課程之前必須先修畢前置課程（劉孟，2014）。在中山大學總結性課程的實施中以劇場藝術學系最值得提出參考，其課程規劃為：總結性課程為大四一學年的必修課程「畢業製作（一）」與「畢業製作（二）」，所規劃之前置課程則包括大二之「進階表演（二）」與「劇場管理導論」，大三之「導演（二）」、「舞臺設計（四）」、「戲劇評論」。這樣的規劃概念與臺大土木系所提出Capstone課程類似，也就是在進行總結性課程之前必須先完成必要的課程（前置課程、奠基石課程、核心石課程）。依照中原大學工業與系統工程學系的規範，每一班四年級的導師，必須擔任「工業工程總結實踐」的授課老師，105學年的第一個學期，因為擔任工業系四年級甲班導師的關係，必須進行總結性課程教學。早在2012年IEET開始推廣總結性課程的實施時，就開始有想法設計總結性課程在大四實施。在101學期時參與IEET工程教育認證學會所舉辦的研討會，當時邀請臺灣大學的老師對於

如何實施總結性課程的規劃包含了奠基石課程及核心石課程，做了詳實的分享。參加該此研討會的心得讓我了解到總結性課程對於工程專業系所的重要性，然而，當時的我，對於如何在教學實務現場具體落實總結性課程還不是很清楚。101學期在某次的系課程委員會議，我主動提出規劃一個總結性的帶狀課程，仿照臺大總結性課程規劃，選擇我所擔任導師的班級進行教學行動研究，這樣的目的是希望在同一班級系統化的實施奠基石、核心石及合頂石課程，避免因為學生主體的太多的改變，造成教學行動研究所收集的資料變異過大而無法行相關分析，形成有效研究結論，從固定的授課班級也可以觀察到老師的教學與學生學習成效的長期關聯。相較於臺灣大學的教學資源，我可以使用的教學資源幾乎微乎其微，例如，在「工作研究」課程中的課堂計畫，大部分分為4組，每一組的經費只有臺幣300元，就在這樣幾乎沒有充足的教學資源下進行課程獨力完成總結性帶狀課程。在課程的設計上，為了可以減少使用資源，每門課的設計，就必須要有一定程度的連結，減少需要重複教授相專業知識的課堂，因此，整個帶狀課程的規劃就必須做一個比較長期的構想，讓學生一步步地從一年級到四年級，逐步漸進地完成我設計的課程。我所訂定的題目是希望班上同學建立一家虛擬的公司，同學必須提出公司得以存活十年以上的計畫，學生們形成的公司是必須要提供產品販售或提供實體服務的公司為主。學生在要形成十年的計畫書所必須要用的專業知識，我在一到三年級進行教學，必須有效率的養成學生的專業能力，這樣在總結性課程時，學生才能針對所要執行的方案，有效率地進行計畫。

在一年級的「計算機概論（上）（下）」，我教導學生Office軟體進階編輯，讓學生可以寫出一份專業報告，教導學生C語言Excel VBA及VB語言，讓學生有能力完成公司裡的小型ERP系統，教導學生PHP及MySql使其有能力架設互動式資料庫網站。二年級的「線性代數」，除了培養學生的數學及邏輯能力外，融入線性代數簡史報告，訓練學生簡報能力，並教導學生數學套裝軟體FreeMat，讓學生可以應用套裝軟體解決複雜數學問題。二年級的「工作研究」，則是讓學生進行工廠實作模擬遊戲，讓

學生利用課堂上的桌椅形成小型組裝產線，讓學生了解從規劃生產到將產品產出的每一個步驟，期間並邀請了國貿系老師參與課程，將「經濟學」中的成本單元融入模擬遊戲中，加強學生知能。三年級的「生產計畫與管制」主要讓學生了解物流鏈中比較重要的議題，像是顧客需求預測，庫存管理與物料資源計畫安排，應用摺紙盒的模擬遊戲，讓學生整合二三年級的專業知識在課堂計畫中。學生經過三年級暑假的工廠實習或是暑期專題，接觸到課程以外的實際案例，對於自己所學更加的清晰也更有信心，因此，在1051學年度的「工業工程總結實驗」課程，因為為教學行動研究的一部分，我修改了工業系原有規劃，總結性課程只針對暑期實習或是暑期專題進行口頭報告及展示的作法。原來的規劃，暑期實習成績、書面報告及口頭報告展演佔70%的成績，六次的工廠參觀及參觀心得報告佔30%的成績；我將原來佔比100%的成績改為佔45%。剩下來的55%的總成績的考核為學生必須形成虛擬公司，提出公司十年規劃書，公司經營必須有兩項主要產品，其中一項產品必須是資訊軟體產品。當產品成形之後，公司必須尋找願意購買產品的潛在客戶。最後在105學年度第一學期末之前，學生將舉行成果展，展示總結性課程的最後成果。總結性的課程設計如圖1.12所示。

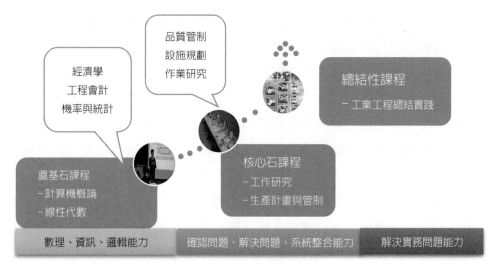

圖1.12　個人設計總結性課程架構

四、本書撰寫目標及架構

經過在中原工業系九年的授課，在從新手老師到現在累積了一些在教學上的心得成果，也趁著撰寫這本書，記錄過去自己的歷程。本書撰寫主要的目的有二，

1. 將過去在課堂上應用一些特色教學法及所對應的課程設計系統化的整理出來，分析所實施教學法的實施時機及優缺點，並探討是否這些教學法適合用於工程學院的學生。

2. 分析課程實施後的學生學習成效，以分析結果佐證實施教學法的有效性。

本書一開始說明了本人從事高等教育的動機，經過了國內外研究所學習的洗禮，看到了歐美學校先進的教學作法，相較於我所認知大學裡教學的相關規範要彈性的許多，也值得我在實務教學做為參考。在我實施不同教學法的過程中，雖然時常也會參照教育研究論文中所提到的教學法，但往往因為實際上的限制，而沒有辦法實行或者必須加以調整，就像老師的上課時間，有時候需要比較長的時間，有時候卻需要短一點的時間，或是由於教室的安排和其他課程的安排衝突，往往沒有辦法有在最理想的狀態上課。另外，可能因為少子化原因，以及國立大學學生人數規模未降低的影響，近年來中原大學學生的程度有下降的趨勢，相同的授課方法有時會是有效，有時卻未竟理想，在教學過程極為動態的情況下，往往很多時候教學成果或是學生學習成效與我預期有差異。雖然整個過程不輕鬆，但是，還是有許多令人鼓舞的小確幸讓我得以堅持到現在，將這本書的初稿完成。接下來的第二章至第九章的內容說明如下。第二章將對於本來在課程中所用教學法所相關的文獻加以介紹，除了本書內容外，有興趣的讀者也可以透過相關研究資料加以研讀，將相關可用的教學技巧用在自己的教學。第三章至第八章介紹我過去授課比較有特色的課程，如何將教學法應用在課程中，例如：課程實施架構、課程設計、課程教學成果，學生學習成效以及對於課程實施進行反思，提出教學實務上的困難點，如何在有限

制的環境下進行突破可以順利進行教學。第九章總結本研究報告並提出未來可能願景，希望本書的完成，除了可以除了留下了個人在高等教育教學工作的軌跡，也希望藉由本書，擴散自己的教學理念，或許在某一天我得知，有老師因為這本書的出現，有一些小小的啓發，那麼一直堅持下去的努力，也就得到大大的回報。

第二章

教學法與教學策略文獻回顧

摘要

1. 第二章收集本人在課堂上所應用教學法的相關文獻，除了羅列文獻的主要貢獻，同時也提及在課堂上我所實施的過程與相關文獻的相似或相異處，詳細課程實施則見於第三章至第八章。
2. 介紹問題本位學習教學法相關理論，包含PBL的特性、PBL實施的架構，PBL的評分方式，並簡略說明我如何應用PBL相關理論於課堂上。
3. 介紹專題式學習教學法相關理論，並說明與問題本位學習教學法的差異。而在我上課的課堂上基本上是混用專題式學習教學法及問題本位學習教學法。
4. 介紹其他教學法相關理論，包含遠距教學、個案式學習教學法、資訊融入教學、學生分組教學、跨領域教學、講述式教學。

　　這個章節介紹與我在課堂上所實施的相關教學法或教學策略的相關參考文獻，由於本人非教育專業背景出身，僅是以一個授予工程相關專業課程老師的角度來整理相關的文獻，相較於教育系所的老師而言，所見所聞必定相對有不足之處，望讀者海涵。在本書所提及的教學法或教學策略應用於實務教學的實施相當多元，在一堂課中，往往不只實施某一種單一教學法，同一門課常因為**配合學校教學政策**，或是**考量學生屬性**，往往在實施某一種教學法或教學策略時並需要有動態的調整，在本書所提及一些教育上的名詞，可能也不像在教育研究專有名詞的那樣嚴謹，而是本人在過去將近九年以來在課堂上曾經實施不一樣的教學法，為了撰寫本書所使用的教學法的合適名詞，將所有使用的教學法或教學策略簡稱為多元教學法，其中包含了問題本位學習教學法（PBL，Problem-Based Learning）、專題式學習教學法（PBL，Project-based Learning）、個案

式學習教學法（Case-based Learning）、遠距教學、資訊融入教學及學生分組差異化教學。

一、問題本位學習教學法

　　問題本位學習（PBL，Problem-Base Learning）緣起於1960年代，其主要的精神在於1938年杜威所提倡的做中學（Learning by doing）（Merritt et.al, 2017），McMaster University任教的Howard Barrows教授及他的同事為問題本位學習早期的倡議者，他們發現在傳統的醫學教育下，學生畢業之後所具備的能力與實際執業的醫生有距離，他們開始反思在傳統的教學所發生的問題，為了解決傳統教學不足PBL方法孕育而生。在McMaster University的課程規劃中，學生在完成醫學院前三年的基礎課程之後，在畢業之前的課程，老師應用實際案例引導學生使用所學基礎知識解決問題，這樣的教學使學生的學習可以連結至未來專業角色，也了解到應有的專業責任與專業態度（Barrows 1996）。中原大學問題本位推動小組（2008）引用Barrows and Tamblyn（1980）對PBL教學定義為，

　　「為使學習者了解知識，透過解決問題過程的一種學習歷程，其包含呈現問題情境、小組成員應用知識和推理展開解題、學生主動確認學習內容並據之引發自我引導學習、回顧問題、展示成果與評鑑等步驟。」

　　Harrison（2007）指出Barrows在發展PBL教學時訂定了PBL五個具體的教學目標[1]，包括：
1. 建立臨床診斷上有用的知識
2. 發展合理的臨床診斷策略
3. 發展有效的自我學習
4. 增進學習動機
5. 成為更有效的合作者

　　往後許多不同領域的教師開始應用PBL進行教學，Perrenet et.al.

大學課程的多元教學與實務

---

[1] 五個目標為只適用於醫學院學生，並非適用於所有學生。

（2000）在分析應用PBL於教導工程領域的機械工程與生物醫學工程學生時發現無論是在學生學習動機以及認知方面都優於傳統講述式教學，但是在工程技能的培養上，則因爲受限於授課時數，PBL的優勢相較無法有好的發揮。**Hernández**（**2018**）使用質化問卷分析修習生物醫學工程導論課程的學生在PBL授課環境中相較傳統式教學有比較好的學習成效。綜整過去學者在PBL實施於工程類學生的經驗可以推論具體PBL的教學目標訂定或許對於學生較爲複雜的專業能力養成有一定程度的幫助。因此，只要是在我所實施的PBL課程時，必須要有依據的教學目標，以目前上課現行架構而言，我所採用的教育目標即爲IEET工程認證所規範的系所目標，共分爲八個課程的核心能力。

1. 對於專業課題具備確認與解決問題之能力。
2. 在系統與流程之設計與管理中，具備介面整合之能力。
3. 具備參與實務問題分析、解決及實作之經驗。
4. 具備良好的簡報與書面報告之能力。
5. 具備社會責任、安全環保意識與倫理抉擇之能力。
6. 具備團隊合作與溝通領導之能力。
7. 具備持續學習與創新之熱忱。
8. 具備基本外語能力，認識時事議題，並具有國際觀。

　　每一個教育目標至少都對應一個需要培養的技能，如下所述。

1. 對於專業課題具備確認與解決問題之能力
   ⑴ 學生必須了解專業課程的內容、主題以及相關專有名詞
   ⑵ 學生對於未來相關職涯工作與專業課程要有初步的認識與了解
   ⑶ 學生可以找出未來相關職涯工作所可能面臨到的問題要有一定程度的認知
   ⑷ 學生要要了解專業課程中所學解決問題的方法與未來職涯工作所面臨問題的關聯
2. 在系統與流程之設計與管理中，具備介面整合之能力
   ⑴ 學生應學習如何應用系統方法分析簡化過後的問題

(2)學生對於分析結果可提出可能解決問題的方案，或者了解爲何無法解決問題的可能

3. 具備參與實務問題分析、解決及實作之經驗
   (1)學生了解過去在工業工程領域中，曾經發生過重大事件，前人解決問題的方法與邏輯
   (2)學生須學習資訊工具、程式語言以因應未來複雜問題的解決

4. 具備良好的簡報與書面報告之能力
   (1)學生需要有效及有效率的應用演報以及書面報告有效的與他人進行溝通

5. 具備社會責任、安全環保意識與倫理抉擇之能力
   (1)學生需要學習判斷專業能力的正確使用方式

6. 具備團隊合作與溝通領導之能力
   (1)學生需要學習如何與他人有效的進行合作，以及學習有效的領導統御方法

7. 具備持續學習與創新之熱忱
   (1)學生應了解創新對於未來工作生活的影響，並培養學生以積極的態度，面對專業科目的學習

8. 具備基本外語能力，認識時事議題，並具有國際觀
   (1)鼓勵學生接觸不同文化資訊，並有雅量接受不同於自己文化的觀點
   (2)教導學生如何應用網路、電視、電影及圖書館等虛擬及實體平臺拓展專業領域的視野

　　有了教學目教以及根據目標的工作項目後，接下來教學步驟也是在教學實施中相當重要的一環，或者也可以稱爲教學架構，在PBL教學法的步驟架構尤其重要，其關係到如何有效率的實施PBL教學法以及最後學生的學習成效。依照PBL教學原理，許多學者依據不同情境提出不同的步驟如Schmidt（1983）、Wood（2003）、Nuutila et al.（2005）、中原大學問題本位推動小組（2008）、Cosgrove et al.（2010）等。Wood（2003）在探討PBL小組教學對於醫學教育的教與學的重要性及影響中提到PBL教學

「1+七」步驟包含

1. 形成8到10人的學生小組，應用相關素材包含一些診斷案例、實驗資料、照片、影片、報章雜誌新聞、學術期刊、真實或虛擬病例、具家族性遺傳的祖譜，形成PBL案例。

   (1) 讓小組討論在步驟1.中還有哪一些是還不確定需要解釋的地方，將發現羅列出來。

   (2) 充分討論案例最主要需要解決的問題，在討論中須提醒學生不同觀點的問題都需要被重視，並且加以記錄。

   (3) 進行腦力激盪，根據所學背景知識解決問題，沒有辦法解決問題的部分，則找出可能欠缺的知識。

   (4) 重複步驟二及三盡可能找出收斂的解決方案。

   (5) 根據前述步驟訂定學習目標。老師必須確認這些學習目標是有意義且可行的。

   (6) 根據學習目標，學生進行自我學習。

   (7) 學生分享自我學習成果，老師確認學習成果並且加以評量。

   Nuutila et al.（2005）在電腦基礎概論課中沿用了Schmidt（1983）所提的PBL七個步驟的實行架構，但是，因為電腦課的屬性與醫學課程不同，在研究中，學者將時間的安排（第一堂課、自我學習期間、最後一堂課）與課程架構一併的呈現，首先每一個小組由7到10人組成，每一組配置一位助教。每一個小組在開始一星期花三個鐘頭進入PBL的課程活動中，在活動中學生需要大型的白板記錄腦力激盪的討論結果，接下來安排約一個星期的自我學習時間，學生結束自我學習之後，最後一堂課則分析分享學習成果。三週的PBL課程設計如表2.1所示。

   中原大學問題本位推動小組（2008）定義出非醫學院所發展出來的PBL課程實施架構，共分為八個步驟：包含，1.介紹 2.遭遇問題 3.透過問題進行探究 4.自我引導研究 5.重新思考原來學習的議題 6.決定最合適的答案 7.展現結果 8.進行評鑑。本人非教育背景，因此，對於嚴謹的設計PBL教學架構，在過去並沒有受過訓練，所能依據的就是根據過去所閱讀的

表2.1 三週PBL活動實施架構（重製Nuutila et al.（2005）的Figure 1）

第一堂課：大約半小時小組討論
第一步：案例解釋，讓小組熟悉案例。 第二步：定義問題，必要時確定一個主題。 第三步：小組腦力激盪，小組成員以自己所知的先備知識找出與問題的關聯，記錄在筆記本中，小組成員每一個人唸出自己所記下的，並記錄在大白板上。 第四步：描繪出可能的資訊概念模型。最初的概念模型是最重要的，會形成後續學習目標的基石。 第五步：建立學習目標，這些目標的形成是來自於第四步模糊的概念模型。
自我獨立學習一週
第六步：每位小組成員獨力完成所有學習目標，在這個階段小組成員可能都需要大量閱讀50到150頁的學習材料。
第三堂課（**PBL活動最後一堂課**）：約一到二小時
第七步：討論每個小組成員所學習到的，小組可能再次討論初始概念模型，分析資料並且評估所學的重要性與合理性。

相關資料，所參與的教學研習及聆聽過的相關演講綜整出相關心得整理而得，目前本人所進行的PBL教學法與醫學院發展出來的課程架構並不一致，所依據的為中原大學問題本位推動小組（2008）所提出的架構，但由於限於專業課程特性、學生屬性、課程中所使用的PBL問題及課程時間安排，我對於中原大學問題本位推動小組（2008）所提出的架構進行適度修正進行PBL課程，例如：中原大學問題本位推動小組（2008）報告中指出PBL問題，基本上由學生組成小組定義之，但是當學生背景知識不足時，在步驟 2.當學生就無法定義出合適的問題接續後續的課程，這樣的困境，我相信存在在許多的專業課程中，對於許多老師可能也會懷疑，學生對於專業科目並不熟悉，真的有辦法執行PBL教學法嗎？以我所實施的「工作研究」課程為例，就有這樣的問題，學生並沒有相關於工廠的背景知識，甚至對於工廠是沒有概念的，我的作法是講授式教學與PBL教學混合進行，當學生建立一些背景知識後，老師或助教介入協助學生定義出一個合適的問題。

除了課程架構是PBL教學的重點之外，另一個重點，也是在整個教學課程的關鍵點：「問題」。在PBL教學的過程中要有一個核心的問題提供作為學生進行PBL活動。在過去與許多老師的交流過程中，很多老師對於PBL中學生所必須定義出的「問題」感到相當的困擾，許多「問題」的形成對老師或許是容易的，但對於學生是困難的，很多老師在教學的過程中，也常常不自覺的暗示或是提供學生「問題」的解決方法，結果造成學生透過PBL的學習成效不佳，亦或是放任或不干涉學生定義問題或是執行課堂計畫，造成學生在學習上反而抑制學習動機，這些都是許多老師對於PBL實施PBL教學可能造成的質疑。在新手老師期間的確自己也有這樣的疑惑，但隨著教學技術的純熟以及對於教學的熱誠堅持，對於課堂上PBL所需「問題」就有比較好的掌握。**「問題」的特性必須是不良結構而且模糊的，換成簡單的話就是無法在Google、Yahoo、Bing等網路直接找到相關的答案的問題**；問題的產生必須是和學生在專業課堂上的學習、自己過去生活經驗或背景知識**有直接或是間接的關係**，有了「問題」與學生的連結，學生才能比較容易透過問題，將所學知識和解決問題的過程進行連結，進行問題解決，進而學習知識，提升自我能力。然而，以專業系所的學生而言，專業背景知識的養成，往往需要時間，在專科課目授課之初，學生最有可能的一個狀況就是因為對於專業知識不熟悉或是缺乏相關背景知識，導致無法定義出合宜的PBL問題，後續所造成的結果為其所定義用於PBL的核心問題不適用於PBL的活動的進行，不適切的問題是無法達到學習效果。老師及助教當觀察到課堂有類似的狀況發生時就必須從旁協助學生找到合適的問題進行PBL活動。中原大學問題本位推動小組（2008）整理過去相關文獻，並且諮詢當時在中原大學有實施PBL教學活動的老師，指出適切用於PBL活動的問題具有下列的七種特性。

1. 在真實的情境中令人注意的案例。

2. 問題或案例必須是複雜的、開放的。問題可以適度的拆解，每個拆解的小問題彼此可能具有關聯性。而問題的複雜度要是學生的先備知識可以部份處理的問題。

3. 案例必須是有趣且吸引學生的。

4. 案例可以激發學生的學習動機，並鼓舞學生繼續學習。

5. 案例要有適度的爭議，讓學生可以引發討論相互學習，並讓學生可以根據事實、判斷、創造、批判等高層次思考解決問題。

6. **問題的尺度要是學生透過一定的合作可以完成的。**

7. **能與課程內容相互的搭配。**

　　以上所列適切問題的原則有可能因為課堂上修課學生的屬性或者是學生知識程度不同時，學生於PBL活動所建立的問題無法滿足所有的原則。但是經過我多次實施PBL的教學體認，我認為只要達到學生可以提升能力獲得知識，違反少數部份原則是可以被接受的，但是上述的**第 6. 及 7. 原則是最重要的**，第6.原則就是問題的尺度要適切，PBL問題一定不是在短時間之內就可以找到答案，且要經過多人合作才有可以完成。問題的產生可以是腦力激盪，可以是經驗直覺，只要是可以滿足PBL活動的進行均可以使用各式的方式產生適切的問題。第7.原則為檢視課程教學成效，若所產生的PBL問題或是實作計畫與課程脫節時，則表示原來設計課程是有瑕疵的。Hung（2006）及Hung（2009）提供了3C3R模式（Context，Content，Connection，Researching，Reflection，Reasoning）希望可以透過比較結構化的模型，建構較好的PBL問題原則及步驟，其設計共有九個步驟包含，

　　　　步驟1：設定目標（Set goals and objectives）

　　　　步驟2：了解內容／任務分析（Conduct content/task analysis）

　　　　步驟3：分析內容細節（Analyze context specification）

　　　　步驟4：選擇／產生PBL問題（Select/generate PBL problem）

　　　　步驟5：進行PBL問題負荷分析（Conduct PBL problem affordance analysis）

　　　　步驟6：進行符合分析（Conduct correspondence analysis）

　　　　步驟7：進行問題教正（Conduct calibration processes）

步驟8：建立反思構件（Construct reflection component）

步驟9：檢視3C3R構件間彼此支持關係（Examine inter-supporting relationships of 3C3R components）

其中，步驟1的部分要使學生所設定的目標與老師所設定的教學目標有一定的連結，因此，雖然PBL活動的主體為學生，老師對於學生進行PBL相關活動的進行要有一定程度的了解，依據學生進度，給予不同程度的介入。在形成PBL問題之後的步驟6-9為確立PBL問題重要的關鍵，學生、老師及助教必須再次確認合宜的PBL問題，引導學生進行後續的PBL活動。

要驗證學生的學習成果，評量是不可以少的一環，傳統實務上在教學現場，評量的方式大概以作業、平時測驗、期中期末考試評量抑或出席成績為主，有進行課堂計畫的課程，會融入學生的口頭書面報告，但是原則上這些的評量方法，跟教學設計上面的關聯，主要與老師的角度出發，對於學生學習成效的評估，並不像PBL課程進行可以使用多樣的方法進行學生學習成效評量，Macdonald and Savin-Baden（2004）整理了過去在PBL課堂上常見使用的14種PBL的評分方法，本書將其重新整理如表2.2。

為了克服學生進入課堂之初無相關專業背景可以在課堂開始時就直接進入以PBL為核心的課程，本人在實施PBL教學時通常會劃分為兩個階段，第一個階段使用傳統講授式教學，先以建立學生的背景知識，並讓學生熟悉小型PBL活動。在這個階段的成績考核還是維持使用傳統在課堂上使用的考核方式，例如隨堂考試、回家功課及期中考試等，這樣的教學活動的實施，除了不要讓學生在學生的學習上遭受到比較大的衝擊，也讓學生有時間適應PBL的教學模式已經相關成績考核。第二階段在正式實施PBL活動，學生就會比較有效率的進入PBL的活動情境，同時也習慣與過去不一樣的成績考核方式。目前在課堂上比較常使用的方式與表2.2中的第3.種方式較為相似，即為三部分評量，第一部分的評分，通常使用多次整組的口頭報告與書面報告作為綜合評量，這些與傳統方式的授課是較為雷同的，但是在第二部分及第三部分的成績評量，但是在過去的授課經驗

表2.2 適用於PBL的評量方式

	評量方法	相關要求或注意事項
1	團體報告Group presentation	要求學生以口頭或是書面形式繳交PBL活動的過程。但是這種方式不容易打分數,因為教師可能不清楚個人或是團體之間在PBL活動的參與程度,進而合理的評量學生個人成績。
2	個人報告Individual presentation	要求個人繳交或展示自己在整個PBL中所進行的相關貢獻。但這種方法沒有辦法確定學生整體學習的成效。對於大分組或班級人數多時會相當耗時。
3	三部分評量Tripartite assessment(Savin-Baden 2003)	第一部分評量為小組繳交一份共同報告,這部分每個人的分數是一樣的。第二部分為個人針對自我學習所繳交的一分報告。第三個部分則由個人撰寫自我負責的部分與小組報告的關聯。這樣打分數的優點在於考慮個人努力的部分在最後的成績評量上。
4	個案基礎的個人論文Case-based individual Essay	學生撰寫以個案為基礎的論文。學生可以選擇個案撰寫時的難度及複雜度。這雖然可以反映PBL活動,但是這樣的評量還是集中在認知的評量。
5	以醫療常規下或客戶導向計畫下以個案為基礎的管理計畫Case-based care plan based in clinical practice/client-led project	學生以真實案例作為基礎,為客戶解決或管理問題。這雖然是非常有效的方法,但是必須要有打分數的規範參考。一些老師或是外部審查者對於一些廣泛打分數的標準可能會有所不悅。
6	檔案評量Portfolio	如果評分沒有適當設計,則可能因為過多的檔案造成評分困難。目前有一些應用比較關鍵的檔案進行評分,但是需要注意評分的標準確認這些檔案可以包括所有綜合表現。
7	三級跳評量Triple jump(Painvin et al.1979, Powles et al.1981)	這個評量法是專為PBL設計的評量方法,但是這種評量方法耗時且成本高,適用於經費充足且人數少小團體的評量。三級跳評量就像運動的三級跳包含三個階段,跳(hop)、跨(step)、躍(jump)。在跳的階段老師

	評量方法	相關要求或注意事項
		對學生以詢問，讓學生可以專心在問題上，在跨的階段，老師讓學生有一段的時間對於在跳的階段所定義出的問題提出假設進行研究。在躍的階段，學生對於所獲得成果進行書面報告撰寫。
8	自我評量Self-assessment	自我評量方法適合用於PBL教學，但是前提是學生必須答應要進行自我評量。自我評量的優點讓學生可以進一步思索他們自己知道的與還不知道的知識，或者有什麼還額外需要進行的工作。
9	同儕評量Peer assessment	提供學生評分規範（Rubric）協助同儕進行評分。同儕評量適合用於PBL教學。
10	口頭考試Viva voce examinations	在PBL廣為使用前，口頭考試已經被大量地使用，也被認定是有效的評量的方式，然而這樣的考核方式耗時、高成本以及對於學生會造成極大的壓力。
11	反思（線上）日誌Reflective（online）journals	學生每個星期繳交反思日誌。這個方法特別適用於工程類及醫學類的學生。
12	協助者／小組教師評量Facilitator/tutor assessment	若協助者或是小組教師成為評分者，將有可能影響PBL活動的進行。所以這個評分方式會引起一些質疑。PBL評分最好是匿名方式，若使用他組協助者/教師進行評量或許也是一個好的方式。
13	報告Reports	可以用於評量學生的書寫能力。
14	片斷是文字紀錄Patchwork text（Winter et al.1999）	對於每次的PBL活動進行評論，或是一些實作未完成品等，應用書面方式整理出進度報告，進行評量。

中，還沒有辦法形成一個比較好的規範讓學生可以依循做為自我評估的標準，可以發現在教學實務現場第二部份的評分有些學生可以做的很好，有些學生則無法清楚描述自己在整個PBL活動貢獻。第三部分，我通常是以學生心得分享進行評分工作。在比較早期的授課對於學生心得分享並沒有

規範，導致學生大部分只是在抒發自己在活動過程的感覺，與PBL活動並沒有直接連結的關係，在實施幾次課程後，我會進行學生心得分享的規範，希望學生可以明確指出學生個人在小組活動所扮演的角色，所做出的具體工作內容等，如此可以做出比較公正的評量。

中原大學問題本位推動小組（2008）在發展的「問題本位學習手冊」中提到PBL的評量可以依其內容、過程以及結果進行評量。內容評量主要是考核學生所記憶、回想或連結所得的訊息與知識。過程評量的重點主要是方法與技術。結果評量針對智力與具體產物之評量。若依據評量者的屬性分為自我評量、同儕評量、小組導師評量。而過程取向的評量方法有：導師評量、同儕評量、自我評量、口試、實際問題模擬、解題日誌（Problem log）、真實性評量（Authentic Assessment）、表現評量。結果取向的評量方法有：客觀測驗、論文式考試、實際的解題、檔案評量（Portfolio Assessment）、演示（Demonstration）、執行實驗、日記、社區會議或論壇（Town Hall Meeting）、口頭報告、作品與成品。實作評量在PBL是相當重要的一種評量方式，在「問題本位學習手冊」中也提到進行實作評量時的架構如圖2.1。

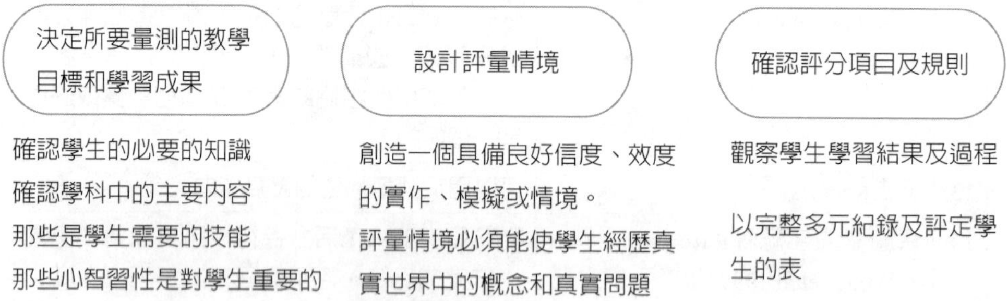

決定所要量測的教學目標和學習成果	設計評量情境	確認評分項目及規則
確認學生的必要的知識 確認學科中的主要內容 那些是學生需要的技能 那些心智習性是對學生重要的	創造一個具備良好信度、效度的實作、模擬或情境。 評量情境必須能使學生經歷真實世界中的概念和真實問題	觀察學生學習結果及過程 以完整多元紀錄及評定學生的表

圖2.1　實作評量實施步驟（本書重新整理）

問題導向教學在本人教學上是很重要的一個教學法，從開始實施PBL教學的學習摸索階段，到適應教學可以比較得心應手的實施PBL教學，再到目前可以看到學生的學習成效。這整個歷程對我自己而言，是一個教學成長的過程。

由於在實務教學上有一些限制，在教學的過程中往往無法達到自己所設定的教學目標，教學成效，與我自己的設定的理想狀態有差異，在後續的章節將進一步說明闡述實務上落實教學所發生的差異，同時會說明在現實教學環境如何做適度的調整。

二、專題式學習教學法

專題式學習教學法與問題導向式教學縮寫皆為PBL（Project-based Learning，Problem-based Learning）。兩種教學法在一些教學的特徵、架構或是作法上也極度的類似。Savery（2006）在總體評估問題導向式教學的研究中，針對問題導向式教學的定義以及相較於其他教學法較為突出的優點，提出了相關看法，同時在文章中也指出了專題式學習教學法與問題導向式教學法的差異在於**專題式學習教學法通常會有一個最終的實體**，這是與問題導向式教學不同的地方，例如建造一個小火箭、建立一個網站等，這些有實體產出的教學方法就屬於專題式學習教學法而不屬於問題導向式教學法的範疇。

學生學習的歷程必須遵循一個正確的學習架構，才可以有好的學習成效。學生在專題學習的過程中，可能會有許多的問題產生，這些問題產生的時刻就會是老師可以教學的時機。在專題式學習教學法中，老師的角色比較偏重教練或專家的角色而不是教師的角色，在學生學習的過程中，老師會提供回饋或專業意見給學生進行更好的產品的改良，而整個教學的過程則是針對學生在專題中的相關議題進行學習。Geoff（2012）在探討專題式學習教學法與問題導向式教學法的難易度時提出了兩種教學法相似或差異如圖2.2所示。

雖然是在兩種不同的教學法相當類似，但是在實務上的操作，我認為兩者是互補並行，可以同時混用兩種教學策略，Donnelly and Fitzmaurice（2005）提出在問題導向學習教學法與專題式學習教學法並行策略研究中提出師生在互動情境中，學生獨立學習及老師學習支持的交互關係圖如圖2.3所示。本報告所提及之PBL與Donnelly and Fitzmaurice（2005）作

專題式學習教學法　　　　　　　　問題導向式教學

● 進入事件 (問題、個案)
4 個以上評分標準　　● 已知/必須學習知識/反思　1 到 2 個評分標準
　　　　　　　　　　(K/NTK/NS，Knows/Need
　　　　　　　　　　to Know /Next Step
兩週以上　　　　　　Refresh)　　　　　　　　1 到 4 天
　　　　　　　　　● SWLO ((S)chool (W)ide
　　　　　　　　　　(L)earning (O)outcomes)
　　　　　　　　　● 任務導向
強調最終產品　　　　● 學生學習為中心的教學/鷹　強調學習過程
　　　　　　　　　　架理論
　　　　　　　　　● 使用 Rubrics
每個單元 1 個情境　　● 能力任務　　　　　　　每個單元 3 個情境以上
　　　　　　　　　● 團體活動
　　　　　　　　　● 形成性評估

圖2.2　專題式學習教學法與問題導向式教學法相似或差異（本書修訂重製）

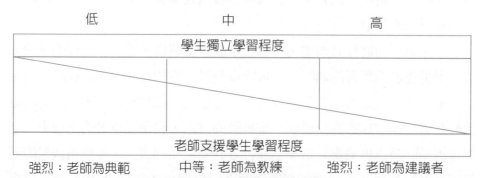

低	中	高
強烈：老師為典範	中等：老師為教練	強烈：老師為建議者

學生獨立學習程度

老師支援學生學習程度

圖2.3　教學歷程中師生支持交互關係圖（本書修訂重製）

法類似，混合使用專題式學習教學法與問題導向式教學，並在建立課程背景知識階段同時使用講授式教學。在本書中並沒有嚴格區分問題導向學習教學法與專題式學習教學法而通稱為PBL教學法。

三、個案式學習教學法

　　個案式學習法起源的很早，1870年哈佛大學法學院在學生畢業前尚

未成爲律師之際就常使用個案訓練學生（Merseth 1991）。在1915年之前，個案教學已經廣泛的在美國使用。哈佛商學院鑑於個案教學的成功經驗，在1908年，哈佛商學院成立時就導入個案教學，然而在開始的前10年，個案教學並沒有獲得顯著的效果，原因在於在當時缺乏實際可以教學的優質案例。除了哈佛的法學院及商學院，其他大學的醫學院常使用的PBL也常配合使用個案進行教學（Center for Teaching and Learning Stanford University 1994）。許多老師認爲使用個案教學時，學生可以有效的對於課程所學知識進行綜整、評估及應用，這樣的教學方式所誘發學生學習的效果，對於老師在課程上傳授學生知識是有幫助的，傳統上個案學習法是透過學生小組討論的方法進行。Dean and Fornaciari（2002）提出有別於傳統討論形式，讓學生扮演個案中的角色，讓學生實際在個案中進行決策及相關知識學習，教師也可以從學生進行決策的過程中，反思相關的教學活動在未來持續精進。個案教學法除了可以應用在學校的教學環境，也可以應用在校園之外的一些訓練課程，特別對於已經在職場的人員進修時，個案學習教學法是一個合適的授課方法。Eisenlohr et al.（2002）在研究中指出個案教學法對於公私立醫院的在職人員可以有效的學習醫院安全相關課程。個案學習教學法除了可以單獨實施之外，亦可以結合其他教學法，例如Macho-Stadler and Jesús Elejalde-García（2013）在實施PBL教學中的問題以個案取代，在教學的過程中藉由眞實個案的實施促進了師生間的互動關係，也加強了學生之間團結合作進而達到學習成果。中原大學電資學院教師群應用個案式學習教學在專業課程中，在比較過去沒有使用個案教學的班級，發現無論是具有電機背景的學生或是非電機背景的學生學習滿意度均高於使用沒有使用個案式學習教學的班級。對於老師教學的滿意度，使用個案式學習教學的學生也是優於沒有實施個案式學習教學的班級。唯一非主修電機的同學對於學習材料覺得較爲困難（Chen et al.2014）。目前線上課程有越來越發達的趨勢，開始有老師在線上課程應用個案式學習教學法，希望在這樣的課程可以像是在教室環境中提升學生的學習動機及學習成效。然而Lee et al.（2016）研究

顯示線上課程因爲在虛擬的環境中，學生相互之間的關係不若在教室環境，造成學生在學習互動上不順暢。隨著科技的進步，許多的課程慢慢地有往線上發展的趨勢，許多過去在教室內實施的教學法是否可以有效的使用在線上課程，仍有待進一步的探討。1062學年度，我嘗試了非同步遠距課程與PBL教學法一起實施，以非同步遠距課程作爲背景知識建立作爲後續實施PBL教學的基礎，以目前的觀察而言，非同步遠距課程不若傳統講授式教學的效果，這或許是因爲學生的屬性，或者是對於非同步遠距教學的不熟悉，於第四章及第五章會有詳細的說明討論。中原大學工業與系統工程學系所開設碩士專班中的學生專業背景，根據第一章的圖1.10得知碩士在職專班的許多同學都是非工業系主修，且來自於產業界。這些學生平日就是在自己的工作崗位上解決工作上的相關問題，因此，我在碩士在職專班的「品質管理」課程的實施主要的教學方法就是個案學習教學法，希望透過這樣教學法的實施，讓學生增進知能，並且未來可以應用所知能於自己的工作上。

四、遠距教學

遠距教學可以分爲同步遠距教學與非同步遠距教學，在本書中所指的遠距教學爲非同步遠距教學。在臺灣最早出現的遠距教學爲1986年成立的空中大學所推行，當時教學媒介是透過電視，以及配合函授的教學方式（李臺玲，2001）。遠距教學與傳統教學差異最大在於開放式學習、以學習者爲中心、隨時隨地的學習以及合作學習（李臺玲，2001），這樣的教學論點，乍看之下似乎與PBL的以學習者爲中心及合作學習的特點有其相似之處，然而，在筆者實施PBL的教學法多年以來，並未將非同步遠距教學與PBL一起實施的原因在於李臺玲（2001）所提的以學習者爲中心以及合作學習的特色有其前提。Knowles（1975）所提以自我導向學習的前提在於學習者必須自我引發學習動機，若強烈依賴老師的學生，老師必須建立與學生互動頻繁的教學模式，此時，遠距教學未必有利（McNabb,

1994）。因此，遠距教學及PBL是否合併實施應該同時考量實施環境、學生屬性以及教學資源，設計合適的遠距課程。

　　隨著網路的普及以及資訊科技的進步，不受到教學空間限制的遠距教學受到教學者越來越重視，1997年起教育部推動遠距教學中程計畫，促進大專院校同步與非同步遠距教學課程發展（教育部資訊及科技教育司，2014）。爲了有效的推動遠距課程，在1997至2007年的10年間相關遠距教學的計畫進行培育數位學習人才以及發展網路教材。在大學端於2006年開始辦理大專院校數位學習課程以及教材的申請認證和審查，希望藉由數位學習認證制度來提升大專院校的數位教學品質與競爭力，進一步推展遠距教學。從2006年至2015年的統計資料顯示大約有三分之一的大專院校曾申請數位學習課程和教材認證審查，累積申請之科目總計940門。開辦遠距教學課程的校數，從90學年度的38所至102學年的96所，遠距課程數從206門成長到1,432門，修課人數達到127,127人次，由此可知參與數位學習課程的大專院校與修課學生皆有逐年上升的趨勢，數位學習課程也逐漸受到矚目，如圖2.4趨勢所示。

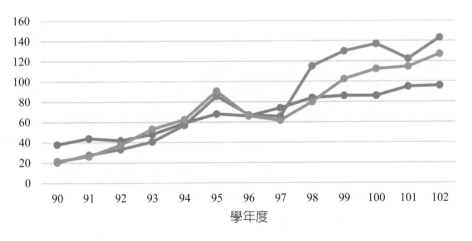

圖2.4　遠距課程開辦學校、課程、修課人數累積數圖

遠距教學擴散的速度越來越快，與電腦、網路與電子媒體的快速發展有相當大的。比較早期像是許多學校的開放性課程（Open CourseWare），以美國的麻省理工學院為代表（https://ocw.mit.edu/index.htm），透過開放性課程，將學校所累積的知識傳遞到全世界，近期比較知名數位教學平臺的出現如Coursera（https://zh-tw.coursera.org/）、Edx（https://www.edx.org/），Feture Learn（https://www.futurelearn.com/），Udemy（https://www.udemy.com/）以及以專業或專題導向的平臺，像是VoiceTube（https://tw.voicetube.com/，英文學習）、Sololearn（https://www.sololearn.com/，程式學習）等，這些教學平臺經營的多樣性與傳統學校相當的不一樣，修課的人可以透過提供學習認證的教學平臺取得相關的認證，雖然這些認證的效力一般而言還是不如傳統學校值得信任，但隨著時代的發展，學校的實體教學方式確實也受到了相當的威脅以及影響。在遠距教學相關硬體技術日趨成熟的影響下，一些可提供傳統學校進行非同步遠距教學的平臺也跟著蓬勃發展了起來，像是可以公開使用的EDpuzzle（https://edpuzzle.com/）商用教學平臺Zuvio（https://www.zuvio.com.tw/），或是google的google classroom一些教學平臺也開始發展APP軟體，除了前述的影音平臺如Coursera外，像是Kahoot!（https://kahoot.com/welcomeback/）可以應用APP或是教學平臺在實體授課中運用遠距教學的互動工具協助教學。Hazaril and Thompson（2015）在研究在影響虛擬環境團體學習的因子研究中指出雖然使用教學平臺或是目前一些流行的溝通工具促進學生在虛擬環境是有幫助的，但是，學生是否可以像在實體授課環境下進行有效的學習仍然需要進一步的驗證。為了配合學校推展創新教學的政策，1062學年度本人協助執行結合非同步遠距機學與PBL教學法於課程上的實驗課程，第四章及第五章會有詳細的說明討論。

五、資訊融入教學

資訊軟體可以廣泛的應用於各個領域，在教學的應用上也不例外，資訊軟體除了用於一些專業的資訊課程外，有許多的數學課程也都會使用數

學軟體進行輔助教學，如Hohenwarter et al.（2008）所提應用GeoGeBra軟體（圖2.5），可以讓學生透過軟體視覺化效果學習微積分、幾何以及機率的相關概念。然而使用資訊融入方法教導數學課程最常被認為的缺點在於必須耗費許多時間學習軟體操作，尤其不是視覺化工具時，像是Maple、Mathematica需要以撰寫程式時，學生必須耗費時間了解如何操作及撰寫程式（Little 2008）。

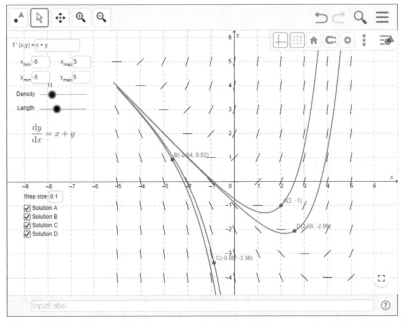

圖2.5 GeoGeBra（https://www.geogebra.org/m/W7dAdgqc）用於微分方程求解範例

　　資訊融入教學法基本上可以分成兩類，資訊軟體為教學上的輔助工具也是教學內容（陳攸婷及林文保，2014）。在本人的數學課程中，除了把資訊軟體當成輔助教學工具，同時也把資訊軟體當成提升學生創意能力的一個工具，原因在於數學課程因為抽象概念多，很難避免使用講述式教學，結構化的講述教學容易讓學生的創意能力受限，也因為需要一定的時間建立學生的知識背景，若要使用其他教學法如PBL教學在課程並不容易，其原因在於學生很難在自己的經驗中建立抽象概念與自訂複雜問題的關係，進一步在數學課定義出學習目標及相關問題。但是以目前資訊發達

的時代，學生透過資訊融入教學至少可以讓學體認資訊軟體與自己生活息息相關，因此，在大學部的數學課程所使用的是資訊融入及講述式教學，而不採用PBL教學。

六、學生分組教學

在本人的教學中，分組教學或是資訊融入教育的發生是因為學生能力或是屬性上有所差別，教師為了更有效率的教學會在課程中將能力或者是屬性相近的學生分組分別進行教學。在過去一些中學的能力分班就是屬於這樣的一種方式，但是這樣的教學方式在臺灣曾引起學生標籤化的疑慮。在本書中所使用的差異化教學並不是依據學生的能力作為教學分組的標準，而是依照學生自我對於課程的喜愛程度或是依照學生的學習風格讓學生選擇進入不同組別進行上課。Liu（2008）提出了在臺灣英文教學課堂上，學生依照自己的興趣分組，進行差異化教學的彈性架構。Anderson（2007）探討一個古巴小孩到了美國課堂，老師如何在不影響全班的教學下進行差異化教學。前述兩位學者的研究與本人授課的專業數學，難度與屬性是有所不同。此外，由於受到大學學分等相關教學制度的限制[2]，本人的教學策略也受到學校授課時數的限制以及學生能力屬性，無法進行理想上的學生分組，在授課上要有必要的調整。在概念上我認為進行分組差異化的教學在一些大學課堂上是有其必要的。Oaksford and Jones（2001）提出了在差異化教學下所必須有的三個基本元素包含課程、內容及結果，並且發展出在差異化教學的學習歷程如圖2.6所示。

Valiande and Koutselini（2008）進一步的修正了Oaksford and Jones（2001）所提出來的動態差異化教學循環如圖2.7所示，認定教學過程是隨著時間並學進一步作反思修正，另外在教學循環中學生的個人的社會文化因素以及外在的學習環境應該考量在教學循環中，這個模型比起原始模

---

[2] 目前雖然有教育部高教深耕計畫支持少數特色課程，但是並無系統化的彈性制度支持非高教深耕計畫的課程。

型更加的精進。然而,在實務面的操作上,限於教學資源,在教學循環上必須要有一些適度的調整,才有辦法順利的進行差異化教學。

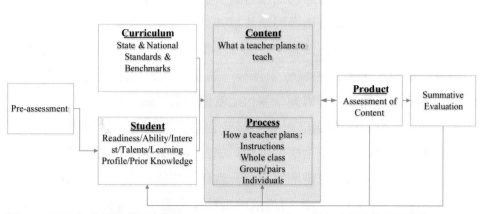

圖2.6 差異化教學的教學循環Oaksford and Jones(2001)(本書修訂再製)

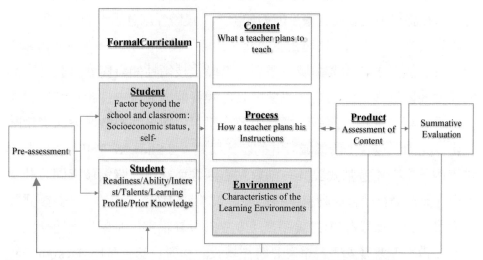

圖2.7 考慮學生非標準內外在因素之差異化教學的動態教學循環Valiande and Koutselini(2008)(本書修訂再製)

七、跨領域教學

學生跨領域的學習以及老師跨領域的教學越來越受到重視。在過去為了有效率地教學,教學集中較小範圍的專業領域一直是老師們主要授課的方式,但是隨著時代的進步,人類所面臨到的問題越來越複雜,小範

圍的專業領域教學往往造成的學生對於不同知能相互的融會貫通造成一定程度的阻礙，或是學生畢業進入職場後成為專業人員時，要解決複雜問題時，很難有效的從整體思考，通盤考量解決問題。基於各領域的問題越來越複雜，很多問題或是技術發展無法單純以一個或是少數的專業就可以完全解決，例如：地球暖化問題、先進太空載具等，因此，學校教育也必須因應時代潮流，開發跨領域教學課程，讓學生在跨領域的環境下培養多元能力及多元智能。問題導向學習PBL就是一個跨領域教學一個很好的方式，辛幸珍（2010）整合了社會領域及自然領域的老師共同撰寫教案設計生命與倫理課程，讓學生學習生命科學、群體社會與行為倫理，希望學生達到培養自主求知、思辨解答及提升合作互作能力等跨領域的能力。謝銘峰（2014）進行了一連串的跨領域設計課程教學，包含在100及101學年度的兩屆「跨領域設計實驗班」及102學年的第一屆「跨領域設計菁英班」，在課程中主要培養學生能力如下：1.集體性創意思考的方法與技巧 2.跨領域設計的基本認知與相關觀念、知識、技術、與方法 3.多元領域整合性設計能力 4.各專業領域專題製作階段之技術性知識與執行設計專案的能力 5.國際性視野的拓展與參與設計競賽能力 6.自主性跨領域學習能力。為了讓學生在一連串的課程中多元學習，謝老師的教學方法與策略相當多元的：包含 1.跨領域設計的多元模式；2.Show & Tell；3.專業領域實例分享；4.遊戲式設計—創意點心團隊競賽；5.跨領域協同設計；6.海外見學隨行學習活動；7.跨領域系列專題演講及工作坊；8.診斷式設計教學—跨領域設計FB討論平臺；9.午餐設計講堂；10.學生專題交流；11.交互講評專題發表學習單；12.跨領域設計學習日誌；13.Ex-Design Day快速設計；14.換腦工程集體設計；15.一分鐘專題介紹；16.學生支援課程活動任務小組；17.展場規劃設計實務演練；18.歷屆學長回娘家分享座談。從前述的學者可以知道學生在跨領域環境進行學習，老師要進行課程的設計是相當複雜也必須要有良好的設計，學生才會有好的學習成效。Majeski（2005）在老人學議題的教學上，發展跨領域PBL教學7步驟執行計畫於解決老人議題包含：

1. 陳述現實問題，並提出要何種領域教學專業在教學場域上。
2. 解構現實問題，這個問題必須與跨領域是有相關的。
3. 形成問題假設。
4. 定義出所選擇議題所形成不同問題及假設所關聯的社會科學知識及概念。
5. 對於問題發展及影響，形成社會、心理、人類發展跨領域的認知。
6. 應用跨領域分析，形成解決問想法。
7. 應用跨領域分析形成政策或解決方法的可能。

　　在PBL教學中，思維的培養是很重要的，有好的思維才有辦法解決複雜結構不良的問題，進而提升相關的能力，Biggs（1993）及Biggs（2003）建立了跨領域思維的概念模型，如圖2.8所示。

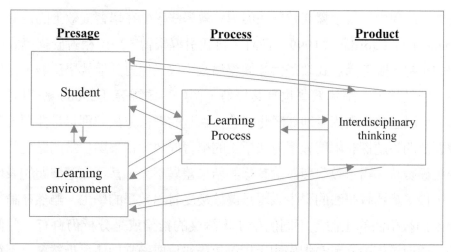

圖2.8　跨領域思維建立概念模型Biggs（2003）本書重製

　　在本書中所提的「工作研究」及「生產計畫與管制」課程而言，課程設計與Biggs所提的概念模型相當類似。首先必須對學生的特性加以了解，了解學生的背景知識是否有足夠能力進行PBL教學。學習的環境包和課程設計、教案、教學策略至之後學生的學習歷程必須計畫詳盡並且能符合學生的需求以及能力。在學生學習的過程中若有需要修正時，在可容許的範圍內要能夠適度調整。最後要能夠對於PBL的跨域教學與學生的學習

成效進行評估並進行為來的反饋作為下次教學的精進。

八、講述式教學

　　講述式教學是最原始的教學方法之一，課程進行的形式通常是老師在教室的講臺上，使用選擇的教材向學生進行單向式教學，在這裡所指的單向式教學並非老師從頭到尾不停的講課，老師仍然會在課堂期間和學生會保持互動，但是主要教學內容的設計、架構都是以老師為主體設計的教學方法。目前由於多元教學法已經廣泛的被運用在課堂上，許多關於教學法的研究幾乎不會針對講述式的教學進行精進，大部分都是比較非講述式教學與講述式教學的差異，如McParland et al.（2004）比較了PBL教學與講述式教學在大學部精神醫療課程上課成效的差異，Ashcraft（2006）在教學課程中比較了探究教學法與講述教學法學生在學習成效上的差異，Spencer and Jordan（1999）探討了自我引導學習、PBL相對於講述式教學的優勢。雖然講述式教學大多被認為教學效果相對其他教學法弱，但是在某些情境下，講述教學也有其優勢，例如房振謙等（2008）應用討論教學與講述教學與探討地球暖化議題，課堂的考核方法分別以是非題、選擇題及問答題探討兩種教學方法學生的學習成效，結果顯示當問題越貼近學生經驗時，講述教學與討論教學的結果差異不大，甚至在選擇題的表現上，接受講述教學法的學生表現是優於接受討論教學的學生。雖然在論文中兩個教學法的主體是不同的學生，論文的推論或是分析仍會有一些偏差，然而這篇論文所要指出的是講述教學法只要適當地使用仍然會有不錯的教學成效。本書中所提及的許多課程很多時候都是必須由講述教學做為課程的起始，建立了學生部分的背景知識後，才開始融入其他的教學法，因此，老師在課程中實施講述教學法仍然是很重要的一個教學方法，也是課程實施建立學生背景知識的基礎核心。

第三章
大學部「工作研究」

摘要

1. 「工作研究」課程截至1081學期，總共實施了10次，其中包含了一次的英語授課教學及與國貿系老師合作進行跨領域教學，為本人授課科目次數最多，也是完全使用PBL上課的課程。由經驗的累積發展出在PBL上課模式中較為困難實施的大班級PBL模式及跨領域PBL模式。

2. 以98學年的授課成果撰寫為研討會論文「融入PBL為基礎的模擬遊戲於課堂教學成效之探討與成果分享」參加2010年臺北科技大學所舉辦的「提升學習生產力」全國研討會的論文競賽，獲得銀牌獎，同年的金牌獎為臺北科技大學通識教育中心林晶璟教授的「基礎數學測驗庫講解系統之建置」，銅牌獎為清華大學工業工程與工程管理學系侯建良教授團隊的「以代表性學習履歷為基礎之個人化學習建議推論模式」。

3. 說明「工作研究」課程上課模式三學分每週3小時講授式教學與PBL教學混合上課模式、「工作研究」與「工作研究研究」搭配成為每週5小時上課模式及「工作研究」、「經濟學」PBL跨領域上課模式的緣起及授課基本架構。

4. 說明「工作研究」大班級PBL課程架構、實施策略與學生學習成效。

5. 歷年教學評量成績分析及學生對於PBL課程正向及負向的質化意見。

6. 反思檢討大班級PBL課程實施的困難及歸納PBL課堂上課動態教學歷程。

　　「工作研究」為本人2009年至中原大學工業與系統工程學系任教所教授第一門工業系專業必修課，這門課應該算是工業系學生接觸製造業相關課程的第一門專業課程，也是學生重要基礎必修課之一。當時授課的班級共有兩個班級，分別是工業二甲及工業二乙。根據工業系對於學生能力培養的要求所作的課程規劃，在我之前的授課老師在教科書中選出了幾個

合適的單元包含的內容主要為應用不同的工作方法提高製造生產力以及時間研究。提高生產力其中的關鍵在於一家公司或工廠能夠規劃產品生產或是服務的標準作業流程，精確製造生產時間減少浪費，進而降低生產和服務成本，以及提升利潤。另外，在「工作研究」教科書中所提及到要有良好的勞工工作環境，注重勞工的健康身心以及具激勵的薪資制度等授課內容，與其他工業系專業課程授課內容有相重疊，例如「設施規劃」、「人因工程」、「職業衛生及組織行為」等課程中都會有詳細的介紹，因此，我並不會在「工作研究」中進行授課講解這部分的課程內容。

　　雖然進入中原大學任教之前，大約有一年的高職任教的經驗，但是，每一個階段的教育方式並不相同，高職學生與大學學生屬性並不一致，要使用相同的方法教學並不是很恰當。由於過去並未在大學有實際任教經驗，作為高等教育中一個新手老師的我，只能從檢視歷年來的課程授課大綱開始準備課程，同時將自己的課程設計與歷任授課老師確定授課內容後，作為教學的起點。在檢視「工作研究」教學內容後發現整個課程內容與過去在業界的工作經驗相當類似。在工廠的工作，不外乎就是應用一些方法，提升生產效率，這與要教授的課程內容概念上是相同的，再加上在荷蘭臺夫特工業大學碩士班就讀時，老師的許多教學融入情境教學對我的啟發，綜合考量整體課程設計架構後，決定在課程的設計上，融入情境教學[1]，透過模擬情境讓學生可以透過做中學，增進學生學習成效。然而，對於初上大二的學生而言，這樣的授課方式必須要有足夠的授課時數配合，建立學生的背景知識，學生才能有辦法在模擬情境下有效的學習，而所實施的情境教學才會比較順暢，TU Delft大學部授課時數多為5EC，而中原大學大部分課程的學分數為3學分，授課時數為3小時，若可以搭配實驗課程，以中原工業系的課程架構，就會有足夠的時數（參閱圖1.5，中原大學電資學院學分架構與TU Deflt學分架構）。「工作研究」的課程設計是「工作研究」正課有三小時授課，另外兩小時應用「工作研究實

---

[1] 當初實施課程尚不知自己所實行的教學就是PBL教學。

驗」課程配合，對於要融入情境教學，應該會有足夠的時數。我心目中理想上的教學架構如圖3.1所示。

圖3.1　工作研究原始教學架構

　　但是在現實的授課安排與自己的想法是有一落差，當時因為有老師休假，菜鳥老師的我已經必須分擔一定的教學時數，授課學分已經到達上限，沒有辦法再教授「工作研究」實驗課，因此，我所認為的理想教學架構無法順利落實，因為這樣因素，因此，只好採用另一個策略，也就是將情境教學融入「工作研究」正課中。由於少了兩小時的實驗課配合，整體教學有著相當的時間與授課進度壓力，此外，另一個可能的壓力源來自我所設計的課程跟之前資深老師所設計的不一樣，學生的學習真可以如同我所想像的好嗎？作為新手老師的我相當的擔心學生的學習成效會打折。雖然心中有許多疑問，也沒有百分之百的把握，回想到在荷蘭上課的回憶，鼓起了一點點傻傻的勇氣，決定嘗試新課程架構，運用有限的三學分在課堂上融入情境教學。因此原始教學的初步構想修正為圖3.2。

圖3.2　修正工作研究原始教學架構[2]

　　「工作研究」課程經過98學年度一年的教學後，再次由資深老師接手，直到資深老師退休，我又重新教授「工作研究」課程。隨著時間，我的教學技術也隨之成長，到我正式接手課程，應用PBL融入課程執行已經比較順手。當時遇到學校大力推動英語課程，在恰巧教授導生班的機緣

第三章　大學部「工作研究」

_____
[2]　工作研究實驗為另一老師授課，因課程規劃關係，無法協同教學。

下，在「工作研究」課程進行英語授課，同學期的工作研究實驗也由我接手上課，多了兩小時的課程時間，有比較充裕的時間進行我認為理想的教學架構（圖3.1），也有多一些時間減緩英語教學所帶來學生不適應狀況。約期中考後，在一次的教師研習中，恰巧碰到有國貿系老師在應用Jigsaw教學法[3]教授的「經濟學」課堂需要目標產品做為「成本估算」單元案例，讓學生可以學習如何應用「經濟學」原理估算成本及產品定價，而我的課堂是將工廠的情境融入課程，讓學生在教室中模擬產線生產產品，而在整個產品的設計中，並沒有產品成本控制的相關課程內容，而缺少的部分恰巧可以經由國貿系老師所教授的課程作為填補，因此，我們開始嘗試了跨領域教學，進行合作。當初兩系老師的教學初步構想如圖3.3所示。

圖3.3　跨領域教學初步架構

　　由於第一次的合作來自一個偶然，在兩班的課程規劃之初，並沒有對於跨領域教學合作進行詳細計畫，但是在期末時的學習成效檢視時，發現雖然兩位老師只有大約四週左右的合作，但是，在期末成果展時，兩系的學生都展現了我們當初意想不到的學習成果。兩系的學生除了口頭報告、繳交書面報告外，同時也進行了海報展演如圖3.4所示。

　　跨領域教學為我和國貿系老師自主進行的教學，從圖3.3可以看出來這樣的教學其實兩個班級幾乎不需要額外的資源投入就可以進行跨領域教學，唯一的是需要說服國貿系的學生願意改變原有「經濟學實習課」的時間安排與工業系學生一起進行PBL活動。有了一個跨領域教學的成功經驗。後續的1031、1041、1051、1061及1071學期，兩位老師都進行合作，每一次的合作，都發現學生對於這樣跨領域PBL的教學方式接受度相

3　拼圖式合作學習策略https：//www.jigsaw.org/

大學課程的多元教學與實務

(a)

(b)

(c)

(d)

圖3.4　1031學期(a)(b)1061學期(c)(d)工工系與國貿系跨領域PBL學習成果展示範例

當的高，同時間兩位老師的教學也各自發展了配合課程的相關教學策略，
經由這些年學生學習成效數據收集，可以證明圖3.3教學架構的有效性，
這幾年透過了中原大學普仁小集教學分享活動、教學研習或是到他校演講
分享這門課的教學成果，在分享或是演講中發現許多老師對於PBL教學法
相當感到興趣，也對於這樣的教學模式給予肯定。

一、教學架構

中原大學問題本位推動小組（2008）指出PBL的五個核心理論為：

1.杜威的實用主義2.認知（個人）建構主義3.訊息處理（information processing）理論4.情境學習（situated learning）理論5.合作學習（cooperative learning）理論。而在PBL的教學具有的特徵有：1.以結構模糊（結構不良、結構不明）的問題（ill-structured problem）作為課程組織中心和學習情境2.學習者扮演問題持有者（stakeholder or problem owner）的角色3.教學者擔任認知與後設認知的教練4.鼓勵小組合作學習5.採行多元化的評量方式。根據相關的教育原理以及教學特徵，我在「工作研究」的教學中融入了一個**8到10週的PBL活動**[4]，這些教學活動圍繞著核心問題：**「在教室運用課桌椅形成產品組裝產線，在一個鐘頭之內，生產20個一模一樣的產品」**。根據這樣的問題敘述可以發現，這個問題要求學生必須透過實作安排產線，生產產品。課程安排與杜威所提倡的做中學的觀念相符；由於產品的生產有一定的流程，學生必須從基礎知識開始堆疊至進階知識（概念流程到產品實現），老師在知識傳授過程與建構主義概念相符；學生必須先學融會貫通知識後，將產品實現出來，學生學習的歷程符合後設認知原理；學生的實作透過教室產線的模擬，上課的環境設置與情境學習概念相同；最後，一個產品的形成必須透過學生的小組合作才有辦法實現，組織行為符合PBL的小組學習的理念。在我所設定的問題的特徵上可以發現核心問題並沒有統一標準答案，每一學生小組都有自己完成任務的路徑；學生透過實作的過程將發現老師授課的知識不全然可以完全解答所有問題，學生開始會去找出來潛在問題及解決的方法在哪裡，不明白的地方可以透過老師與助教的討論獲得答案，問題的持有者是學生並不是老師，老師助教根據每一組的問題，適時給予學生解決問題的建議，學生進而可以完成最後的任務，解決問題；要完成最後任務，非一人可以達到，老師助教必須時時鼓勵小組合作，以利完成任務；由於PBL的活動會刺激學生發展多元智能，因此，傳統單純使用作業、期中考、期末考的方式已經沒有辦法有效的對於學生進行有效的評量，因此，在這堂課加入了口頭報告、書面報告以及同儕互評的機制。

---

[4] 視每學期的行事曆以及合作的「經濟學」課程的安排，「工作研究」課程安排會有彈性的調整

雖然依照中原大學問題本位推動小組（2008）所列教學特徵，「工作研究」課程應該是屬於問題本位學習教學，然而根據2.2節的文獻回顧可以發現，這樣一個PBL教學更接近專題式學習教學。然而在原始的課程中，問題本位學習教學或是專題式學習教學其實是相互混用的。課程整體PBL規劃可以稱為專題式學習教學，然而隨著課程的前進，每一週的PBL活動事實上就是一個問題本位學習教學，因此，在本書中就不再嚴格區分問題本位學習教學或是專題式學習教學而通稱PBL教學。

由於「工作研究」可以說是學生第一門遇到的工業系專業核心課程，學生之前在一年級所上的通識課程、「工業工程概論」（現在改為「電資與人類文明」）、「計算機概論」、「工程會計」、「工程經濟」、「電子學」、「電路學」等課程都很難稱得上是「工作研究」的先備課程，因此，無法在「工作研究」課程一開始之初就實施PBL，原因也在此。一般而言，在課程中實施PBL課程要先建立學生的背景知識，才有辦法實施PBL活動。為了建立學生「工作研究」背景知識，我所採用「工作研究」的教學架構與Donnelly and Fitzmaurice（2005）研究之結論十分類似（圖2.3），一開始是採用講授是教學，在每一個教學單元中融入讓學生可以進行短時間的小組活動，依據課程內容，讓學生依照PBL的精神，讓一開始在較為結構化的問題中融入自己的想法解決問題，先了解什麼是PBL的進行方式，隨著教學的進程，教學由老師為主體變成學生為主體，圖3.5為課程設計及架構。表3.1為將教學架構轉換成教學大綱（以982學期為範例）。

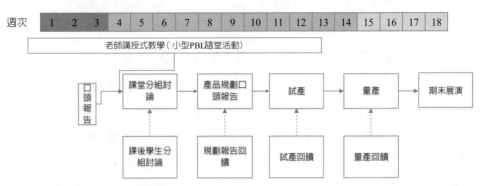

圖3.5　「工作研究」課程架構

表3.1 982學期工作研究課程進度表

週	第一節	第二節	第三節
1	Ch1：方法、標準與工作設計緒論	Ch1：方法、標準工作設計緒論	Ch1：方法、標準工作設計緒論
2	Ch2：解決問題的工具	Ch2：解決問題的工具	Ch2：解決問題的工具
3	Ch2：解決問題的工具	工具	Ch2：解決問題的工具
4	Ch2：解決問題的工具	工具	模擬遊戲第一週：分組、產品
5	第一次口頭報告	第一次口頭報告	第一次口頭報告
6	Ch3：操作分析	Ch3：操作分析	模擬遊戲第二週：目標產品工作單元
7	自由討論	自由討論	自由討論
8	Ch3：操作分析	Ch3：操作分析	模擬遊戲第三週：人力分配
9	品管補充	Ch7：時間研究	模擬遊戲第四週：標準流程
10	自由討論	自由討論	自由討論
11	聽演講	聽演講	聽演講
12	Ch7：時間研究	Ch8：評比寬放	模擬遊戲第六週–品管、時間量測、評比寬放
13	Ch10：標準資料法	模擬遊戲規劃報告	模擬遊戲規劃報告
14	Ch11：預定時間系統	試產	
15	模擬遊戲第八週：outlines	模擬遊戲第八週：試產	：試產檢討
16	自由討論	自由討論	
17	模擬遊戲上線	模擬遊戲上線	模擬遊戲上線
18	各組心得分享	學期學習總檢討	學期學習總檢討

（圖中標註）老師主導的講授式教學

（圖中標註）學生主導的 PBL 教學

大學課程的多元教學與實務

066

二、大班級問題導向學習實施方法與策略

由於一開始學生沒有背景知識，因此，在學期的一開始，必須應用傳統的講述式教學建立學生的背景知識，在授課的同時，必須讓學生認識什麼是PBL小組活動以及建立學生團結合作的精神，在後續PBL活動才可以順利進行。從文獻中可以發現，PBL小組人數不建議多於10人，Roberts（2005）在研究中比較了大分組和小分組的PBL教學，其中大分組人數介

於8到10人，研究中指出並非不是不可以大分組，而是大分組的學生必須要有比較強的背景知識。而在這堂課的學生事實上一開始是幾乎沒有背景知識，PBL小組比文獻所建議PBL小組的成員人數多的多，至少都有12個人以上。在進入大分組的PBL活動之前，讓學生養成合作學習是相當重要的，若小組合作不佳，將有可能降低學生學習的成效。因此，若學生沒有良好的團結合作的精神與技巧，就不容易進行後續8至10週的PBL活動。為了讓學生的學會合作學習，我設計兩個課程活動讓學生培養如何合作，一個是**關鍵字報告**，另一個是**小組隨堂測驗**，看起來與一般老師所採用的策略並無不同，但是，這兩個活動最重要的目的在於培養學生習慣於小組合作，專業知識的考核並不是主要的重點。關鍵字報告活動主要內容是讓四到五位同學自由的形成小組，學生從教科書的第一章中任意找到一個小組覺得最感興趣的專有名詞，小組依據這個關鍵字進行發想，根據討論發想以及可以找的到的資料，進行約5到7分鐘的口頭報告，藉由口頭報告，除了可以訓練學生進行小組討論，也可以**培養學生的責任感、口說能力、邏輯能力以及尋找資料的能力**，圖3.6為學生經過小組討論後，自我學習討論後所訂的關鍵字主題。小組隨堂測驗則配合講述式教學，在每一個講課段落結束後進行的隨堂測驗，所有的隨堂練習題目都與每一個講課段落相關。隨堂練習要求**坐在附近同學隨機兩到三人形成小組，共同構思與自我經驗相關案例**，應用老師所教的工作研究方法進行題目求解。所有小組，除了解決問題外，同時必須想出一個組名稱做為可以代表小組的符號。隨堂練習除了讓學生學會共同合作解決問題外，**同時讓學生在短時間之內想出創意組名，激發學生學習相互合作**。圖3.7為範例隨堂練習，每一組學生依照所學的工具，依據小組討論，套用老師教學方法，進行問題求解。

　　圖3.7所展示的是我要求學生根據寬放標準評估上老師的課到底有多累，看起來似乎是笑話的題目，卻往往可以引起學生的專注。早安少女組同學經過評估上課寬放大概是40%，若是換算現在的上課時間就是上課50分鐘，其中有20分中學生需要休息，看起來好像蠻符合現在學生

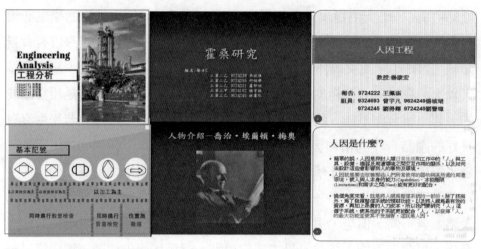

圖3.6　學生關鍵字報告範例

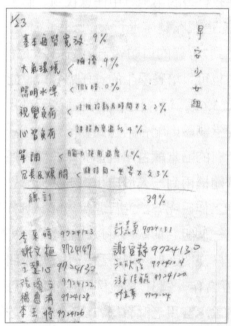
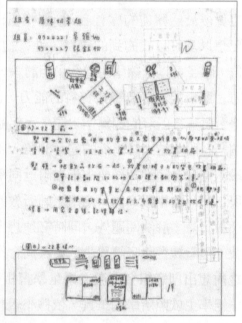

圖3.7　隨堂練習範例（寬放練習、5S練習）

的特性，上課大概只有30分鐘的專注力，當然也有一些組寬放是超過百分之百，甚至百分之四百，每當我拿這個例子來說也就是上課10分鐘，下課40分鐘，學生們總是哈哈大笑，這個活動的好處，也拉近了師生的

距離，建立老師與學生之間的信任，讓學生知道專業知識其實可以透過簡單的例子加以理解。5S的練習則是讓學生了解什麼是**整理**（日文：SEIRI，英語：Sort）、**整頓**（日文：SEITON，英語：Set In Order）、**清掃**（日文：SEISO，英語：Shine）、**清潔**（日文：SEIKETSU，英語：Standardize）、**素養**（日文：SHITSUKE，英語：Sustain）。現在的學生許多時候會在上課飲食，可能比較沒有辦法專心上課，因此，這時候我通常就會使用5S的這個課堂練習，除了原來讓學生培養相互合作外，另外，也可以讓學生透過活動，讓學生了解在課堂上應有的相關態度。這個練習的方式是上完5S課程段落後，突然告知學生將手離開桌面，然後告訴學生要畫下桌面的狀態，若依照5S的原則，桌面要有什麼樣的擺設，一般而言，當學生完成5S的練習接下來的兩三週，在教室中的規矩都會好一些，尤其當我突然說5S的時候，當學生可以按照5S原則時，我也會適時地予以學生鼓勵，讓學生知道老師出了知識的傳授外，對於學生的品格也相當的注意。

「工作研究」課程的前三週主要建立學生基本課程知識，包含如何建立組織、如何有系統地解決問題及規劃流程。在應用講授式教學一段時間後，接下來幾週課程將三小時的課改為2+1方式上課，也就是兩小時上課，一小時進行小組討論。課堂上沒有辦法完成的討論或是PBL活動，學生會利用課餘時間進行討論或完成PBL活動，若有其他同學對於小組有意見，則該小組會根據其他同學回饋進行相關課堂計畫改善。根據課程架構（圖3.5）及課程大綱（表3.1），下列為一個學期的課程實施流程範例（楊康宏及阮震亞2010）：

1. 授課前10週到14週，主要為教授教科書內容，並於課堂上進行課堂測驗，配合實驗課讓學生學習「工作研究」課程大部分的方法技能。
2. 第4週開始學生已部份熟悉上課內容，此時，我會將3節課的上課內容調整為2節半，剩下的半節課，讓每組自由討論，討論的主題分別

為2.1至2.5所示。

2.1. 第4週，選出每組組長做為聯絡窗口，分配組員相關任務。

2.2. 第5週，討論目標產品，訂定出產品所需工作單元。

2.3. 第6週，安排各工作單人所需人力。

2.4. 第7週，設計每一工作單元的標準流程。

2.5. 第8週，訂定每一工作所必須用的方法。

3. 第9週開始，各組的產品生產準備工作已完成。第9週第10週，進行分組口頭報告對於5週以來的規劃，報告結束後經由老師助教同學的回饋，再經由各組重新組織於第11週結束前，完成初步規劃。

4. 從第12週開始，上課內容調整為2節課，並於第12及13週進行先導整合實驗，讓學生將所規劃的步驟，實際操作，並從其中觀察問題及評估可行性。

5. 第14週第15週，將上課調整為一堂課，第二三堂課讓學生報告修正規劃。

6. 第16週做課程總整理，並討論確認最後各組實施最後設計。

7. 第17及18週實施實際模擬操作並收集相關數據加以分析。最後將由老師助教同學評選出最佳的一組，每位組員可以獲得小禮物一份，並於最後一週跟每位同學分享整個經過。

三、教學成效與學生學習成果

981及982學期的成績考核主要是以課堂計畫及隨堂練習成績作為考核，由於是第一次實施PBL教學，對於學習成效及能力的考核，並沒有考慮的很周延，主要的成績考核是以小組學習成效為主，個人的學習考核只列為參考，如第二章文獻回顧中表2.2編號1所提的評分方式類似，此種學生學習成效的評估無法對於個人在團體中的貢獻進行進一步的評量。但是，為了檢視98學年PBL的教學成效，在當時的考以我個人主觀的方式，

考量不同的評估指標對學生進行學習成效進行質化評估，三個班級總體評估如表3.2所示。

表3.2　學生學習成效的質性評估（楊康宏及阮震亞2010）

自我評估指標	指標對象	口語式評分			達成率	說明
		工二甲	工二乙	工二丙		
學生課堂成績	學生	佳	尚可	佳	73.3%	由於沒有期中期末考，學生不主動學習知識。
小分組課堂計畫	學生	佳	佳	佳	80%	學生上在相互適應團體合作，因此無法充分合作
大分組模擬遊戲	學生	優	佳	優	93.3%	
創意思考培養	學生	佳	尚可	優	80%	
學生出席	學生	優	佳	優	93.3%	每堂課學生出席率約在9成以上
學生課堂討論	學生	尚可	尚可	優	73.3%	丙班配合工研學科競賽因此表現較為認真
團隊合作培養	學生	尚可	不良	優	66.7%	乙班有超過90人的修課，班上的重修生有時會遭到排斥
上課課程結構	老師	尚可	尚可	優	86.7%	丙班課程設計與學生溝通過實施
平均達成率					80.8%	
全班學期平均成績		85.4%	79%	90.2%		全部平均：84.9%

（口語式評分：差：20%不良：40%尚可：60%佳：80%優：100%）

　　這三個班級實施的時程爲工二甲乙兩班在981學期實施，工二丙班在982學期實施。由於當時我是教學新手老師因爲教學經驗不足，在981的上課的歷程，往往因爲一些外在非教學法的因素[5]，造成上課「績效」[6]未達到自己所設定的學生學習目標，如表3.2中所做的學生學習成效質性評估，在981學期時工二甲乙班的質性指標在「課堂討論」及「小組團隊合作」指標表現相較於其他指標有相對弱的情況發生。表3.2顯示三個班

5　外在因素指任何可以影響教學進程的因素，如師生互動關係、老師教材教法等等。

6　此處所指的績效為表3.2中所指的指標

級最後的學期平均分數總體成績達到80以上，但是，在學生給予老師的教學評量上的分數，在981的許多面向中，學生顯示無法充分適應我的教學，在私下詢問比較熟悉的學生後得知，在班上還是有相當比例的學生還是覺得他們是比較習慣傳統口述教學方式，還是希望老師考期中期末考寫作業等活動作為評量方式才符合學生的需求。圖3.8為三個班級學生的教學評量在每一個問項的比較。

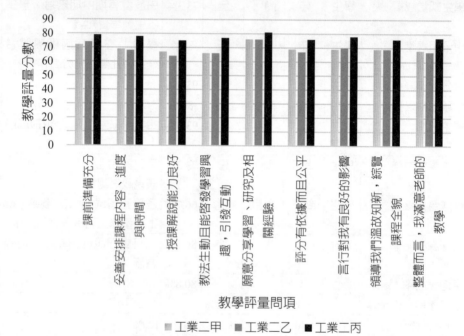

圖3.8　981 982工作研究教學評量成績

大學課程的多元教學與實務

經過質化意見以及課堂觀察分析可以發現，有大概20%左右的人反應還不錯，大約有40%到50%的同學沒有意見，但是大約有30%到40%的同學不適應。在PBL的教學法的步驟中，其中有一項在PBL課程實施時，必須先跟學生解釋上課的形態及上課架構（中國醫藥大學教師發展中心），而新手老師的我在學期授課之初並沒有跟學生詳細解釋PBL教案、授課架構及教學目的，再加上PBL上課的方式跟工業系其他老師的教學方法不同，也與學生過去在中學的學習經驗差異大，因此造成一定比例的學生無法在有限的時間內適應PBL教學法，因此，981學期兩門工作研究教學

評量總體而言低於982學期的教學評量。另外，因為受限每週只有三小時的課程，除了講授教學外，還必須進行PBL活動，沒有足夠的時間充分實施課程，建立健全的背景知識，導致一些同學認為沒有學到東西，講太快等。以下列出上課學生修習完課程部分正反兩面的質化意見[7]：

學生對於課程實施的正向回饋

1. 這次模擬遊戲跟之前或者其他科是不同形態，一個是實作，另一個是紙上談兵，就像打仗的時候，在沙盤演練時，發揮比人更高的層次，在一到戰場上，就變成另一個人，完全還無作用，用實作來檢驗你的收穫，是不錯的方法，之前都是用考試，報告的形式來呈現，一直累積下去，就變成了只會讀不會用的窘境。

2. 這次的模擬遊戲，我們這組經過了不斷的討論和改進，終於找出最佳的生產方式，這次的模擬，讓我知道團隊合作的重要，每個人互相合作，才能完成一個好的作品，這次的模擬中，我們貼風車的膠帶準備不夠，臨時以蠟筆用畫的代替，並沒有讓作品空白，生產線上的每個人工作都重要，因為一個人做不好有可能就會延時到後面的時間和品質，模擬遊戲讓我學到的不只是生產線的運作，還有合作的重要性。

3. 這考試算是要我們再統整一次我們自己的產品，不僅是應用到課本上的知識，同時也能創造出自己的風格。

4. 本次模擬實驗讓我體會不少真實的體驗，以往的學習都只是紙上談兵，但這次的學習真的實際讓我們去體驗該如何做，並如何用自己所學的把事情做好。

5. 這學期在工作研究課上學習到跟一年級很不一樣的課程，不像一年級的課都是基礎拿來當工具用的，而是更有工業工程感覺的課，並且從學習中去模擬工廠生產，真的去實際操作更能讓我們在其中學習的更好。

6. 工作研究這們課跟以往的課不太一樣，不用期中期末考但是卻也沒有

7　這裡的質化意見摘錄學生在PBL教學活動最後書面報告個人心得，並不是來自於教學評量質化意見。

學得比別的課堂少，讓我們可以把課堂所學實際應用在最後的產出，也因爲這堂課最後要完成一個小型生產線在一個小時內製造出20個產品，就可以更了解工廠平常的生產線運作並不是我們所想的那麼簡單。

7. 我在這次的活動中是擔任作業員，從一開始就被分配爲是作業員，一開始我們這組都是組長、設計、採買再討論，其他人包括我都太衷於自己的職位了，較少參與討論。但後來我發現這樣下去討論的效率蠻差的，自己也發現一些可以改善產品的方法，因此我也開始參與討論，參與討論後感覺好玩多了，更有感覺自也是參與在那之中。

學生對於課程實施的負向回饋

1. 這次模擬實驗的難度不只是要完成一小時生產20個產品，同樣的，也要考驗著組員間的互動，像是組員間的互動，組長如果分配得不好的話，底下的組員就會很辛苦，而且，若換成像公司工廠裡時，同樣的員工拿同樣的薪水，做比較多的員工拿不到應有的加薪，十分的不公平，而且，如果組長不說，沒有人會知道誰有做事誰沒有做事，組長只是動口的那一個，做的都是底下的夥伴，但是，老師又想出了一個辦法，就是，加入筆試考試，但是這又會給那些有做事的組員一個壓力，就是，萬一回答不出來，拿不到分數，那之前做的都全泡湯了。

2. 在上課方面，就是老師講解的很好，但是就是太快了，感覺一直飆課，我會有點吸收不了，在感覺複雜的地方若是能講解得慢一點，相信我們會吸收得更好。

由於在981實施工作研究課程的經驗，經過了自我反思，決定在982的課程中，針對學生的反饋我訂定三個精進的教學策略，

1. 適度的微調課程內容及架構，讓同學學習集中在與模擬遊戲與產品相關的知識上，並將上課的節奏放慢一些，讓學生有時間思考吸收相關知識。

2. 評量方式將注重個別化差異，強調學生在每一組的貢獻度不同。

3. 於學期初加入了一項課程活動，在實施小分組課堂報告後，實際調查

學生對於融入PBL教學策略[8]於課堂上的接受度。與學生進行適度的溝通，經過全班學生舉手表決後，學生形成共識願意嘗試PBL教學方式，才正式實施PBL教學。

　　爲了讓學生可以及早適應PBL教學方式，982學期在學期一開始與學生溝通，讓學生做好心理準備上課的方式有別於傳統教學與其他老師授課的方式不一樣，由982教學評量的結果顯示相較於981學期同一門課的結果，有顯著的進步（圖3.8）。進一步檢視981至1061共八次的「工作研究」教學，可以發現隨著對於課程掌握越來越好、教學技巧的純熟、有工研實驗課配合、有熟悉上課方式的助教協助等因素，教學評量成績大部分都有不錯的院排名（圖3.9）。

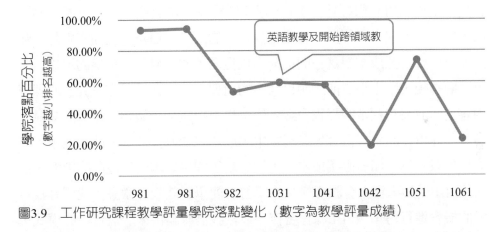

圖3.9　工作研究課程教學評量學院落點變化（數字爲教學評量成績）

　　在1031及1041的課程設計上與982的課程設計基本架構相同，但是，在實施上做了一些調整。由於「工作研究實驗」課同時由我授課，使原來授課時間受限於3個小時的限制，更有彈性的調整，在課堂上的PBL活動或是口頭報告活動無足夠時間在工作研究課程上實施，就可以把這些活動移到「工作研究實驗」課實施，因此，授課的時間壓力得以得到舒緩。另外，1031「工作研究」爲中原工業系第一次在學生低年級實施英語教學課程，許多修課學生因爲英語能力不足並沒有辦法很快的適應教學，當時

8　982學期已經參加PBL相關研習，了解自己的教學法實際上就是屬於PBL教學。但是在教學上並沒有提到PBL的教學目的，還是把焦點集中在告訴學生教學活動與學習專業之間的關係。

協助教學的碩士班學生為981時有上過「工作研究」的學生，對於PBL有一定程度的了解。另外有了「工作研究實驗」課的時間緩衝，以及熟知教學過程的助教協助，大大了減低了學生因為有語言上的障礙，造成無法適應課程的結果。一些有學習落後的學生，也因為有助教分擔我的工作，我可以有多餘的時間協助因為語言障礙無法適應的學生。

　　1031學期我開始嘗試跨領域PBL課程教學。在一場英文教師研習非常偶然的機會中，與國貿系老師談到彼此的特色教學，她談到了應用拼圖式教學法（Jigsaw[9]）在課堂上，為了印證教學法的效果，她希望可以找到一個實體產品讓學生可以應用所學課堂知識進行成本估算及定價的練習。當時靈光乍現，因為我在進行PBL課程時，其中有一個評估學生能力指標就是學生要利用有限經費300元，管控經費及計畫進度，當成生產上的限制，學生必須在有限經費，完成至少三次的生產，但是學生通常就是一味的節省經費，把成本隱藏在間接成本以提高績效。看到了這樣的現象，向學生解釋後，學生很少能夠明白其中的道理，加上在「工作研究」的課程內容上，並沒有相當的課程內容，學生也不把這樣一個相關領域的知識，當成一件重要的學習內容，在現實中，成本包含直接成本與間接成本，如果學生只是為了節省直接成本，可能忽略了間接成本對於產品的影響，這樣的PBL活動事實上會誤導學生的學習。簡單對談後，激發了我們尋找可能的機會進行跨領域PBL課程合作。最後我們討論出來一個合作的模式，國貿系老師尋找自願抽離教學的學生，在工業系的「工作研究實驗」課入班進行PBL活動，兩個不同系的同學一起形成小組。經濟學課堂上的同學向工業系同學學習形成產品每一個製程步驟，包含如何從一開始的設計，概念展開到把實體產品做出來，根據所學的專業知識，進行總成本的估算，所有的估算結果，回饋給「工作研究」課程的同學，找出可能成本過高的流程，進一步根據自己所學的專業知識評估是否有可能進行製程或產品設計改善。這些流程不斷的循環，兩班的老師及助教根據學生PBL的進

大學課程的多元教學與實務

9　http：//www.psychspace.com/psych/viewnews-1236淺談「拼圖式」（Jigsaw）合作學習。

程，進一步動態修正教學，教授學生必要的知識進行PBL課程。教學的架構如圖3.10。

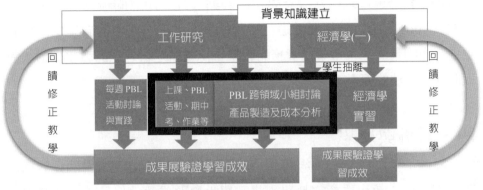

圖3.10　工業系工作研究與國貿系經濟學跨領域教學架構

　　圖3.10的教學架構的優點在於兩個老師只要決定共同的主題，即可以進行跨領域PBL教學合作。教學方法教學內容可以相互協調但幾乎不會相互干擾，相較於完全一起設計課程的協同教學或跨領域教學容易實施（Cook and Friend 1995, Richards et al.2006）。以下列出原來在單一科目PBL教學法到跨領域兩科目教學實施方法的修正。

1. 背景知識的建立與產品製作的流程與原始PBL課程設計相同
2. 從第10週開始，修習經濟學的學生與工業系學生碰面，互相了解。第12及13週工業系的學生進行產品試產，同時讓修習經濟學的學生了解整個產品的設計、製程等項目。工業系的學生則收集同組修習經濟學學生的建議或意見進行改善。實驗課每組分別有工業系助教以及經濟學助教協助小組活動。兩個科系的學生對於每一週的小組討論都必須加以記錄，這些紀錄也將成為兩系學生最後成績的一部份。
3. 第14週第15週，學生進行實際的產品生產，將之前的設計具體實現，並對於實際生產所產生的問題，進一步反思回饋，進行報告修正規劃。
4. 第16週做課程總整理，兩系學生進行分享課堂計畫成果。
　　另外，有一些跨領域課程只由一個老師主導（謝銘峰2014），透

過服務學習或合作學習的方式進行，學生在服務學習或是合作學習的過程中，有時無法透過老師專業得到直接而適當的協助的弱點，這樣的跨領域PBL教學也可以改善服務學習的弱點。有了1031的經驗，在1041、1051、1061及1071就積極地進行了跨領域的教學，希望對於學生可以有更進一步的幫助，也希望從實務的教學中持續精進所建立的教學架構，吸取其他教學法的優點，在未來進一步精進改善。

四、討論與反思

經過了多次的工作研究教學，已經累積了一定的經驗實施PBL教學，雖然不再擔心教學成效、教學評量及學生學習成效，但是，限於課程經費、教學人力、學生屬性、學校課程安排，還是有許多教學上可以精進的地方，以下將針對過去的一些經驗提出檢討以及未來可以精進的地方。

(一)大班級問題導向學習實施困難

PBL起始於醫學院的教學，通常班級規模比較小，同時學生的具有比較佳的學習力以及厚實的背景知識。從過去的文獻中可以發現，PBL在專業領域方面用的比較多的就是醫學領域，其他領域則針對在學生人數少或者是高年級學生的班級。「工作研究」是中原工業與系統工程學系的必修課，以目前班級的規模大概平均是55個人不含重修生，因此，首先遇到的幾個問題就是，第一：剛升二年級的學生幾乎沒有完備的背景知識，對於製造業的生產流程甚者基本概念幾乎沒有。第二：過去沒有一個合適的PBL專用教室供給PBL的小組討論。原有中原大學所建置的PBL教室也無法容納超過50個人的規模，教室的佈置也不夠有彈性（圖3.11）。第三：學生屬性多元，可能無法合適且有效的進行分組。

第一個問題事實上是比較難解決，一些課程設計往往在課程大綱中會註明必須修習的課程後，才會准予修習。然而，「工作研究」是基礎必修課，在過去慣例也不會先修課程要求，或是相關擋修規定，加上授課時間就是一週三小時，以現實狀況而言，學生也不會願意於課外時間，自行完

大學課程的多元教學與實務

圖3.11　中原大學教學大樓816 PBL教室

備先修知識。因此，課程結構與內容必須適當的調整，因此，才會發展出
如表3.1課程進度的架構，先以講述法教導學生專業知識，再慢慢引導進
入PBL教學。然而，98學年授課因為沒有搭配實驗課的時數，許多動機不
強或是學習力不佳的學生，往往沒有辦法在進入PBL活動前就建立比較完
備的知識。在PBL的模擬遊戲中，還是可以看到一些學生被動著等待小組
中的強者帶領學習。這樣的狀況在1031以後的課程得到了改善，有了過
去曾上過我的PBL教學的助教協助，讓這些助教在還沒有進入PBL活動時
就介入輔導學生，讓上課學生提早知道PBL與過去學習經驗的差異，以及
如何在PBL課程中有效學習，加速上課學生建立先備知識。此外，外系同
學入班，也讓上課學生因為有不同系的學生參與相同課程產生競爭心態，
學生榮譽心被激發，後續學生的學習成效也因為學習動機被激發而有助於
學生學習。有了助教資源以及課程時間增加後，學生的學習成效有了顯著
的提升。隨著我對於以PBL教學為核心方式的掌握，後續更能夠因為學生
的屬性進行課程微調讓，學生可以在PBL的教學中提升更多能力或是更有
效率地進行學習，如：原來要求學生1個小時必須生產20個一模一樣的產
品，將標準提高為1個小時之內要生產30個一模一樣的產品。乍看之下，
這兩個命題非常的類似，但是，學生在這兩個命題下的學習成效是不同
的，例如，學生若是可以很順利生產20個產品，這樣可以驗證教科書中
的相關知識，但是當生產量提升1.5倍後，學生可能就會碰到無法在一樣

的時間內，提升1.5倍的生產，這時候，學生可能會發現教科書中所提供的方法，或許沒有辦法有效的解決所面臨到的問題，於是就會開始與老師或是助教討論，如何可以在課堂計畫的時間內，完成指定任務，或者可以在跨領域的學習中找到相關的方法，解決面臨的問題。在一般的課堂上，老師若要實施PBL課程，不一定有曾經受過PBL課程的助教協助或是本身實施PBL的經驗不足，因此，充分詳細的計畫課程計畫，並依據計畫規劃教學單元，並適當的將這些單元有效的分配到課程中以提升學生吸收先備知識的效率，才會有比較好的PBL課程成效。

PBL活動中最重要的除了自我學習外，合作學習相互分享是相當重要的一個過程，而有彈性的教室空間就是一個在PBL教學下，相當重要的一個考量因素。就我所知，除了一些特殊用途的教室以外，老師通常沒有辦法依據自行設計的課程安排自由選擇教室，至少以目前的中原大學有限的教學空間下，校方很難滿足所有老師的需求。以PBL的課程而言，彈性的桌椅擺放，可以讓桌椅自由移動是最合適的，但是面臨到的問題，往往是許多老師都會共同爭取相同的教室空間，因此，我過去在PBL課程實施大多數都是在不合適的教室中進行。

圖3.12(a)(b)(c)為98學期三個班級在進行PBL小組討論活動的情景，可以看到學生受限於現有設備，或坐或站並沒有一個好的討論空間，老師助教要走動協助相當困難，目前翻轉教育及PBL教育的趨勢讓許多老師對於多功能的大教室有需求，因此，中原大學在1051建置了兩間比較合適於進行PBL小組討論的空間，這樣的教室，就可以解決大班級的小組討論或是相關PBL活動的空間問題。

第三個分組的問題源自於PBL主題設計，我所定的PBL的題目：「利用課堂上的桌椅形成產線，於一個鐘頭內生產20個一模一樣的產品」。要完成產線操作的人數必須要有相當數量的組員，分組人員還必須包含設計、研發、採購、品管及管理人員，整個組的形成一定是大分組配置，加上1031跨領域課程實施，在每一個分組中還有一定數量的外班同學，要順利完成指定任務，整組就必須要有好團隊合作及縝密的組織協調以完成

(a)
(b)

(c)
(d)

圖3.12　(a)工二甲班小組討論(b)工二乙班小組討論(c)工二丙班小組討論(d)1051新建
　　　　PBL教室

PBL活動。沒有大分組經驗的學生在協調所有同學一系列的工作上就會發
生困難，因此，我在課程的安排不會在學期一開始就實施PBL的正式活動
而是以培養學生團結合作的技巧為主。

　　為了培養學生合作，在進行大分組組裝線模擬遊戲之前，我實施了兩
個教學策略讓學生進行交流。第一個是為在每堂課依據上課內容進行隨
堂測驗，測驗須由坐在附近的3到4人共同一起完成，測驗時，學生可以
參考老師投影機放映出來的簡報檔案，也可以查手邊教科書，減少學生短
時間要形成小組完成任務的壓力，課堂成績並不是主要考核學生的重點，
重點是透過一次一次不斷跟不一樣的人進行合作，培養團隊合作精神，並
同時激發創意（圖3.7）。除此之外，每一次的測驗，三四位同學須對自
己的小組想出一個共同的組名，課堂測驗的時間通常為5到10分鐘，我所
給的題目通常是學生一個人無法在時間內獨立完成的難度，學生為了爭取
好的分數，必須學習有效的方法與適當的態度與他人共同合作，才有可能

在有限的時間內完成指定的題目。另一個教學活動則爲一般老師在課堂上亦會採用的方式，即小組讀書報告。爲了讓這個讀書報告和PBL模擬遊戲活動相銜接，我所設定的題目是讓學生在教科書中找一個組員共同有興趣的一個關鍵字，以這個關鍵字做爲發想，將關鍵字做爲起點延伸介紹這個關鍵字的相關知識。在98學期我所採用的學生的分組方法是抽籤決定，目的希望學生可以透過這樣的分組學習與不熟悉的同學進行小組合作，1031以後的做法則讓學生自由選擇小組成員[10]，由我指導的研究生所進行的研究顯示同質異質學習風格或是人格特質對於學生的學習成績影響不顯著，隨堂練習已經足夠讓學生學習如何與他人合作，故後續分組均採自由分組。人數分組設定則比課堂上的隨堂測驗小組人數爲更多，約5到8人。實施的方法爲學生利用課堂有限時間討論，決定題目後，於課後自行組成讀書小組，完成簡報檔案，在指定課堂時間進行口頭報告。2016/10/11完成1051的課堂活動後，其中一小組的心得回饋如下：

組名：吃你的關東組

組員1

　　這次做關鍵字報告其實我們在選定「寬放」這個字的時候沒有花太多時間，因為我們一開始大方向要構想的時候，就想問問組員的想法說有沒有對哪個比較有印象的，結果大家不約而同的都提出了「寬放」這個詞。我對著個詞其實也是比較有興趣的，聽老師上課的解釋也很容易理解。之後我們要詳細的寫出寬放為什麼重要倒是思考了一下，因為必須好好的理解之後再用自己的話寫出來。從選擇到寫出關鍵字之間算是滿順暢的。但是要做關鍵字PPT的時候卻遇到內容有點不夠的情形，我覺得再已經成型的文本中要加多加衍生是一件困難的事。當初絞盡腦汁

---

[10] 於後續的102學年度所指導的碩士論文於「PBL教學環境中學習風格與人格特質對於學生學習影響之研究」初步顯示兩種特質對於學生分組成績並不會有顯著影響。103學年度的碩士論文「學習風格與人格特質對合作學習之影響」更精確指出同質組、異質組或自由分組在學期中的成績表現沒有顯著差異。

寫的精簡語句，對我個人而言到反而成為了枷鎖。內容不夠怕自己的口條不好不能講滿7分鐘，最後經過我們組員多方討論的情況下決定把關鍵字的PPT採用怎麼樣讓大家覺得寬放這個字的重要性，朝著讓大家理解的方面製作，並且擴大寬放的應用例子好讓大家感同身受。

組員2

我們選擇的關鍵字是「寬放」，當老師上課講解這個詞的時候就覺得真的很有趣，的確，一個人不可能像機器人一樣長時間工作卻能維持一樣的效率，但在休息時間似乎是真的很難掌控，就以我們上課來舉例：光是每個學生的興趣、能力不同，就會造成對於需要的寬放時間不同，而且我認為每堂課程估計的寬放時間其實也應該有所不同，但這就牽涉的更廣泛了，並且也可能會造成每節上課時間的混亂。提到上課的時間不同也讓我想起我小學時，每節下課的時間真的是不同的，雖然每節上課都是45分鐘，但第一節下課為5分鐘；第二節下課為10分鐘；第三節下課為15分鐘，雖然我也不知道為什麼這樣安排，也知道這只是「朝三暮四」地挪移那5分鐘到別節下課，但在15分鐘的下課時間卻特別開心。在製作報告的過程中，要解釋「寬放」的重要，這讓我很難想該怎麼敘述，以前的報告都是說明其意義，但這次報告並非如此而讓我們想了許久，後來則想到要以寬放時間對於人的影響來帶出它的重要性。對於這個作業，分組並選出關鍵字並不難，卻在怎麼描述重要性，和怎麼製作成PPT方面重新思考了很多，雖然寬放時間的變因甚多，但在學習到這個觀念後，希望能夠在未來有機會成為決策者時運用這樣的觀念。

組員3

開始覺得這個作業非常的奇怪，因為正課還沒上多少就要先找關鍵字報告，但是在做作業的途中，發現這樣的安排可以視為「預習」，對於未知的工作研究這門科目，在第一次上課就先讓我們自己去尋找有興趣的關鍵字，當然的，因為還沒開始上，所以不要求我們解釋那個關鍵

字的意思，而是只要說明為什麼要選擇它以及它的重要性，這樣一來就可以讓我們對於這門科目產生一種熟悉感，不會再對他陌生甚至排斥它。

　　寬放時間，我覺得是一個非常人性化的設定，以一天八小時的上班時間為例，要作業員八小時不停的以同樣的速度持續工作是不可能的，因為作業員是人，所以必會有疲勞的時候，這時候寬放時間是必須的，適時的休息才可以走更長遠的路，而不是一味的要求員工不停地工作，況且人在疲勞的時候，工作效率必會下降許多，這樣生產的進度就會不停的落後，造成整體效率下降，所以一家公司要有生產力的話，必須要給予員工相當的寬放時間，這樣才能讓一整家公司正常且永久的營運下去，所以我們這組才會選擇「寬放」一詞，來作為我們關鍵字報告。

組員4

　　這是我們第一次接觸工作研究這個科目，上課的時候老師講到寬放，也稍微解釋了寬放的意思，在最初步討論主題的時候，因為還很陌生，所以大家其實都沒有什麼想法，因此我們就決定從老師上課提到的關鍵字來做為我們的題目，大家也不約而同的想到了寬放，我們想要更了解寬放的意義和它對於工作研究領域裡的重要性。

　　選定主題後，大家就積極的開始找資料、聚在一起做簡報，簡報做好後就各自認領想要上臺報告的部分，組員們也都會互相督促，為了要完整又充實的報告，每個人都很努力補充自己負責的簡報，結果變成大家都準備太多資料了，唯恐會超過報告的時間，所以就有人必須要刪減一些內容，或者是在報告時要加快速度，導致講話很快，甚至會有講不清楚的狀況發生，報告完後檢討時才發現，問題出在於我們在報告前沒有協調好，也沒有準確地分配好各自的報告時間，有了這次的經驗，下次報告時就可以避免這樣的過失。在報告當天也看了很多組的簡報，也因此看到自己簡報的缺點，像是有些不必要、不專業的圖片；也汲取了其他組的優點，讓下次的簡報能做的更好。

組員5

　　這次的報告我們選了寬放當主題，因為「寬放」一詞是我們以前都沒有聽過的，直到老師上課時說了在荷蘭的經驗，我才知道原來在歐洲國家有這麼人性化的設計，希望臺灣未來也可以引進這種概念，經過這次的小組討論，才知道原來寬放還有分成很多種，在討論的過程中，我們也有想到若是每一堂課都給了我們寬放的時間，那麼可能會造成放學時間的延後，所以關於寬放設置的位置也是很重要的，如果寬放安排得適當的話，可以使我們有效的增加工作效率，倘若沒有經過適當的安排，寬放的美意反而會浪費掉，自從上次聽到寬放後，我們的組員每次只要有早八的課都會希望老師能夠給予我們寬放的時間，雖然可能只有十分鐘，但其實對一個大學生來說，這十分鐘不僅可以減少我們遲到的頻率，也可以讓我們在上課時更有精神亦可提升學習效率。聽了每一組報告的內容，每一組的報告風格都不太一樣，有些組很會做圖表，有些組的口條很好，因為要提問題，所以我每一組都有很認真的聽，也因為這樣，真的有覺得自己學到一些東西，包括怎麼做出一個好的PPT，而且，其實有沒有準備臺下的聽眾都一目瞭然，所以之後的報告一定要好好準備啊！

　　這個小組是我覺得表現得最為突出的一組，包含一開始就很主動跟我一再確定如何進行作業，口頭報告時的表現可以知道學生有事先的演練。在口頭報告中，當班上同學給予正面鼓舞時，學生更加認真地聽每一組的口頭報告，並詳實記下筆記。報告結束的當天就收到了這一組的整組回饋心得報告。當然這是一組學習動機相當強的學生所組成，或許不能代表所有的教學成果與學生學習成效，不過至少可以看到引發學生動機進行小組合作的策略對於某些學生的確產生了極大的鼓舞效果，學生甚至不需要老師完全授課，就可以主動完成知識的吸收與學習（組員2、組員3、組員5）。在學習如何有效進行讀書報告上（組員1、組員3）提出了自己的看法。在簡報能力的學習上（組員1、組員2、組員4）有認知到進行簡報的

重要性。（組員5）在心得中還提到了要向他組學習反思。從學生的心得分享可以看到這個活動是成功的。另外，在課堂上我也賦予學生進行同儕評分的工作，這樣，除了可以提升學生學習的動機，同時，也讓學生學習怎麼對自己的學習別人的學習負責，圖3.13為學生在口頭報告為他組進行評量的範例。

圖3.13　學生口頭報告同儕評分範例

在實施大分組PBL模擬遊戲之前，兩個教學策略應用的結果，讓學生有一段時間彼此適應，經過我個人觀察以及私下與較為熟悉的同學進行談話得知，大約有60%到70%的學生可以透過這樣的教學活動與其他人相互合作，其餘的同學，一些是本身個性較不能適應團體合作方式，一些學生則是表示還是比較習慣傳統考期中考期末考的方式，有一些學生則是對於重修的學生或是原本在班上就少有來往的同學有強烈排斥的感覺。當1031學期確定分組形式與最後的成績無絕對相關後，讓學生自由分組，無法分組的同學，則透過班上的班代或是人緣較好的同學協助分組，以目前實施後的結果發現，小組合作的順暢度有明顯的改善。

大學課程的多元教學與實務

981學期在工二甲乙班實施活動時，由於是新手老師，難免未細心體會同學感受，因此，許多學生並不願意在可以表達的機會下，說出自己真實的感受及具體的建議，因此，工二甲乙班仍然有一到兩組的學習表現，不是很不理想，這樣的結果也反映在教學評量上（圖3.8）。在982學期工二丙班實施時，就981的課程實施經驗，與學生充分溝通，讓學生了解老師為何採用與過去傳統不同的教學實施方法，並輔以相關的配套措施後，學生對於上課方式及分組方法願意配合老師課程設計安排，因此，學生學習同步有著大幅度明顯的改善。一些學生期末實體作品及期末報告的展示如圖3.14可以看到大部分的學生在PBL教學法的引導下，可以完成實作以及最後展演報告，表現得相當不錯。

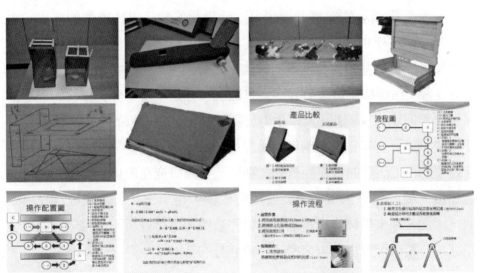

圖3.14　部分學生作品展示

(二) 多元評量的困難點

　　實施PBL教學以來，引導學生進入PBL教學情境的教學技術慢慢成熟，但還是有幾個問題一直困擾著我，例如，除了講述教學、跨領域教學外，還有沒有其他的方法，可以搭配PBL教學，進一步強化學生的學習成效。這部分還需要自己多多的增能，從文獻或教學研習及自己的創意發展未來更精進的教學，這並不是一蹴可及，必須長期努力。另一個我覺得必

須解決就是多元評量公平公正性及鑑別度。學生相當重視評分的公平及公正性，如果在評分方面有偏頗，學生對老師的教學會失去信任，可能失去動機繼續努力。自己除了紙筆考試外的評量，像是口頭、書面報告，心得，隨堂測驗，盡可能分數差異不要太大，也不要給太低分，原因在於個別學生的貢獻度其實很難量化，除非有足夠的人協助打分數。過去沒有進行同儕相互評量，因為擔心學生背景知識不足，對於分數的判斷可能有偏頗。但是，我慢慢了解到只要將打分數的規範讓學生明白，解釋你打分數的原則（如圖3.13），學生還是可以打出相當一致且公平的分數。評分融入學生的分數有助於公平公正評分性的提升。但是，分數的鑑別度對我來說一直是個議題。在修習中原大學全國大學校院教師教學專業認證學程中的「教育量化測驗的原理」提到可以針對問答題決定鑑別度的方法，因此，我嘗試請學生協助評量我在PBL活動中所有題目的難度，藉由學生評分希望可以將這些題目做適度的修改，讓學生可以透過這些活動可以學得更好。圖3.15為學生簽署研究同意書範例，在班上所有參與課程的學生都簽了參與同意書。圖3.16為學生對於課堂練習題目進行的難度評估，比對學生成績進行交叉比對並應用測驗評量計算鑑別度的理論，可以初略估算所建立的PBL活動的實作評量的鑑別度。這個研究在收集數據上有一定的困難度，要完整分析所必須要使用的數據，也無法在短時間可以收集完成，因此，未來後續會繼續進行收集完數據，進行分析，也希望研究可及早完成，結果可以供給未來授課作為評分的基準。

「實作評量鑑別度於 PBL 課堂之建立」研究計畫

研究參與者同意書

一、前言

　　您好，非常感謝你(您)願意參與「實作評量鑑別度於 PBL 課堂之建立」研究(以下簡稱本研究)，這份同意書(以下簡稱本同意書)主要是要向你(您)充分的說明有關本研究的相關資訊，以便於你(您)決定是否要參加本研究。若你(您)在閱讀本同意書或參與本研究的過程中，對於本研究仍有任何的疑問，歡迎你(您)隨時向工業系授課老師楊康宏提出來，我將為你(您)做詳細的說明和回答。如果你(您)決定參與本研究，請在這一份同意書上簽名以代表你(您)同意參與本研究。若是你(您)在這份同意書上簽名同意參與研究後，想法有所改變，你(您)仍然可以隨時退出本研究而不需要任何的理由。

圖3.15　學生參與實作評量鑑別度研究計畫同意書

系級	學號	姓名	(80-20法則)難易度 1-5	(魚骨圖/反魚骨圖)難易	(CPM)難易度 1-5	備註
工業三內	10126328	郭俊廷	4	3	3	
工業二乙	10224256	陳嘉根	3	3	1	
工業三內	10312271	涂志浩	3	3	3	
工業工程組二乙	10323110	李添丞	3	2	2	
工業工程組二乙	10324241	翁靖軒	2	3	2	
工業工程組二乙	10412211	陳泓仁	5	4	3	
工業工程組二乙	10412223	周子權	3	3	1	

圖3.16　學生實際對於題目進行評估分析

(三)PBL教學歷程的動態變化

在第一章中提到了教學是一個動態的變化過程，原本在理想狀態下學生學習成效會隨著時間、課程進度成長（圖1.7）。然而，在多次授課後發覺教學歷程其實並不是一個靜態的過程，無論課程設計的再完美，都有可能因為面對不一樣的學生族群而有所不同。雖然過去沒有嚴謹的收集資料證明這個說法，但是，據自己的觀察應該可以判斷教學是動態變化的趨勢。圖1.7會變成圖1.8，以下將圖1.8重繪於下並進行相關的說明。

首先，①老師教學歷程與③學生學習歷程在理想的狀態下，從教學的一開始，老師跟學生能一直保持雙向互動，但是多數的狀況下，一開始幾乎都是老師在單向的講述，學生通常是被動聽課，隨著課程的前進，學生開始累積了某一些知識後，才能慢慢的會跟老師有比較多的雙向溝通。這也就是我的授課策略，不會一開始就進行PBL活動而進行講述教學，因為學生除了需要時間建立背景知識進行PBL活動外，學生也需要一段時間進行轉換適應，慢慢的從被動單向溝通轉換成師生雙向溝通，學生相互溝通。隨著課程的進行，老師單向教學慢慢減少，以PBL學習的強度慢慢增加。但是當完全讓學生主導PBL歷程時，學生又會因為遲疑，或不熟悉教學法亦或是沒有自信可以自我學習，會和老師的互動強度減弱，等到有自信掌握PBL活動，就會有自信完成整個課程。④學生互動互助學習歷是老師或是助教最難協助的地方，老師助教人力時間有限，所有課外學生的互動大概都是各組的組長主導，除非學生尋求老師助教協助。比較可以看到的現象是當PBL的活動規模越來越大越來越頻繁之後，學生會感受到課

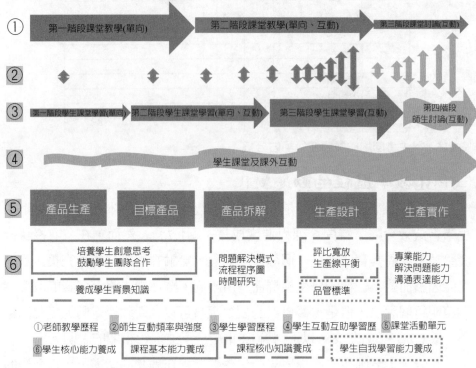

① 第一階段課堂教學(單向) → 第二階段課堂教學(單向、互動) → 第三階段課堂討論(互動)

②

③ 第一階段學生課堂學習(單向) → 第二階段學生課堂學習(單向、互動) → 第三階段學生課堂學習(互動) → 第四階段師生討論(互動)

④ 學生課堂及課外互動

⑤ 產品生產　　目標產品　　產品拆解　　生產設計　　生產實作

⑥ 培養學生創意思考 鼓勵學生團隊合作 ／ 問題解決模式 流程程序圖 時間研究 ／ 評比寬放 生產線平衡 ／ 專業能力 解決問題能力 溝通表達能力

養成學生背景知識 ／ 品管標準

①老師教學歷程　②師生互動頻率與強度　③學生學習歷程　④學生互動互助學習歷　⑤課堂活動單元

⑥學生核心能力養成　　課程基本能力養成　　課程核心知識養成　　學生自我學習能力養成

圖3.17　圖1.5重繪以利說明

堂計畫沒有辦法個人完成，因此，學生互動的關係會越來越密切。不過，當然也有一些個案在整個教學過程是無法融入活動的狀態，這樣的學生除非各組學生或組長有清楚暗示，通常很難發現有不適應的學生，而這些個案往往是沒有學會大部分的專業知識，仍然有可能靠著學生的分組報告成績通過課程考核。這樣的情況雖然不多，但也真的曾經在成績已經發佈以後，學生事後告狀的情況發生。因此，在還沒有辦法對於評量的公平性及鑑別度做有效的處理之前，我的方法就是事先與同學溝通，並鼓勵同學要與組員密切合作，在期末報告繳交時，請各組的組長幫忙我確認每一份報告每一個人的貢獻度以作為評分的參考。另外，每一份報告我都會要求學生撰寫400字有意義的心得，從心得中也大概可以知道學生是否有認真在進行PBL活動。這幾年來，在多與學生溝通的情況下，已經沒有抱怨有打混的學生存在而我沒有處理或無法處理的情形發生。

此外，③學生學習歷程中的第四階段，也就是老師與助教完全擔任PBL課堂計畫的協助者，學生完全主導學習的歷程，這個歷程也是動態的，原因在於這幾年我嘗試應用全英語教學或是跨領域教學融入PBL活動中，有了外在因素的刺激，學生的表現與我使用中文授課或是沒有外班級學生時的表現是相當不同的，這樣的因素，實際上應該是文化的因素，學生對於不熟悉的語言或是不熟悉的同學一起進行活動時，可能會因為自我的人格、學習風格的迥異，造成學習成效超出預期的好，或是不若預期。對於老師而言，有語言及文化的刺激對於學生是一件好事，但是對於學生而言，比較關心的是能不能通過課程或是可不可以學到知識、培養能力，老師學生觀念的差距，造成了學習歷程的動態。

雖然一直以來都沒有辦法達到自己理想的授課歷程，有時候學生學習動機強，願意以開放的心胸接受有別於講授的教學的學生，比較有可能達到理想的教學歷程，在這樣的情況下，常常也會鼓舞自己繼續精進教學。另一方面，當學生沒有辦法適應PBL的教學歷程或對於我的教法有所懷疑時，常常會覺得有些沮喪。或許這就是當老師的樂趣，要想盡辦法雕塑學生成為自己理想中的學生，持續精進自己的教學技術。

㈣ 跨領域PBL教學合作

103學期開始與中原大學商學院必修課程「經濟學」課程開始合作，從一開始兩位老師都在摸索的階段，經過四次即將邁入第五次合作後，在跨領域PBL課程的進行已經有了相當的默契。受限於學校學分的架構以及系院規定的教學目標，要採用協同教學讓兩個班級的學生共同修習一門課在實務上無法進行，因此，兩位老師所採取的策略將跨領域PBL課程分為四個階段，如下所述。

第一個階段：開學至期中考前。

兩課程學生的背景知識的建立分別有兩位老師個別進行，彼此之間互不干擾，但在PBL共同課程的部分所需要的背景知識必須有共識，包含在第一階段中個別課程所規劃教授的課程中。在第一階段工業系依據所訂定

的問題目標後，各組開始應用在課堂上的背景知識，建立產品組裝線、人員配置、產品材料整備、產品生產流程等等相關事宜，而經濟學課堂的學生，則對於成本效益分析的步驟特別加強，同時為了盡快在未來學生課堂合作兩個班級可以無縫接軌，經濟學課堂募集過去參與過兩班合作的同學擔任助教，形成讀書會，討論如何有效的讓經濟學課堂的學生在毫無工業系背景知識下，針對所要分析的產品進行了解，並且找出PBL課程中主要要分析的問題。經濟學課堂助教培訓的流程如圖3.18所示。這樣的模式連續實施了兩次課程，在助教培訓以及讓經濟學助教有效的協助經濟學課堂學生進入工業系課堂有相當的幫助。

第二個階段：期中考考試期間。

兩班的期中考題，我要進行的PBL活動有直接的相關性，期中考的成績，作為學生進入PBL活動時的成績基準，以作為PBL活動結束後，學生學習成效的檢核。

第三個階段：期中考後至期末考期間。

在這個階段兩個班級的課堂學生開始相互合作進行PBL活動，第一次的活動通常是相互認識，讓彼此之間有了初步的理解，比較多的活動進行，是由工業系學生向經濟學課堂的學生解釋產品的由來、如何生產產品以及產品生產的相關流程，經濟學課堂的學生由於是一年級的學生且非工科背景，在第一次的接觸通常很難掌握討論的重點，只能旁敲側擊的詢問一些幾乎無關痛癢的問題，例如，「在使用電熔槍時，是不是有考慮到電費？」，「這樣的產品你覺得好賣嗎？」。為了讓學生不要一開始就設定問題的方向，導致失去了進行PBL學習的效果，第一次有點混亂的交流，老師與助教在旁邊觀察並適時的告訴學生要怎麼樣問一個好問題，或是進行有效的討論。在第二次課堂合作以後，學生的默契越來越好，在討論時也能夠更加的有效率，但是實施多次課程以來，還是有許多學生反應，希望可以在第一次的合作，彼此之間就能夠有一定程度的了解，這樣在未來的PBL合作討論上，也會比較有好的效率，因此在1071學期，兩班的合作會有一些些的不一樣，原來在期中考後第一次的見面，將移動到學期初，

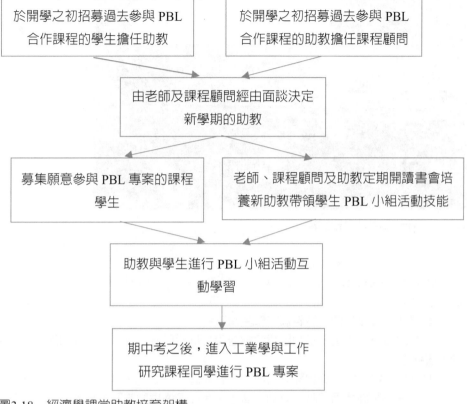

圖3.18　經濟學課堂助教培育架構

經濟學課堂的學生也能夠參與產品的發想，減少磨合期。但是只是寫本書
為止，所可能預期到的困難點，經濟學課堂的學生在學習目標不太清楚的
學期初，是否能有效率地與工業系的學生進行討論，仍有待觀察，本書目
前的建議還是若兩個班級要進行跨領域的合作學習，必須有一定時間的背
景知識建立，這樣在後續的討論上才會比較有效率。在學習末之前，兩個
班級會共同進行成果發表，彼此互相分享成果，成果展示也對全校公開，
讓有興趣的老師，知道要如何讓學生進行跨領域PBL的合作學習。以下是
1051學期合作某組同學第一週的學習單記錄及討論狀況。

研究生助教　工工系組長　大學生助教

圖3.19　第一次課堂分組討論

皮毛組會計系×工工系跨系合作—音響

壹、時間：2016.11.21（一）第一次

貳、進度：

　　1. 得知該產品為音響並看過完整生產流程。

　　2. 和國貿系及工工系互相自我介紹並設立群組以便日後資訊交換討論。

參、改進之處：

　　1. 座位安排不當，導致部分人無法參與討論。

　　2. 第一次見面場面混亂、互相不熟悉，因此溝通提問方面不全。

肆、會後成員提問：

　　1. 以紙杯作為音響揚聲器夠大聲嗎？

　　2. 成品似乎品質不佳，會鬆動搖晃，什麼方法可以增加他的穩定度？

　　3. 這項產品除了擴音是否還能增加其他功用或特色來提升他的吸引力？

　　4. 製作過程中部分人員閒置，且部分零件生產時間較高，因此造成人力成本增加，是否能將部分計時人員改至生產線協助？

伍、本組人員配置問題：

　　本組共有8人，將規劃：

　　1. 兩人進行活動過程記錄，其中包括攝影、文字紀錄等。

　　2. 三人進行觀察並提出可改進之方法及成本利潤的分析

　　3. 兩人進行上述1、2、點整理報告內容上傳

　　4. 一人為對口，會後和工工系組長進行討論下周會議活動內容，並統整問題向工工系提出

　　　以上分工會視實際運行狀況進行微調

圖3.20　經濟學課堂學生學習單記錄

附錄三完整的記錄一組跨領域PBL合作學習的記錄，其中可以看到工業系學生從一開始對於專業知識還不是很清楚，到能夠應用專業知識產品實作出來；經濟學課堂的學生，在融入工業的合作學習的過程中，所遭遇到的困難，以及如何解決的過程。

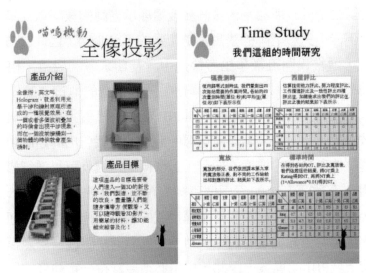

圖3.21　工業系同學期末成果展示成品製作過程與時間研究量測的細節

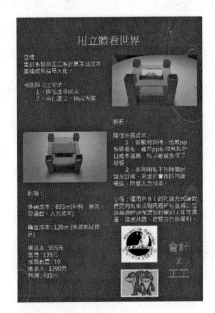

圖3.22　經濟學課堂學生以海報呈現如何進行成本效益分析

第四個階段：期末考期間。

　　設計與期中考試相仿的題目，驗證學生是否在進行跨領域PBL活動之後，學習成效有顯著的提升。由於在學習成效的驗證上若要進行不同老師不同班級相同課程的學習成效驗證，有一定程度上的困難，因為每一位老師都有自己獨特的教法，學習成效的好與壞，有的時候也很難在一次兩次短暫的考試之中就有所認定，做測驗成績顯示老師的教學以及學生的學習成效相對不佳，對於老師的學生都是相當的不公平的，因此在PBL的課程教學驗證，通常為同班級學生考核期中考及期末考的成績，相互進行比對，確認學生的學習成效。1061學期很感謝工業的他班老師，願意使用我在期末考所使用的測驗題，進行非PBL教學班級與我的教學班級，進行學習成效的相互比對。測驗題所選擇的題目，由我所出的題庫中，經由他班老師選擇他所教過的進度的題目，這樣兩個班級就可以進行學習成效的相互比對。表3.3及圖3.23為兩個班級成績的相互比較。工業二乙在期中考之後，基本上的學習已經脫離了講授式的教學，學生應用在期中考之前所學到的專業背景知識進行PBL活動，並且與商學院經濟學課程的同學一同完成跨領域PBL的專案，因此，學生必須要維持一定強度的學習動機，才能在這樣繁忙的時間安排下，持續的學習，而不致因為進行PBL課程專案，而忽略了功課上的學習。分析顯示，除了平均測驗成績及平均答題數為有進行PBL的工業二乙的優於未進行PBL班級工業二甲外，超過70分的

表3.3　進行PBL班級（工業二乙）及未進行PBL班級（工業二甲）成績比較

	進行PBL班級	未進行PBL班級
總測驗人數	45	41
平均答對題數（總題數33題）	19.9	18.9
平均分數（總分100分）	59.9	56.3
分數標準差	9.84	8.73
測驗成績70分以上人數	8	2
測驗成績70分以上人數百分比%	17.8	4.9

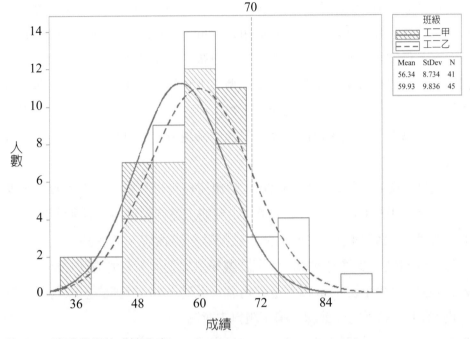

圖3.23 兩班學生的成績分布

學生，工業二乙的學生人數也多於工業二甲的學生人數，若將70分以上作為高分群及中低分群的分野，可以看到有進行PBL班級的低分群及高分群的學生比例近似80—20法則的比例約為82.2比上17.8，而未進行PBL班級則為95.1比上4.9，雖然80—20法則不見得可以作為判定成績分布好壞的一個標準，但是可以明顯的看出兩個班級成績的差距。

　　進一步應用統計軟體Minitab以t檢定進行兩班成績的比對如下。

```
Two-sample T for 工二甲 vs 工二乙

         N    Mean   StDev   SE Mean
工二甲    41   56.34   8.73     1.4
工二乙    45   59.93   9.84     1.5

Difference = μ (工二甲) - μ (工二乙)

Estimate for difference:  -3.59

95% CI for difference:  (-7.57, 0.39)

T-Test of difference = 0 (vs ≠): T-Value = -1.79   P-Value = 0.077   DF = 83
```

在5%的信心水準之下成績並不顯著，但是在真實的資料分析中，10%的信心水準仍然可以被接受使用（Schumm et.al., 2013），以這個標準而言，仍然可以獲得以PBL進行課程班級的成績要優於未進行PBL班級的成績，雖然在收集相同課程以不同型式上課的資料不是太容易，但以這個資料分析結果，仍然可以給想進行PBL課程的老師足夠的信心，在相同的課程架構下，若融入PBL活動（包含跨領域PBL）可以增進學生的學習成效。

上述所提四個階段的跨領域PBL教學流程可以綜整成以下六步驟，課程架構設計如圖3.24所示，從試產開始到期末為跨領域PBL活動時間。

1. 授課前10週到14週，主要為授課教授教科書內容，並於課堂上即時進行課堂測驗，並透過實驗課的配合讓學生學習大部分的方法技能。

2. 第4週開始學生已部份熟悉上課內容，此時，將3節課的上課內容調整為2節半，剩下的半節課，讓每組自由討論。

3. 第9週開始，各組的事前準備工作已完成。第9週第10週，進行分組口頭報告對於5週以來的規劃，報告結束後經由老師助教同學的回饋，及報告組的本身的腦力激盪於第11週結束前，完成初步規劃。

4. 從第10週開始，修習經濟學的學生與工業系學生碰面，互相了解。第12及13週工業系的學生進行產品試產，同時讓修習經濟學的學生了解整個產品的設計、製程等項目。工業系的學生則收集同組修習經濟學學生的建議或意見進行改善。實驗課每組分別有工業系助教以及經濟學助教協助小組活動。兩個科系的學生對於每一週的小組討論都必須加以記錄，這些紀錄也將成為兩系學生最後成績的一部份。

5. 第14週第15週，學生進行實際的產品生產，將之前的設計具體實現，並對於實際生產所產生的問題，進一步反思回饋，進行報告修正規劃。

6. 第16週做課程總整理，兩系學生進行分享課堂計畫成果。

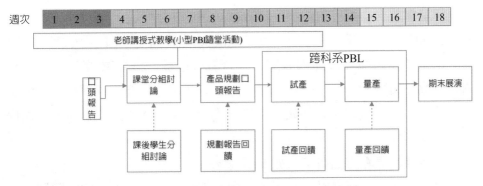

圖3.24　跨領域PBL「工作研究」課程VS「經濟學」課程架構

五、小結

根據工業系系定的教育目標，「工作研究」課程設定的教學目標為下列所示。

1.1 對於專業課題具備確認與解決問題之能力。

1.2 在系統與流程之設計與管理中，具備介面整合之能力。

2.1 具備參與實務問題分析、解決及實作之經驗。

2.2 具備良好的簡報與書面報告之能力。

3.2 具備團隊合作與溝通領導之能力。

透過結合講授式教學以及PBL教學法的實施，發現學生透過生產產品的一連串過程與課本所學知識進行相關連結，學得工作研究的相關知識，並將這些知識，實際應用在生產產品的過程中，將產品生產出來，符合教育目標1.1。學生透過與外系合作連結了成本定價的知識與生產產品相關知識，並可落實在PBL的相關活動，符合教育目標1.2。學生透過一個複雜問題「運用教室的課桌椅形成產線，在1個小時生產20個一模一樣的產品」，學生從創意發想，將概念轉換成實際的產品，解析並解決生產所碰到的問題，生產品質一致的產品，符合教育目標2.1。在「工作研究」課程中，學生進行關鍵字及期末口頭報告，在模擬遊戲中，每一週都要針對進度撰寫進度報告相關分析報告。除了小組報告外，學生也必須針對整體計畫以及上課所學，個人需要書寫心得報告，符合教育目標2.2。在整個課程的實施中，學生必須形成小組一起在課堂上進行隨堂練習解題；形成

關鍵字讀書報告小組，討論決定出一個合適的主題，進行關鍵字報告；在PBL活動中形成模擬遊戲分組並且有效的與經濟學課堂上的同學完成模擬遊戲指定任務，並完成期末展演，符合教育目標3.2。有本書第三章的相關資料收集與分析，PBL教學法相當適合於「工作研究」課程實施，並且可以結合其他領域課程，例如經濟學，進行跨領域PBL課程合作，更加提升學生學習成效。

在教學的亮點方面有三，如下所述。

1. 在傳統的PBL教學活動中，學生分組大部分的人數，有一定的限制，對於很多大班級的課堂，在過去的教育研究文獻中，幾乎找不到可以參考的文獻，將PBL有效的實施於大班級，經由多年的研發，歷經很多實務上的教學研究，收集相關學生學習成效的質化及量化數據，證明了大班級的PBL教學可行性，在彈性不大的學分架構下，成功實施大分組PBL教學活動於大二專業課程「工作研究」課程中，我也將這樣的教學經驗分享到其他的大學，如東南科大、健行科大、佛光大學、嘉南藥理大學、龍華科大、正修科大、德明商業大學等，希望藉由經驗分享，讓這樣的教學法可以擴散。

2. 在過去的教學，應用PBL教學法在單獨一門課程，從103學年開始，成功延伸原有PBL教學活動連結「經濟學」課程使「工作研究」課程可以使用PBL跨領域教學，並持續修正精進實施跨領域PBL教學架構。

3. 由於學生專業背景不足，在實施PBL教學之前，學生必須建立背景知識。然而，在臺灣專業系所的學分架構彈性不足，並無短時間多學分課程設計，因此，在「工作研究」課程成功的合併講授式教學與PBL教學，在課程中，發展出客製化的課程大綱，依照這樣的課程大綱設計，克服授課鐘點不足的缺點，讓短授課時數課程也可以實施大型PBL活動教學。

目前課程可以結合「工作研究」課程及「經濟學」課程進行跨領域PBL教學，未來若是可以募集有興趣的老師或是當學分架構更彈性一點時，可以進一步結合他系課程，例如：「會計學」、「商業設計」或「品質管制」課程，進一步擴大跨領域教學規模，進一步提升教育目標1.1、1.2及2.1所規範學生學習成效。

第四章
大學部「生產計畫與管制」

摘要

1. 「生產計畫與管制」課程截至1062學期，總在7個班級實施，在歷年來的授課，總共進行了三次中原大學教學資源專案及指導四位研究生進行相關PBL議題的研究。三次教學資源專案包括：99及100學年的「課堂模擬遊戲對於教學成效的分析研究」，102學年「於PBL環境下小組合作合作學習之成效」。四篇碩士論文包括：2013年賴志旻「PBL教學環境中學習風格與人格特質對於學生學習影響之研究」、2015年黃柏偉「學習風格與人格特質對合作學習之影響」、2016年謝孟開「應用群集分析法於課堂計畫分組之研究」及2018年「遠距教學教材編排於不同學習風格學生學習成效之探討-以生產計畫與管制課程為例」。

2. 以99學期的授課成果撰寫為研討會論文「問題本位學習（PBL）為基礎的課堂物流模擬遊戲實施之教學成效探討」參加2011年臺北科技大學所舉辦的「2011年提升學習生產力」全國研討會的論文競賽，獲得銀牌獎。同年論文金牌獎為清華大學工業工程與工業管理學系侯建良老師所指導的論文「以群眾智慧觀念為基礎之群體意見結論推論模式」，銅牌獎則為臺北科技大學通識教育中心林晶璟老師的「微積分數位教材製作與教學實驗研究」。

3. 應用課堂模擬遊戲融入「生產計畫與管制」課程發展與工業系過去不同的授課模式，即修正式PBL大班級教學模式，並探討教學成果與學生學習成效。另說明PBL模擬遊戲設計及「生產計畫與管制」課程架構。1062學期嘗試把原有講授式教學與模擬遊戲的課程設計架構改為非同步遠距結合模擬遊戲的課程設計架構，經由教學及研究發現，在建立學生的背景知識非同步遠距教學效果不若講授式教學來的有效。

4. 介紹教學資源專案包含分析學生在PBL課堂上的學習行為與成績表現。碩士論文則針對PBL中最重要的分組議題進行研究，主要分組的屬性為學生的學習風格及人格特質為主。

「生產計畫與管制」課程為中原大學工業與系統工程學系三年級的進階核心課程，課程屬性與「工作研究」課程類似，屬於製造領域課程，課程內容比起「工作研究」更加的廣，除了有一般製造上的知識外，也包含管理規劃在內。我在「工作研究」課程中已經講授過的課程單元就不會在「生產計畫與管制」重複講授，主要的授課內容會集中在「客戶需求預測」、「產品庫存管理」以及「生產製造排程」三個部分。此門課也是應用PBL教學架構在課程中，與「工作研究」課程不一樣的地方在於因為課程單元內容相當的廣，模擬遊戲的安排變成單元式，也就是每一個主題就是一個情境，這三個情境可以獨立也可以串接，例如，在「客戶需求預測」單元，相同的遊戲架構下，套入不一樣的預測模式後，讓學生收集不同預測模式下相關的績效，並加以比較預測模式在不同情境下的異同，若要串接不同的單元情境，則可以另用一個情境的輸出當作另外一個單元情境的輸入，例如，將客戶需求預測的結果，當然庫存操作分析的基礎。因此，「生產計畫與管制」課程並不像在「工作研究」課程圍繞著一個主題長時間實施情境較為單純的生產製造產品的模擬遊戲。在遊戲的產出主體，兩門課也有所不同，在「工作研究」中的產出為實體產品，而在「生產計畫與管制」課程中，雖然也有產品作為分析的依據，但是，「生產計畫與管制」課程模擬遊戲的產出主要為數字、圖表或是報表，實體產品的製作並不是課程上的重點。學生根據數字、圖表以及報表進行決策分析，完成模擬遊戲所交付的任務，例如，根據分析在特定的情境下，選擇最好的客戶需求預測模式，或是決定安全庫存，讓庫存操作失效的風險降低亦或是根據客戶所提供的需求，可以有效的安排製造產品，不至於造成生產時程的延遲。在「生產計畫與管制」課程中除了進行PBL教學法外，我也常常應用「生產計畫與管制」課程，以行動研究進行教學實踐研究，指導碩士班研究生在課堂上進行教學實驗，除了確認PBL相關教學成效外，也希望釐清在教學中一些問題以及提升自己教學技術。

從過去實施單科PBL於「工作研究」課程到跨領域PBL課程的實施，若不考慮極少數的個案，我所實施的PBL教學可以說是成功的，在過去許

多的論文研究也指出PBL教學相對於講述式教學更加的有效。但是，在過去的教學中也發現到，相同課程架構，相同教學內容，每一屆的學生學習成效還是有一定的差別，在1062學期，也就是最近的一次「生產計畫與管制」課程，我使用了非同步遠距教學的方式取代了講授式教學，在課程設計上，我增加了助教人力，也在課程上加了一些規範，讓非同步遠距教學與講授式教學盡可能的一致，希望藉由現在先進的數位平臺，可以讓學生有更彈性的方式自主學習，但是教學的主體是學生，每一屆的學生都有不一樣的屬性，高年級的學生對於PBL教學法的接受程度不一，不同學生對於講述式教學或是非同步遠距教學的適應也不一。此外，三年級的學生通常自主性比二年級學生更高，若沒有足夠的時間培養師生的信任，學生的學習成效在PBL課堂上很難預期，這也是只要我發現在課堂上有一些學生的學習議題，我就會在當學期或是下一次的「生產計畫與管制」課程進行教學實踐研究。

　　另外，三年級的專業科目無論是深度以及廣度大多數要比二年級的專業科目更加來的高，以「生產計畫與管制」課程內容而言，所牽涉到的議題與與真實公司管理議題有關，因此，課程內容複雜度遠高於單純只集中在製造相關議題的「工作研究」[1]。就我所知有許多老師為了讓學生更有效率的了解到教科書的內容和實務應用的關聯性，在課堂上採用了有別於單純講授的方式加強連結課堂學習、相關應用與實際問題，提升學生學習成效，例如：讓學生觀看課程主題的相關影片、進行課堂小型計畫、邀請專家演講或是帶領學生參觀工廠[2]等等，但是這些短暫的課程活動成效如何很難有效評估，就我所知，沒有一些比較正式的研究這些專業科目中，短暫的課堂活動對於學生學習成效之間關係的討論，可能的原因在於這樣的行動研究設計要控制變因不容易。以我過去的教學經驗而言，短暫的課程活動對於學生的學習成效往往只有最開始的影響，學生會因為印象不深刻或是體驗不夠深入，對於學習成效並不會有太過於顯著的影響。由於

---

[1] 此處所大學三年級以及二年級授課內容的相互比較，是以本人授課的內容為主。

[2] 這些活動安排針對工業工程相關等科系，可能也適用於某些理工科系。

「生產計畫與管制」課程相對複雜，許多議題發生在眞實的公司治理中，大部分的學生對於公司治理或是公司的議題，完全不了解亦或是只有模糊的概念，因此，若要符合PBL的課程精神，要學生由自身經驗或是所知道的背景知識連結到實務問題，並不是一件容易的事情。因此，在「生產計畫與管制」課堂的PBL問題是我給定的[3]，而學生則是應用課堂所學專業知識，驗證所學專業知識是否可以解決我給定的問題。這樣的PBL的設計模式或許在類似個案式教學法（Case-based Learning, CBL），但是事實上，我還是認定這是PBL教學過程，因爲這裡的個案只是起始想法，學生如何應用的流程，則是學生透過小組設計而成，因此，在本門課所實施的PBL或可稱爲修正式PBL教學。

一、以PBL爲基礎情境遊戲的教學架構

教學的架構圍繞著所設計的個案，故事來自於一家製造餐桌小紙盒工廠，紙盒產品可用在餐桌上，紙盒共有兩種不一樣的尺寸，大紙盒及小紙盒。每一週銷售部門都會有來自客戶的預測需求，紙盒工廠必須依據客戶給的預測進行公司中相關製造以及庫存的管理以及相關材料的採買。在遊戲中，我會擔任客戶提供產品需求資料，學生則負責公司中如圖4.1中的人員角色，主要的任務就是滿足客戶的需求。

在比較早期的遊戲時，我是使用骰子決定每一週的客戶需求，但是由於這樣的遊戲基本上是屬於大量製造的推式系統，所以遊戲進行的相當緊湊，使用骰子及用人員（老師擔任客戶）在發號司令，在遊戲時往往造成干擾，爲了讓整個PBL模擬遊戲可以進行得更加的順暢，我自行發展了一個計時軟體，並且亂數產生顧客需求（圖4.2），將相關資訊使用投影機投射讓每一個學生都可以隨時掌握時間資訊以及訂單資訊，並且根據這些即時資訊可以修正模擬遊戲中原有的庫存及生產製造規劃，並降低因爲教室過大有某些組因爲資訊不透明，進而影響遊戲的進行。

3 我稱之這樣的PBL為修正式的PBL教學

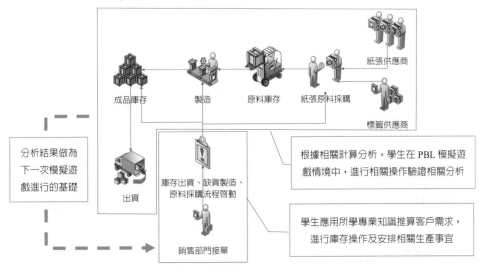

圖4.1　模擬遊戲所對應的公司內部部門功能

圖4.2　模擬遊戲計時及產生客戶訂單程式

　　一般而言，PBL的問題可能來自於各種情境，PBL的產出可以為解決問題的知識，亦或是實體的作品，是由於科系的屬性，工業系學生畢業後，大多數是從事製造業工作，因此在這門課所要解決的PBL問題的產出，為透過一個簡單的實體的製作讓學生在情境中學習，並讓學生從中學習，透過實體製作的過程，解決製造商相關的管理問題，進而消化所學習的知識。所使用的產品為餐桌小紙盒，紙盒產品有一定規範，設計如圖4.3。圖4.4為1062學習學生在課堂上製作的產品實品對照，紙盒上的相關數字為讓學生在進行完遊戲之後，可以進行像是成本、存貨等分析驗證自己的遊戲設計的有效性。

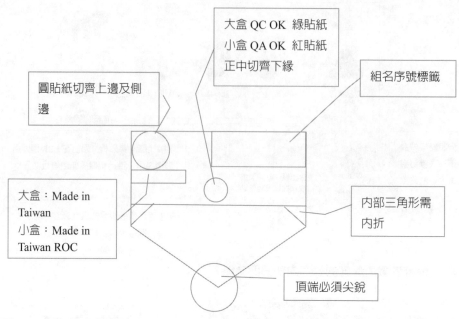

圖4.3 大小紙盒的設計

大盒 QC OK 綠貼紙
小盒 QA OK 紅貼紙
正中切齊下緣

圓貼紙切齊上邊及側邊

組名序號標籤

大盒：Made in Taiwan
小盒：Made in Taiwan ROC

內部三角形需內折

頂端必須尖銳

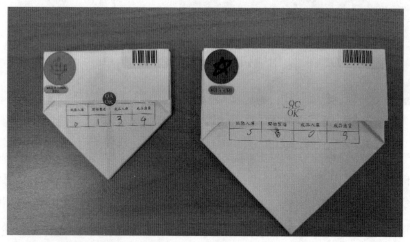

圖4.4 實際生產之大小紙盒

其他的情境參數如下[4]：條件大紙盒價格（10$/個），小紙盒價格

---

[4] 若發現學生利用數字彼此間的矛盾不應用專業領域知識進行分析計算，在遊戲時，每一次的遊戲參數都會有一些些的不一樣，強迫學生改變思考模式，應用所學知識於模擬遊戲中，否則這樣的遊戲可能因為設計不佳，而變成了美勞課。

（6$/個），成品庫存成本（0.5$/個/週），WIP（半成品）成本（0.3$/個/兩週），製作人員成本（2$/週），不良品3$/個，缺貨成本3$/個，紙張庫存0.2$/每張/週，貼紙庫存0.02$/張/週，紙張購買成本0.5$/張，標籤購買0.05$/張。

　　遊戲的設計會隨上課不一樣的單元而略有不同，以下為其中一個遊戲，以及遊戲結束後，學生要依據遊戲回答的問題。

遊戲步驟：

1. 給定歷史起始需求，十分鐘安排計畫生產，庫存系統策略，MRP計畫

2. 每一分鐘報時一次，可出貨，兩分鐘遊戲暫停30秒，記錄相關資料。

3. 產線每次只能生產一種產品，完全生產完，才能生產另外產品。

4. 於遊戲中的暫停時間所必須記錄的資料包含：WIP及不同產品庫存，不同產品的出貨數量，不良品數量，產品在何週出貨等。

5. 遊戲結束後計算相關績效指標包括：總利潤、總成本、平均出貨延遲時間、平均延遲成本、成品平均庫存量、材料平均庫存量、人員忙碌時間與閒置時間等。

6. 列出學生所計算的績效指標於黑板上，老師會依照課本知識解釋每組績效指標所代表的意義，回饋遊戲時候的觀察及相互比較各組的績效讓學生學習標竿組別以作為下次遊戲時的參考。

　　每一次遊戲結束後，我也會設計一些與遊戲有關係的題目讓學生課後複習，以增加學生相關課程知識的印象，轉化成學生學習成效，以避免學生只把課堂活動當成無意義的遊戲，回家功課其中一個範例如下。

回家功課：

1. 如果你是產線經理，有完全不懂的學生參觀工廠，你如何解釋大量生產以及即時生產？

2. 請設計遊戲所需表格，EXCEL程式，先以個人觀點設計，小組使用

之表格，請討論後一併附上

3. 遊戲報告及心得報告

4. 試以你所玩的遊戲，驗證第1題，是否符合你的說明，為什麼？

　　基於以上對於遊戲的個案設計[5]，歸納過去的授課可以形成一學期的課程如圖4.5下列流程所表示。

週次

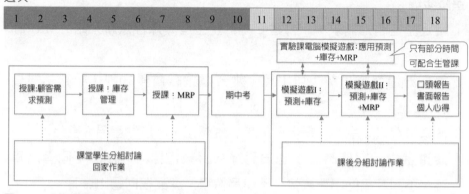

圖4.5　「生產製造與管制」上課架構

　　這樣的架構，雖然和在第三章所提到的「工作研究」課程略有些不同，但是仍然是維持著以講授式教學，然後再實施PBL模擬遊戲，讓學生應用所學的專業知識應用於分進行遊戲。期中考的實施，目的在於強化學生學習專業知識，目的不在於考核，而是讓學生有更清晰的邏輯思路了解課程內容，讓後續學生可以完成模擬遊戲所有指定任務，加深所學專業知識，因此在期中考題目的設計上，題目作答方向必須與模擬遊戲的進行的邏輯有一致的關係，以確保學生最終的學習成效。在第三章所提到的「工作研究」課程，我的就已經部分融入「品質管理」、「生產計畫與管制」以及「設施規劃」課程的基礎內容，有了這些基礎內容在銜接「生產計畫與管制」的專業進階課程時，會比較順利，學生學習成效也會較好。然而

---

[5]　由於進行相關教學行動研究，課程結構直至目前並沒有像工作研究那麼穩定，會依據當學期要進行的教學研究進行適度的調整。

仍有一些新課程單元，例如：需求預測或庫存管理等，需要進行講述式教學，建立背景知識以進行PBL教學。

大三學生在心智上相較大學低年級為成熟，上課時專注程度也是較佳的，因此，在「生產計畫與管制」課程期中考前我安排的課程以講述式教學為主，配合課堂小組[6]討論及回家作業，同時教授學生進行PBL模擬遊戲所需要的背景知識。期中考為一個重要的檢核點，在實施PBL教學前必須先確定學生已經具有足夠的專業能力，進行實作模擬遊戲。工業系的學生數理能力普遍不佳，要學生應用PBL模擬遊戲產出的數字報表進行分析，有一定的困難。因此，在期中考前，除了課本的內容還會教導學生使電腦軟體EXCEL，讓學生可以使用EXCEL處理大量的數字以有效的處理數字報表。在模擬遊戲中，學生只有約10分鐘進行數字分析以及相關遊戲規劃及修正[7]。模擬遊戲依據相關生產績效指標進行學生學習成效評估，在模擬遊戲時間結束後，學生以模擬遊戲中所收集的資料，進行計算相關績效指標，老師會在黑板上展示所有組別的模擬遊戲後所計算的相關指標，並解釋指標數字與整個生產表現之間的關係，並同時指出績效指標優劣與課程內容或計算公式有關係，提供學生下一次進行模擬遊戲時設置的參考。

由於期中考以後，課堂活動以實作模擬遊戲為主，學生可能會因為沒有考試忽略了學習或複習工作。我在模擬遊戲之前都會提醒學生要事先複習相關課本知識後，再對於模擬遊戲妥善規劃。但是，大部分時候，學生並不會事先預習或充分準備。所以在每一次模擬遊戲之前，均需要留下約15至20分鐘，提示學生模擬遊戲的進行時要先說明所有遊戲規則，以及遊戲中每一個活動與課程之間的關聯性，讓學生有時間充分討論，並與學生互動了解學生準備遊戲的狀況。在遊戲結束下課之前一定要留約15分

---

[6] 三年級的工業系學生經過二年級各個課程的訓練，在與他人合作的能力上，已經具有相當能力，故不需要跟工作研究課程一樣，應用一些無關學習的活動，如共同取組名方式進行課堂小組討論。

[7] 在實施模擬遊戲前一週會給學生一組數據，先準備好相關電腦檔案，於模擬遊戲開始當拿到即時數據時，學生可以將數字輸入Excel表單中，獲得相關數字，進行生產安排。

(a)（1062學期）

(b)（1062學期）

(c)（1031學期）

(d)（1031學期）

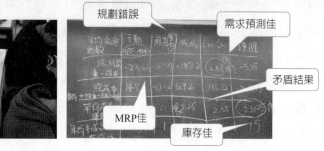

圖4.6　(a)遊戲規則，遊戲相關指標(b)學生根據遊戲說明進行相關遊戲討論(c)學生依
　　　　據鎖定流程進行紙盒製造(d)各組績效表現與課程關聯說明

鐘，幫助學生複習模擬遊戲和課程內容之間的關係，並說明每一個分組指
標的合理性，檢討分組設計優點和可能的問題，也經由每一組的遊戲的表
現狀況，了解學生對於所學的知識是否有吸收，是否應用在遊戲中。例如
圖4.6 (b)顯示「麻吉組」在遊戲中，並沒有遵守規範，以及誤用公式，因
此，表現不若其他組，當下要求學生另外課外找時間，重新進行模擬遊
戲，修正錯誤，並避免下一次的錯誤。

　　在實驗課的部分，與「工作研究」實驗課不一樣的地方是「生產計畫
與管制」的實驗課本系博士生兼任老師授課，作為培養本系博士生的教學
場域。實驗課的規劃也是由兩個不同的授課老師共同決定進度，所以「生
產計畫與管制」實驗課的使用彈性不像「工作研究」實驗課可以自由應
用所有實驗課時間。過去的課程實施，最大的彈性只能挪用大約4週的實
驗課時間，其餘時間並沒有辦法密切與配合「生產計畫與管制」的上課進
度。

二、教學成效與學生學習成果

　　從991學期開始共計六個學期教授7個班級的「生產計畫與管制」課程。由於課程內容屬性，「生產計畫與管制」比「工作研究」更容易使用實際的個案在PBL的教學中，因此，與「工作研究」一樣，使用了講授式教學及PBL混和式教學於課程中，並增加一般公司管理階層的相關議題形成學習情境融入PBL教學。在「工作研究」中，因為顧及到低年級學生才開始接觸專業課程，必須全力花心思在學生身上，因此，並沒有進行教學行動研究在「工作研究」課程上，而「生產計畫與管制」課程的學生主要為三年級學生，也會有一些重修生，除了幾位的電資學院二年級學生，在我的班上幾乎沒有低年級學生修習這門課。為了驗證PBL混合式教學即使用的模擬遊戲的有效性，在課程中，我申請了三次的教學資源專案（楊康宏2011，楊康宏2012，楊康宏2014），進行PBL模擬遊戲與學生學習成效的研究兩次，以及在PBL小組分組的議題，在此期間有也指導了三位的碩士班研究生搭配擔任助教工作撰寫論文，包括於「PBL教學環境中學習風格與人格特質對於學生學習影響之研究」（賴志旻2013）、「學習風格與人格特質對合作學習之影響」（黃柏偉2015）、「應用群集分析法於課堂計畫分組之研究」（謝孟開2016）以及「遠距教學教材編排於不同學習風格學生學習成效之探討─以生產計畫與管制課程為例」（王葦杭2018）。

　　我個人在這六個課程中的教學評量成績如圖4.7所示。可以發現有兩個次課程的成績在院排名相對差，分別在第一次授課的991學期以及1021英語授課學習。在第一次的授課由於經驗不夠，除了PBL教學及講授式教學外，還試圖加入另外一個教學目標，希望可以訓練一些喜歡寫程式的同學，應用模擬軟體AweSim將模擬遊戲的以軟體實現，這個教學目標與活動讓大多數資訊能力不足的學生感到擔心和害怕，雖然最後並沒有全班實施而是以招募自願學生的方式，加分鼓勵學生完成資訊軟體的這個部分，但是，還引起了許多學生對於評分公平性的質疑。

中原大學學生的英語能力除了應用外語系外，普遍不佳，雖然這個班級是我進行「工作研究」的同一班級，也是我自己的導生班，但是面對更難的課程，更複雜的PBL活動，甚至要使用英文撰寫最後書面報告產生了許多抱怨。相較於「工作研究」我對於英文要求不是那樣高的情形下，學生給我在「生產計畫與管制」課程的評量自然相對不佳。從整體看來，在專業中實施英語課程要讓同學英文及專業要同時兼顧，其實對同學及老師都有不少的壓力。

1062學期為所有學期成績第二佳，在此學期所使用的方式為由原來講授式教學加上PBL的授課將講授式的部分改為非同步遠距教學，這學期的教學評量雖然好，但是我個人認為非同步遠距教學對於中原的同學而言，成效不如講授式教學，在非同步遠距教學為了彌補學生與老師助教的互動不足，必須規範一定的時間讓同學進行非同步遠距教學，而不是在任意時間讓同學進行非同步遠距教學，而在所規範的時間內，我與助教必須同時在監控學生的學習進度以及及時回覆學生相關問題，待學生有一定的專業知識理解後，就不規範其複習相同教材的時間。若不是1062有兩位助教的投入，以一位老師一個助教的配置，其成效就我的觀察，不若過去講授式的教學有成效。

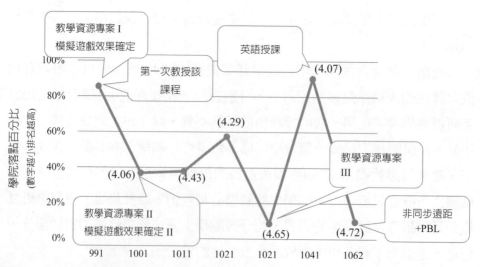

圖4.7　生產計畫與管制課程教學評量學院落點變化（數字為原始教學評量成績，991為不同教學評量系統）

若進一步比對六個學期七個班級的期中考成績，這個比對在於比對講授式教學、講授式英語教學以及非同步遠距教學的成效，分析如圖4.8所示。

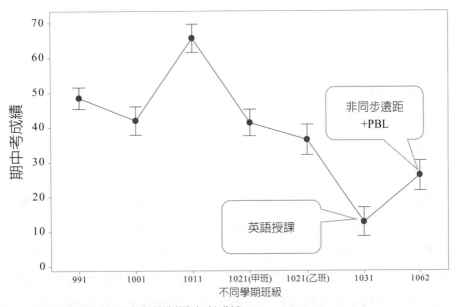

圖4.8　不同學期生產計畫與管制期中考成績

若進一步應用後側分析如下，若不考慮英語教學成績，可以發現都是使用中文授課，非同步遠距的學生學習成效是最低的。

```
Analysis of Variance
Source   DF  Adj SS   Adj MS   F-Value  P-Value
Factor    6  98703    16450.5   64.36    0.000
Error   443  113235    255.6
Total   449  211938
Model Summary
      S    R-sq   R-sq(adj)  R-sq(pred)
15.9878  46.57%    45.85%      44.87%
```

Tukey Pairwise Comparisons

Grouping Information Using the Tukey Method and 95% Confidence

Factor	N	Mean	Grouping
1011	58	65.66	A
991	102	48.43	B
1001	60	42.03	B C
1021(甲班)	68	41.35	B C
1021(乙班)	52	36.42	C
1062	53	26.19	D
1031	57	12.81	E

雖然一個學期的期中考成績，並沒有辦法完全證明講授式教學優於非同步遠距教學，但是在課程的實施中，的確感覺到中原工業工程的學生，有一些學生對於遠距教學的不適應。為了改善非同步遠距教學的成效，在遠距教材教法上，在1062學期希望藉由學生不同學習風格屬性和遠距教材教法建立關係，在課程進行的同時，進行行動研究，希望進一步有助於非同步遠距PBL課程架構取代講授式教學有一些挹注，讓學生可以更適應非同步遠距教學的實施。以下為1062期中考時，同步調查學生對於平時實施遠距教學的相關看法，圖4.9及圖4.10為調查結果。

調查結果顯示，遠距教學相對於實體授課而言，同意學習動機有助於提升的共有27位同學（同意+非常同意=11+16=27），不同意學習動機有助於提升的共有27位同學（不同意+非常不同意=6+11=17）。同意學習成

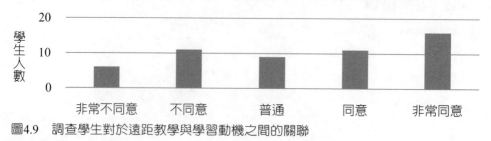

圖4.9 調查學生對於遠距教學與學習動機之間的關聯

大學課程的多元教學與實務

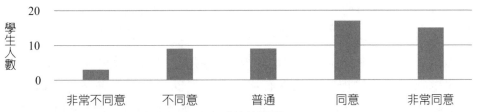

相較在教室實體上課，平時遠距教學能夠提供我良好的學習成效

圖4.10　調查學生對於遠距教學與學習成效的關聯

效有助於提升的共有32位同學（同意+非常同意=17+15=32），不同意學習動機有助於提升的共有12位同學（不同意+非常不同意=9+3=11）。無論是從學習動機以及學習成效，相對實體授課而言，學生認為遠距教學對於個人的學習動機以及學習成效是比較好的。這樣的結果，與學生期中考的成績是有差距的，與過去的經驗而言，學生在講授式教學下，老師所出的無論是隨堂練習或是作業都是比較片段式的，例如在教授客戶需求預測時，學生就會大量地進行客戶需求預測的隨堂練習或者是作業，在教授庫存模式時，學生所進行的練習或者是作業就會以庫存模式為主，而與需求預測的關連性並不大，如此片段性的學習，在每一次學生都會得到不錯的成績，但是當考期中考時，這門課為了要串接PBL實作遊戲，做測驗的題目，就會是一個綜合整理題，如附錄四所示。在期中考之前，在沒有老師的帶領之下，學生雖然在每一個單元，都可以藉由自我的複習，是透過非同步遠距所錄製影片的複習，獲得不錯的成績，但是像期中考整合性的考核，學生的表現就會不夠預期。

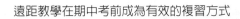

遠距教學在期中考前成為有效的複習方式

圖4.11　學生認為非同步遠距教學為期中考有效地複習工具

經過多年「生產計畫與管制」課程實施的可以了解到，無論是傳統式

的講授式教學或者是非同步遠距教學，使用片段式的講授方式，對於學生的學習成效相對不利，PBL教學法能夠培養學生整合思考的能力、團隊合作的能力爲一個比較系統化讓全班的學生學習到專業知識的教學法，因此，我認爲無論是各種的教學法只要能夠教法上進行完整的課程設計，對於學生學習成效的提升，都會有相當大的幫助。而以目前認知與觀察，PBL教學法相較於其他教學的方式，在有授課時間限制的學期制度，是比較有效率的。以下的質化意見，爲相對圖4.9至圖4.11學生的意見。

相較在教室實體上課，平時遠距教學能提升我良好的學習動機

1. 實體上課是一群人有實無法專心，遠距能自己安靜聆聽
2. 方便
3. 不用跑出門
4. 學習動機應是自己有目標，無關上課模式
5. 完全沒有
6. 還是比較喜歡面授課程，自己起床看教學比較容易分心和想睡
7. 我覺得面授好像比較能專心
8. 實體上課真的好很多，遠距太難專注
9. 沒有
10. 遠距的學習動機是一定有幫助的，畢竟是在宿舍，而且還有時間規定下，一定是有幫助的
11. 不用出門隨時可上課不會缺課
12. 實體會有動力聽
13. 能比較聽清楚老師講話
14. 實體上課有問題可以直接問，遠距很難一下就解決
15. 反覆觀看可隨時複習
16. 可以節省通勤時間
17. 可重複複習
18. 自己會偷懶

19. 希望講解題目可以用面授方式

20. 我覺得實體上課比較有多參與的感覺，比較知道重點所在

21. 沒有非常提升

22. 考驗自覺性

23. 在哪裡都能上課

24. 學習動機主因還是跟人有關

25. 遠距使我會晚點才開始上課

26. 看個人，我比較喜歡遠距

27. 會分心

相較在教室實體上課，平時遠距教學能夠提供我良好的學習成效

1. 在教室上課比較有在場感，比較不會分心

2. 成效我是覺得還好，因為真的還是有點不清楚課程內容

3. 可以重複看

4. 可重複看

5. 因實體會分心，遠距能再觀看

6. 完全沒用

7. 因為我都有在上課，所以名詞還聽的懂，但是題目不會寫

8. 學的不太踏實

9. 有

10. 遠距的成效對我來說，很少，每次作業寫完，要我再去回顧那麼長的東西。實在很難做到

11. 因有作業

12. 遠距跟實體比還是有很多缺點在

13. 看不懂不能馬上發問，只能不斷重複觀看，常常花上大把時間

14. 都差不多

15. 搭配課程PPT有影音檔在複習時真的十分便利

16. 因為可以想複習的時候重複觀看，不會因為沒聽清楚而遺漏重點

17. 對通勤學生太不方便

18. 可重複觀看

19. 看不懂可以重複

20. 各有優缺，面授可以隨時發問，遠具有回放的好處

21. 可重複觀看

22. 大約面授的65%成效而已，因為遠距無法跟上教授思維

遠距教學在期中考前成為有效的複習方式

1. 可以複習前面的課程

2. 可以重複看

3. 影片在線上隨時可觀看

4. 可以重複觀看上課內容

5. 可以重複看、但考試不等於理解

6. 可以複習

7. 太多了不好翻

8. 只是因為能重複撥放

9. 可以回放影片是優點之一

10. 可以回去看公式和應用

11. 有

12. 由於教得太多，所以期中考根本沒辦法好好地複習，每次的影片都2個多小時，也就是說全部複習完也要整整一天

13. 超棒我考前都把上課影片及PPT搭配複習

14. 可以翻影片複習

15. 可以去找自己不懂的地方重複複習

16. 遠距可隨時用上課影片複習

17. 有影片能再看一遍

18. 雖然知道重點在哪，但不知道如何準備

19. 可以將教學的現場還原，不斷的重複看

20. 在期中考前還可以把之前上課的影片拿出來複習

21. 太多太雜平常都很無法理解

22. 有目錄有題庫

23. 有影片可以重複複習

24. 有解答資源能看

25. 雖然考試前可以回放，但我認為面授比這還好，面授比較知道如何做筆記

26. 能在考試前複習內容

27. 因可重複播送，是複習的好工具

　　1021教師評量成績相對其他學期為佳，原因在於班上的同學都高度認同我的教學，也時常主動的在下課時間或是課後與我討論功課，是積極主動性很高的一個班級。當時除了課程外，同時也進行教學行動研究以及指導「學習風格與人格特質對合作學習之影響」該篇碩士論文，並沒有影響教學評量成績，反而是得到了相當好的評量。從歷年來的課堂觀察發現學生的人格特質或是學習風格可能會因為老師教學，學習反應可能有所不同，為了進一步了解如何有效地實施PBL教學及提升學生在PBL的教學的學習成效，於是有了相關的教學實務研究的想法。以下將針對在「生產計畫與管制」課程教學實務研究進行簡介說明，包括，

1. 991學期「課堂模擬遊戲對於教學成效的分析研究」（4-2-1節）

2. 1001學期「課堂模擬遊戲對於教學成效的分析研究」（4-2-2節）

3. 1021學期「於PBL環境下小組合作學習之成效」（4-2-3節）

　　4-2-4節綜整了三篇指導碩士班學生的關於在PBL教學環境下，學生在進行相互合作的過程中所遇到的相關議題，主要的出發點在於學生學習風格和人格特質對於PBL小組合作學習的影響，以及如何有效地進行課堂上的小組分組，讓學生有更佳的學習效，三篇論文包含，

1. 「PBL教學環境中學習風格與人格特質對於學生學習影響之研究」（賴志旻，2013）

2. 「學習風格與人格特質對合作學習之影響」（黃柏偉，2015）

3. 「應用群集分析法於課堂計畫分組之研究」（謝孟開，2016）

近來遠距教學越來越受到各大專院校的重視，除了因為遠距教學為教育部推動的重點政策外，可用於遠距教學的軟硬體或是教學平臺趨於成熟，越來越多老師願意開發遠距課程也積極推廣，有鑑於此，在106學期開始，中原大學鼓勵老師在遠距教學中融入不同的教學方法，希望藉有更多元的發展遠距課程，幫助學生學習專業知識。1062學期，我也開始嘗試將已經熟悉的PBL教學結合非同步遠距課程一起實施在「生產計畫與管制」課程中，在心態上，這樣的政策性課程，我並不是十分贊同，遠距教學基本上老師助教的關係是有一定的距離的，雖然現在的軟體或是硬體平臺相當的發達，老師助教還是可以藉由教學平臺上互動式的軟體模組，達到課堂經營的效果，但是對於PBL教學而言，許多時候師生的互動必須是即時的，這樣的即時溝通，透過遠距教學形式則有一定的困難度，因此，我在實施這樣的政策性課程時，在教學上並不是實施PBL教學在遠距課程的環境中，而是將與來講述式教學的部分，由遠距教學方式所替代，其架構如：

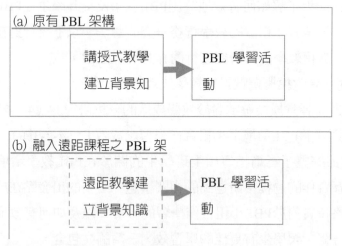

圖4.12　(a)原有PBL教學架構(b)融入遠距教學之PBL教學架構

因此，遠距教學的教材要能夠適用於後續的PBL課程教學，基於此，在1062學期指導了一位碩士研究生進行了「遠距教學教材編排於不同學習風格學生學習成效之探討—以生產計畫與管制課程為例」的行動研究，

了解若在原來PBL的教學架構下，若是對於遠距課程教材進行一定的調整，講授式教學是否可以有效的被遠距教學所取代，在4.2.5節中會有詳細的介紹。在本節中的一些分析可以發現1062學期學生期中考成績相對其他學期成績是較為不佳（圖4.8），看起來似乎遠距教學不利於學生背景知識的建立，但是這僅僅只是一個學期的成果，很難由一個學期的學生學習成效來斷定是否這就是一個常態現象。不過可以確定的是，許多學生期中考之前大量複習的遠距教學教材，也表示在正課的學習外，遠距教材的確也幫助了學生在課餘的時間進行了相對有效的複習，這部分也會在4-2-5節進行介紹。

(一) 中原大學991學期教學資源專案「課堂模擬遊戲對於教學成效的分析研究」簡介

計畫實施背景：

　　「生產計畫與管制」為工業系進階核心必修課程之一，授課內容為應用作業管理方法，學習生產作業的技巧、設計生產程序以及管理供應鏈等。目前臺灣製造業有向服務化發展的趨勢，因此，我在這門課主要會將授課內容集中在管理供應鏈的內容。由於「生產計畫與管制」課程的性質屬於應用學理技巧於實務工作中，若可以在課堂上教授知識的同時，讓學生有機會應用所學知識於實際問題中，對於學生的學習以及未來於職場的運用，將有莫大的幫助。上課課堂跟現實環境畢竟不同，要在課堂上重現真實的場景讓學生可以身歷其境相當困難的，若能透過模擬情境教學對同學的學習將有極大的助益。

實施以PBL教學法為基礎模擬遊戲的動機：

　　傳統式的教學大多以講授的方式進行，學生能力的考核部分則大多採用筆試、寫作業的方式，這樣的能力考核主要以智能為主，對於強調學生須在多元智能上要均衡發展的現在，講授式教學及筆試考核顯然無法完全符合現在教學發展的趨勢。以「生產計畫與管制」課程，解決問

題的能力作為學生的學習成效是比較理想考核學生的標準，但是，傳統單純以講授方式教學並無法訓練學生解決問題的能力。此外，新生代的學生從小就開始接受多媒體教學，相較而言講授式教學往往對於提升學生學習的動機有限。許多學生除了想學習教科書中的知識外，更希望能夠在學校的學習環境中，提早了解所學知識如何能夠應用於專業領域。目前一些教學策略可略為彌補無法實境教學的弱點，提升學生於課堂的學習成效，例如：影片教學、個案教學、課堂小組討論、專家演講或是工廠參觀等等，這些教學活動一般而言佔整個學期課堂教學時間比例並不高，老師的教學大多還是以講授為主，所融入的教學策略實施的成果，佔學期成績的比例也不高。因此，大部分的學生對於輔助教學內容並不會重視，除了少部分學生之外，大多數的同學並沒有辦法從這些學習活動，轉換成真正學習的效果。

為了融入實境教學，我採用模擬遊戲融入課堂的方法。現在科技發達，已經有許多商用物流模擬遊戲可以支援「生產計畫與管制」教學，例如「Little Filed Game」、「Beer Game」等等。這些電腦模擬遊戲，中原大學工業與系統工程學系也曾經採用過。商用物流模擬遊戲可以透過網路，使不同分組同學可以透過軟體平臺相互連結，在遊戲的進行中，學生進行分組討論，根據討論策略進行模擬遊戲，其內容通常包含生產、銷售等遊戲單元。模擬遊戲平臺系統會記錄各組學生的表現，最後學生可以根據自己的表現，探討所採用的策略是否成功，進而達到學習的效果。然後，電腦網路的模擬遊戲最大的缺點在於老師及助教並無法確切在適當的時機協助學生，老師只能依據電腦系統所記錄的學生表現來判斷學生是否達到學習成效，或是讓學生進行書面或口頭報告以了解學生的學習成效，無法有效的將學生學習成效回饋到老師的教學，進而修正教學步驟，進一步提升學生學習成果。在PBL的教學架構下，老師或是助教可以積極介入，可以監控學生的學習進度與成效，因此，若能結合模擬遊戲與PBL的優點，則將會有助於「生產計畫與管制」的教學成效。

實施成效

　　成效評估兩個方面，問卷及學生考試成績（期中期末考題範例如附錄四）。在問卷方面，主要調查學生主觀上的學習動機是否提升，經過期中考後的課堂活動後是否對於課程更加了解，以及課堂活動對於期末成績的提升是否有幫助。期中期末考的成績則可以看出課堂活動對於學生成績是否有真正提升的效果。問卷設計的每一題都有其目的，了解學生學習行為或是心態以做為未來課程設計或修訂的參考。

期中問卷施測結果與分析：

1. 主要測試學生經過將近6週的學習對於問題整合概念是否覺得有困難

1.我覺得此次期中考題目的難度？	簡單	中等偏簡單	中等	中等偏難	很難
答題人數	0	0	5	18	35

　　結果發現，雖然題目只是有別於將習題個別分開考，將所有的題目以一個小故事串在一起時，大多數的學生覺得這樣的考題是有困難的，此處也暗示片段式的教學較不利於最後學生問題解決能力的養成。

2. 主要希望測試傳統教學是否會讓學生有動機在課後進行複習動作

2.我準備充分才來考試？	是	否
答題人數	19	39

　　結果顯示大多數的同學覺得自己未充分準備就來應考。但若進一步分析，每一個同學對於所謂的充分定義並不一樣，有些同學準備了將近一個星期，但是還是覺得不充分，有些同學只在考前一天草草準備了兩個鐘頭，就覺得準備充分。因此，這裡的結果數字僅能參考，對學生應考的心態或是傳統教學是否讓學生在課餘有動機進行複習動作並不能很清楚的說明。

3. 對於學生在過去面動此種考試類型是否有足夠的經驗

6.這樣的整合性考試題目[8]在我過去的學習經驗上並不多？	是	否
答題人數	49	9

　　雖然還是有部分學生對於所謂整合題的定義不是太清楚，但是可以明顯大部分的學生對於此次的考試題型是很不熟悉的。

4. 進一步驗證學生對於整合性問題的適應程度

4.整合性的題目對我有困難，我比較喜歡像習題或作業的小題目？	是	否
答題人數	47	11

　　分析結果顯示大部分的學生習慣於片段試的考試題目或是作業。

5. 檢視學生對於章節式片段教學是否在上課時就可以很清楚的了解

5.老師上課的內容了解的程度？	完全不瞭解	一點點了解	大致上了解	幾乎了解	完全了解
答題人數	1	34	22	1	0

　　分析結果大部分的同學可以理解老師的上課內容，但是由期中考試成績分析可以發現，學生成績可能與此分析結果有些矛盾，以老師主觀判斷若同學可以一點點了解與大致上了解的程度，期中考式平均成績應落在40分到50分之間，可能推測原因在於學生對於整合型題目無法適應所造成平均成績不若預期。

6. 檢視學生在課後是否有花足夠的時間進行複習工作，以彌補課堂上未能充分學習所造成的落差

6.我課後有充分複習？	是	否
答題人數	18	39

　　分析結果與第二題相當類似的學生對於所謂充分複習的定義似乎都不一致，但可以確定的是當下覺得自己考試成績不佳，會使學生認為課後的

大學課程的多元教學與實務

8 見附錄四。

複習有不充分的感覺。

7. 檢視同學是否因為老師授課或是考試的風格造成學習動機不良或成績
低落的原因

7.我習慣或是喜歡老師講授或考試的方式？	是	否
答題人數	23	33

　　雖然老師採用傳統式的教學，但是，仍然有超過半數的學生難以習慣
上課方式或考試方式，推測成績低落也許與學生對於老師已具有的刻板印
象，至少在學習動機是有一些程度的影響，但是影響程度尚不清楚。

8. 檢視考試時間壓力對於學生的影響

8.考試時間太短，我需要更長的時間？	是	否
答題人數	12	40

　　雖然期中考成績普遍不佳，但是絕大部分的學生並不會希望為了要有
更好的成績而延長考試時間，有許多的學生在問卷回饋時表示，因為不會
寫，所以不需要更多的時間。

9. 檢視學生對於課程是否就有既定的不良印象，而導致學習成效不佳

9.我喜歡生管這門課	是	否
答題人數	45	12

　　大部分的學生對於生管課程在主觀上是喜歡而不排斥，因此成績不佳
的原因可能在於學生課後或考前並沒有充分複習，或是對於整合型題目排
斥而造成，老師教學的風格程度影響則很難判斷。

期末問卷施測結果與分析

1. 測試學生對於一樣的題目是否有覺得難度降低

1.我覺得此次期末考題目的難度？	簡單	中等偏簡單	中等	中等偏難	很難
答題人數	0	1	9	33	12

期中考時認為題目很難的同學有35位，中等偏難的有18位。為了驗證模擬遊戲的成效，期中考期末考雖然題目不一樣，但是出題的方式只有案例不一樣，但是作答的內容幾乎完全一樣。由於期中考同學已經了解到出題類型，加上期中考後有講解如何解題，加上模擬遊戲時需要用到期中考解題方法，因此，可以看出來總體而言，雖然幾乎是相同的題目，學生感受到難度降低。

2. 檢視同學在沒有授課的壓力下，是否會與期中一樣準備

2.我準備充分才來考試？	是	否
答題人數	26	29

雖然從其他分析可以發現，學生對於充分準備的認知仍有不同，但是可以發現，由於期中考成績低落，會有被當掉的危險，學生在主觀上的態度變得比較積極。

3. 檢視學生是否會因為有擔心被當掉的危機，而提高唸書的動機

3.我覺得我之前成績不好可能當掉所以努力準備期末考？	是	否
答題人數	42	11

大多數的同學都感受到成績不佳所帶來的壓力，在準備期末考上的態度趨於積極，但由問卷其他題目回饋發現，學生雖然有心想準備期末考，但是在做法上，並沒有實質增加讀書的時間。

4. 檢視模擬遊戲是否提升學生學習動機

4.玩過模擬遊戲後，提高了我學習的興趣？	是	否
答題人數	49	7

由學生的主觀認定，模擬遊戲的實施的確讓學生學習興趣提高了。

5. 經過一段時間玩模擬遊戲，學生是否足以有能力判斷期中考跟期末考其實是完全類似的考題

5.此次期末考的整合題目與期中考的難度一樣？	是	否	不知道
答題人數	45	8	3

大部分同學覺得期中考跟期末考難度一致，故所分析成績的成長，主要的影響因素可以推測來至於在課堂實施的教學活動。

6. 檢視學生在期末考前與期中考前準備功課的態度是否有提升

6.我課後有充分複習？	是	否
答題人數	20	35

　　期中考期末考學生準備功課的態度，幾乎沒有太大差異，因此，更可凸顯模擬遊戲對學生成績進步的直接影響。

7. 檢視學生主觀認知模擬遊戲對於他們了解課程的影響程度

7.我覺得模擬遊戲對於了解課程內容有幫助？	是	否
答題人數	55	1

　　幾乎不管任何學習心態或動機的學生肯定模擬遊戲對於了解課程有幫助。

8. 檢視模擬遊戲對於期末考成績進步學生主觀認知上是否真的有幫助

8.我覺得模擬遊戲對於考期末考有幫助？	是	否
答題人數	31	25

　　有超過半數的同學認同模擬有系對於期末考有直接幫助，但是客觀上是否有幫助，或是幫助程度的影響，則需要進一步分析成績與本題的數據方可進一步的定量化結果。

9. 檢視學生在比較熟悉考試的過程，習題後，對於所需要的時間感覺是否還有壓力存在

9.考試時間太短，我需要更長的時間	是	否
答題人數	14	34

　　這裡並沒有辦法進一步分析，雖然結果與期中考問卷分析第8題有類似結果，但是，事後學生反應題目根本無法完全完成而放棄，或是心態與

期中考一致則不得而知。

10.學生學習動機是否由於模擬遊戲進一步得到提升

10.玩完模擬遊戲更讓我喜歡生管這門課	是	否
答題人數	44	10

　　大部分的學生經過了模擬遊戲後，的確讓他們的學習動機增強，也比較喜歡課程，然而成績的提升則仰賴老師對於模擬遊戲的一些細節與授課的關係進行進一步關連性的講解，然而由於學習時間有限，故是否可以真的學習成效的定量結果，無法進一步的得知。

學生考試成績分析

表4.1　991教學資源專案實施PBL後學生期中考期末考的學習成績分布

期中考原始分數平均	期末考原始分數平均	期中考期末考成績進步退步人數分佈							
		成績進步（人數）	成績退步（人數）	進步0-5分人數	進步6-10分人數	進步10分以上人數	退步0-5分人數	退步6-10分人數	退步10分以上人數
37.02	43.63	42	15	10	12	20	7	3	5
		74%	26%	18%	21%	35%	12%	5%	9%

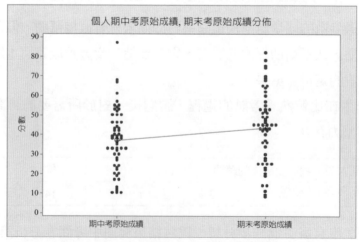

圖4.13　991教學資源專案實施PBL後學生期中考期末考的成績差異[9]

---

[9]　此處分數與圖4.8不一致的原因在於這裡為了驗證PBL成效，將與PBL活動低關聯的分數拿掉，以利分析。

若將學生成績應用應用Minitab分析期中考期末考成績t檢定分析結果如下，

Paired T-Test and CI: 期中考原始成績, 期末考原始成績

Paired T for 期中考原始成績 vs 期末考原始成績
```
              N    Mean   StDev   SE Mean
期中考原始成績  57    37.0   16.3    2.2
期末考原始成績  57    43.6   18.4    2.4
```
Difference = mu (期中考原始成績) - mu (期末考原始成績)
Estimate for difference: -6.61
95% CI for difference: (-13.07, -0.16)
T-Test of difference = 0 (vs not =): T-Value = -2.03   P-Value = 0.045   DF = 110

　　成績分析顯示，經過模擬遊戲之後，學生成績進步人數有42人，退步者有15人，成績進步10分以上計有20人，佔35%。進一步分析進步10分學生期中考的分數中最高分為61分全班排名為第4名，最低分為10分，為班上最後一名，所以可以發先經過模擬遊戲後，在幾乎相同類型的考試題目下，幾乎所有考試成績類型的學生都有大幅進步。整體分析期中考與期末考經由t檢定發現在5%的信心水準下，全班期中考與期末考的進步顯著，經由學生問卷結果分析可以發現，模擬遊戲共實施三週，結束後就直接進行考試，學生可以充分準備期末考的時間只有一週而已，在學生未能充分準備的情形下，可以看出看出模擬遊戲對於期末考成績進步的顯著影響。綜合以上分析結果可以得知透過模擬遊戲，的確可以以讓學生的學習動機提高，進一步的提高學生的學習成績，然而受限於學期時間，一些定量化的結果，難以取得實為本計畫可惜之處。

(二)中原大學1001教學資源專案「課堂模擬遊戲對於教學成效的分析研究」簡介

計畫實施背景與動機：

　　此次在「生產與計畫與管制」的教學架構與991學期的教學架構基本上是一樣的。991教學資源專題的問卷調查結果得到學生的學習動機的確因為融入模擬遊戲有所提升，但是在學習成就方面並沒有具體的結

論。本學期實施計畫則適度的將學生分組，希望可以招募至少有一組學生為沒有進行遊戲的對照組，希望藉由對照組，驗證融入模擬遊戲的成效。

在同一個班級設置實驗對照組意味著對照組在同學進行模擬遊戲時，對照組的教學方式與其他學生不一樣的，學生受教的公平性可能有所瑕疵[10]，因此，為了弭補缺失，在教學上需有相關配套設計，避免學生的受教權受到不公平的待遇。沒有進行模擬遊戲的同學，在其他同學進行模擬遊戲時，選擇了一些相關於教材的論文，讓學生分組閱讀，透過報告和與老師及TA討論，有別於模擬遊戲的方式，獲得相關的知識。同時，進行不一樣教學活動的同學，評分標準也略有不同，經過了與同學的溝通，獲得所有同學同意進行這樣的教學實驗。

本次的教學除了991的教學活動-課堂模擬遊戲，同時也協調實驗課的時間讓同學也進行電腦模擬遊戲。整個課堂分為四組，對照組為閱讀教材相關論文，三個實驗組分別為實作遊戲組，電腦遊戲組以及實作與電腦遊戲同時進行組。本次教學專案在於了解不一樣分組在學習的表現上是否有差異，本次專案的實施結果將可進一步的延伸做為後續的教學實施與研究進一步參考。

實施最適模擬遊戲架構：

由於本次計畫目標在於比較實施模擬遊戲對於學生學習是否有影響，因此，在進行模擬遊戲之前，就必須教完整個學期的單元，並進行期中考，期中考成績作為分析的基準。期中考以後，將學生分為四組，對照組同學進行論文選讀並進行讀書報告，實驗組則分成三組，搭配「生產計畫與管制實驗課」，一組進行電腦模擬遊戲，一組進行實作模擬遊戲，一組則兩個遊戲皆玩。教學實驗共進行四週。四週後學生提出分組報告及心得報告。期末考內容將與期中考試內容有高度相關，驗證

---

[10] 考量學生受教權，在同班級學生接受不同的教學方法於本教學專案實施後，就不再採用這樣的教學實驗設計。

經過模擬遊戲後，學生學習成就是否因為模擬遊戲而有所提升。整個計畫的流程如圖4.14所示：

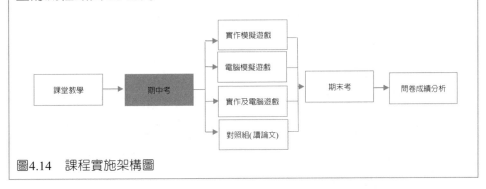

圖4.14　課程實施架構圖

實施成效

期中問卷結果分析

期中考之前主要為講授式教學，將所有課程內容授課完成，讓學生有足夠的能力進行模擬遊戲，也讓學生專心於進行模擬遊戲，了解學生在只有老師助教的協助介入下模擬遊戲的成效。

期中問卷施測分析

1. 主要測試學生經過期中考之前的學習對於問題整合概念是否覺得有困難

1001學期	1.我覺得此次期中考題目的難度？	簡單	中等偏簡單	中等	中等偏難	很難
	答題人數	0	0	8	36	14
991學期	1.我覺得此次期中考題目的難度？	簡單	中等偏簡單	中等	中等偏難	很難
	答題人數	0	0	5	18	35

結果發現大多數的學生對於整合型的題目都覺得是困難的。進一步比對991學期與1001學期學生可以發現在991學期學生認為整合型題目很難的比例高於1001學期的學生，可能推測原因在於這是第二次在「生產與計畫與管制」課程實施相同課程架構，一些學弟妹會向自己的學長姐打

聽，或者事先看過考古題，在考試之前已經先行了解出題的題型。但是從成績的分析上，成績並不理想，這意味著學生對於整合題的仍然不適應。大多數的學生覺得這樣的考題是有困難的，此處也暗示與991期中考前上課的方式有著一樣的結論，在上課若是以片段式的知識教學較不利於最後學生問題解決能力的養成。

2. 主要希望測試傳統教學是否會讓學生有動機在課後進行複習動作

1001學期	2.我準備充分才來考試？	是	否
	答題人數	18	40
991學期	2我準備充分才來考試？	是	否
	答題人數	19	39

　　結果顯示大多數的同學覺得自己未充分準備就來應考。若比較前一屆學生的分析結果發現，結果幾乎一致，也就是大部分的學生認為自己準備不充分就來考試。但值得注意的是，準備充不充分與學生自己的主觀認定有關，用功的同學可能平時就有在準備，考試前也很積極準備，他可能認為還是不充分，有些同學只在考前草草準備，就覺得準備充分。因此，學生是否有準備還需要比對進一步的資料。講授式教學是否讓學生有動機在課餘進行複習動作並不清楚。

3. 為了進一步改善991生產與管制的調查結果（如題2），希望了解學生所謂準備考試或是平時是否準備充分，所做的調查，題目如期中調查的第三題到第五題

1001學期	3.我課後有充分複習？	是	否
	答題人數	14	44
991學期	6.我課後有充分複習？	是	否
	答題人數	18	39

4.平時複習每週平均時間（不含寫作業時間）	1小時以下	1-3小時	3-5小時	5小時以上
答題人數	33	24	1	0

5.考前一週平均每天花幾小時	1小時以下	1-3小時	3-5小時	5小時以上
答題人數	18	33	8	2

　　通常以複習的概念而言，會希望學生每一星期修幾學分就可以複習幾小時，所以這門3學分的課程學生若要充分複習，則必須課後複習3小時以上，因此，進一步請學生填寫平時唸書的時間，可以發現平時複習每週在一小時以下的時間的學生有33人，但是考試前一週，準備1小時，及準備1小時到3小時的比例幾乎相同，平時複習有充分複習的同學的比例相仿，也就是在第二題中，學生所謂考試有充分準備，在某一定比例的學生的認知上，只有指考試前一週，這也意味著有相當的學生面對系上的專業課程，在大三這個階段，並沒有意識到課程的重要性。這也與一般觀察的現象大多數的學生只有在期中考之前才會努力唸書的印象，這個調查的結果也是一致的。

4. 對於學生在過去面對以整合題為主要考題的考試類型是否有足夠的經驗

1001學期	6.這樣的整合性考試題目在我過去的學習經驗上並不多？	是	否
	答題人數	31	27
991學期	3.這樣的整合性考試題目在我過去的學習經驗上並不多？	是	否
	答題人數	49	9

1001學期	7.整合性的題目對我有困難，我比較喜歡像習題或作業的小題目？	是	否
	答題人數	45	13
991學期	4.整合性的題目對我有困難，我比較喜歡像習題或作業的小題目？	是	否
	答題人數	47	11

　　由於本班學生在二年級的時候曾修習本人所開設的線性代數課程，在期中期末考時有出現過整合題型，但是因為是數學課程，所以題目的規模不若「生產計畫與管制」的整合題型（附錄一）。許多學生對與整合題的

概念，並不是那樣的清楚。但是，可以明顯發現將近有一半的學生對於此次的考試題型是很不熟悉的。從991及1001可以發現學生在大部分的學生由於過去老師教學的方式，對於整合試考試題目或是以整合式的方式的教學不適應。

5. 檢視學生對於章節式片段教學是否在上課時就可以很清楚的了解

1001學期	8.老師上課的內容了解的程度？	完全不瞭解	一點點了解	大致上了解	幾乎了解	完全了解
	答題人數	0	29	26	3	0
991學期	5.老師上課的內容了解的程度？	完全不瞭解	一點點了解	大致上了解	幾乎了解	完全了解
	答題人數	1	34	22	1	0

　　本人在期中考前的授課以分章節授課，從學生的調查發現，約有半數的學生可以了解老師的上課內容，與991的學期的學生比較發現，略有增加，但是從學生的期中成績分析發現，學生成績可能與此分析結果有些矛盾，兩個可能的原因在於學生實際在平時並沒有確實的複習，另外也因為對於整合題型適應不良所造成的結果。圖4.15分析兩個班級的成績結構，以及前述的問卷的分析結果都可以支持這樣的論點。

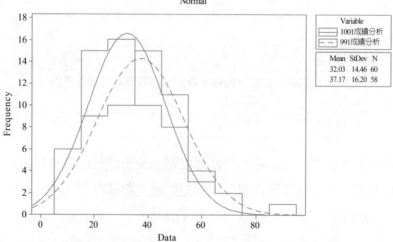

圖4.15　991及1001學生期中考試成績分佈

大學課程的多元教學與實務

6. 檢視同學是否因為老師授課或是考試的風格造成學習動機不良或成績低落的原因

1001學期	9.我喜歡老師使用PPT教法？	是	否
	答題人數	44	14
1001學期	10.我不習慣老師使用PPT教法，我比較喜歡用板書的方式？	是	否
	答題人數	14	44
991學期	7.我習慣或是喜歡老師講授或考試的方式？	是	否
	答題人數	23	33

　　在991時的調查說明老師授課的方式會影響學生的學習動機及學習成就，但是可能因為題目不清，造成分析結果無代表性。因此在本年度重新修正了題目，可以發現大部分的學生還是可以適應使用簡報方式進行，並不會造成排斥，因此，學生成績不佳的因素，暫可排除老師教學的因素。

7. 檢視學生對於課程是否就有既定的不良印象，而導致學習成效不佳

1001學期	11.我喜歡生管這門課	是	否
	答題人數	45	13
991學期	9.我喜歡生管這門課	是	否
	答題人數	45	12

　　大部分的學生對於生管課程在主觀上是喜歡而不排斥，因此成績不佳的原因可能在於學生課後或考前並沒有充分複習，或是對於整合型題目排斥而造成。

8. 檢視考試時間壓力對於學生的影響

1001學期	12.考試時間太短，我需要更長的時間？	是	否
	答題人數	6	52
991學期	8.考試時間太短，我需要更長的時間？	是	否
	答題人數	12	40

　　與991的調查結果相當的類似，大部分的學生因為覺得題目較為困難

不適應，所以更多的時間作答對於成績幫助有限，因此不需要額外多的時間。

　　除了與991學生調查結果比對之外，這次的問卷，同時調查了在期中為了讓學生先行適應遊戲，學生對於模擬遊戲的初步看法。

12.對期中考前的即時生產與大量生產的遊戲我覺得有趣？	是	否
答題人數	54	4

13.對期中考前的及時生產與大量生產的遊戲[11]我覺得對認識即時生產與大量生產的概念有幫助？	是	否
答題人數	54	4

　　從問卷的調查結果發現，學生對於實作模擬遊戲的觀感為正向觀感，對於學習課本的觀念也有所幫助。但由於這個遊戲跟考試的題目沒有直接相關，所以並沒有辦法真實把學生的問卷調查與學生的學習成績做進一步關係的連結。

期末問卷施測分析

　　期末考的問卷主要調查了四個分組不同的學生對於不一樣的教學歷程的觀感印象，同時也比對了991期末考的調查

1. 測試學生對於一樣的題目是否有覺得難度降低

1001學期	1.我覺得此次期末考題目的難度？	簡單	中等偏簡單	中等	中等偏難	很難
	答題人數	1	1	28	28	2
991學期	1.我覺得此次期末考題目的難度？	簡單	中等偏簡單	中等	中等偏難	很難
	答題人數	0	1	9	33	12

　　因為期末考的整合題在期中考已經考過了，在期中考時已經有講解過

---

[11] 為了縮短期中考後學生適應模擬遊戲的時間，曾在期中考中前利用一節課小規模的讓學生進行模擬遊戲。

解題的方法，因此，一半學生已經覺得期末考難度大概在中等難度（含以下），另外一個可能原因讓學生覺得期末考題難度降低在於學期的後半段，學生在進行模擬遊戲的整個過程就是解決一個整合的問題，對於如何回答整合題就比較有把握。在期中考試的時候，只有8位學生覺得題目中等，而期末時則有28位學生覺得題目難度為中等。若跟前一屆的學生作比較可以發現，覺得題目簡單的學生人數增加，在這裡並沒辦法推測是何種原因，有可能是老師整個教學模式的逐漸成熟，也有可能的原因在於不一樣的學生族群有不一樣的反應。

　　為了進一步確認學生認為題目中等難度是因為已經了解整合題的考試形式，因此進行調查，可以發現將近3/4的學生認為期中期末考試難度一樣，也就是說，不管學生是否有能力將整合題做好，基本上對於題目的高相似度可以有一定的判別。但是對於前述推論是否與老師的教學有關係，則有待進一步的確認。

2.此次期末考的整合題目與期中考的難度一樣？	是	否	無法判別
答題人數	41	15	4

2. 檢視同學在沒有授課的壓力下，是否會與期中一樣準備

1001學期期末	3.我準備充分才來考試？	是	否
	答題人數	44	16
1001學期期中	2.我準備充分才來考試？	是	否
	答題人數	18	40

　　可以看出來本屆的學生認為自己在期末考的準備多數是準備充分的，為了進一步驗證學生行為是否跟期中考一樣，只是在考試當週才進行準備，因此，進行了相同的期中問卷調查的題目，調查學生在回家複習功課的情況。

1001學期期末	4.我課後有充分複習？	是	否
	答題人數	35	25

1001學期期中	3.我課後有充分複習？	是	否
	答題人數	14	44

5.期中考後我仍然保持平時複習？		是	否
答題人數		39	21

1001學期期末	5.平時複習每週平均時間（回答是的同學）	1小時以下	1-3小時	3-5小時	5小時以上
	答題人數	27	18	0	0
1001學期期中	4.平時複習每週平均時間（不含寫作業時間）	1小時以下	1-3小時	3-5小時	5小時以上
	答題人數	33	24	1	0

1001學期期末	5.考前一週平均每天花幾小時	1小時以下	1-3小時	3-5小時	5小時以上
	答題人數	18	35	6	0
1001學期期中	5.考前一週平均每天花幾小時	1小時以下	1-3小時	3-5小時	5小時以上
	答題人數	18	33	8	2

11.期末考是否認真準備？		是	否
答題人數		51	7

12.回答是的同學（答案複選）	期中考成績不佳	怕學期成績被當	我一直對於考試都認真準備	玩模擬遊戲使我對生管更加有興趣，引起我更認真準備考
答題人數	35	29	14	10

綜觀第3、4、5、6、11及12題學生的回答，可以發現大部分的學生很在意期中考的成績不佳可能被當掉，因此在期末認為自己有充分準備期末考的學學生人數增加了，但是可以看到學生在平時唸書與在考前一週的準備，回答情況與期中考幾乎是呈現一致的狀態，也就是說學生的讀書模

式已經形成，在一個學期的學習中，不管是因為個人因素主觀認定有可能會被當掉或是學習成效低落，並不會因為這樣的原因進而改變自己的學習方式。而對於模擬遊戲的介入，可以發現的確實有學生因為老師實施模擬遊戲的原因，對於學習產生興趣並進一步的付諸於行動。但是這樣的比例大約是玩模擬遊戲的1/4左右。因此可以推斷（後續相關問卷說明），雖然模擬遊戲的介入對於學生的是有影響的，但是與991實行結果相當類似的，在一個只有一個學期時間要讓學生有所轉變，也就是提升學生學習成效，這樣的時間是不夠的，但是，許多學生也開始接受這樣的教學法，有待後續時間的發酵。

分析模擬遊戲對於學生的影響

　　表4.2顯示了991學生對於模擬遊戲的現象，從過去的分析可以發現模擬遊戲對於學生而言，的確對於學生的學習動機有所幫助，但是這些動機基本上並沒有轉換成學生的學習成效。雖然學生還是主觀的認定模擬遊戲對於了解課程內容與期末考有幫助，但是從學生的學習成績而言，效果並不的顯著。由於在991的教學實施時，並沒有對照組，因此，對於有經過模擬遊戲或是沒有經過模擬遊戲學生的學習成效，並不是很清楚，故1001學期實施課程時，將學生分成四組，其中一組為對照組，也就是完全不進行模擬遊戲，此組學生則利用其他學生在進行模擬遊戲的同時，進行論文選讀，了解相關於生產與管制計畫的專業知識。一組學生單純玩手動模擬遊戲，一組學生單純進行電腦模擬遊戲，而一組同學則兩種模擬遊戲都玩，藉由這樣分組，希望可以比較清楚的率定出來，模擬遊戲對於學習成效的影響，本節先對於學生的主觀進行調查，成績的部分則在後面一節將與以說明。

表4.2　991調查學生對於模擬遊戲對於學生的影響

4.玩過模擬遊戲後，提高了我學習的興趣？	是	否
答題人數	49	7
7.我覺得模擬遊戲對於了解課程內容有幫助？	是	否
答題人數	55	1

8.我覺得模擬遊戲對於考期末考有幫助？	是	否
答題人數	31	25
10.玩完模擬遊戲更讓我喜歡生管這門課	是	否
答題人數	44	10

表4.3 不同分組對於活動有助於了解課程的調查

	7.我覺得對於了解課程內容有幫助？	
分組	是	否
玩手動模擬遊戲&電腦模擬遊戲	17	0
玩手動模擬遊戲	20	2
玩電腦模擬遊戲	9	1
讀論文	8	2

表4.4 不同分組對於活動對於考試的幫助的調查

	8.我覺得對於期末考有幫助？	
分組	是	否
玩手動模擬遊戲&電腦模擬遊戲	15	2
玩手動模擬遊戲	15	7
玩電腦模擬遊戲	7	4
讀論文	1	9

表4.5 不同組對於活動是否有提升學習動機的調查

	10.我更喜歡生管這門課？	
分組	是	否
玩手動模擬遊戲&電腦模擬遊戲	15	2
玩手動模擬遊戲	22	0
玩電腦模擬遊戲	10	0
讀論文	10	0

表4.6　實作遊戲與電腦遊戲對於學習動機的提升

同時玩手動及電腦遊戲的同學	9.我更喜歡生管這門課？
我覺得玩手動遊戲比較有幫助	4
我覺得玩電腦遊戲比較有幫助	0
我覺得玩手動遊戲及電腦遊戲都有幫助	2
我覺得玩手動遊戲及電腦遊戲都沒有幫助	0

　　從分析結果發現對於課程內容而言，因為所有的教學活動都與課程有關，所以每一個分組對於老師所安排的教學課程都覺得可以學到東西。但是對於對期末考的幫助，因為專業論文的內容與考試無關，所以大多數讀論文的同學都覺得對於期末考沒有幫助。對於提高學習動機而言，幾乎所有同學都認為安排的教學活動有助於學習動機的提升。對於手動遊戲和模擬遊戲相互比較而言，有17位同學只有6位同學表達意見，綜合6位同學的意見，可以發現手動遊戲的效果會比電腦模擬遊戲更來的有效。

學生考試成績分析

　　在991的計畫實施中，雖然在991期末的考試中，希望藉由他班學生的成績作為對照，但是後來並沒有辦法成功，原因在於兩個班級的考試方式，他班考試為open book而本班考試是close book。雖然他班授課老師很願意配合進行實驗，將本班考試題目的一題融入考試中，而成績作為比較的基準，至少可以看出一些學生學習成效的現象，然而，因為兩班教學模式的及學生考核的差異，因此，在991的教學專案中，並沒有一個對照組做一個很好的基準。由於教學安排的困難，每個老師都有其教學風格與策略，因此，本次的實驗將學生做適度的分組，雖然實驗樣本數減少，但至少可以有一些定量的數字可供分析。期中考和期末考的考題相似，差別在於期中考有考名詞解釋而期末考沒有，因此，在成績的分析上，兩次考試的基準有些不同。因此，在成績的分析上，僅僅挑出了相同類型的題目70%的分數作為分析，並不是真正期中期末的總成績。

表4.7　學生期中考（70%）的成績不同分組的分布

編號	手動遊戲 （期中）	讀論文 （期中）	電腦遊戲 （期中）	手動&電腦遊戲 （期中）
1	10	10	10	15
2	14	14	14	15
3	5	5	5	16
4	6	6	6	27
5	10	10	10	12
6	14	14	14	40
7	16	16	16	24
8	14	14	14	9
9	15	15	15	33
10	17	17	17	5
11	27	27		16
12	15			7
13	27			29
14	29			23
15	16			12
16	29			4
17	27			17
18	22			
19	11			
20	17			
21	12			
22	40			

　　將資料輸入Minitab進行變異數分析，並且利用Tukey檢定進行不同兩兩分組之間的差異。Minitab報表結果如下，

One-way ANOVA: 手動遊戲，讀論文，電腦遊戲，手動&電腦遊戲

```
Source   DF    SS     MS      F     P
Factor    3   359.4  119.8   1.80  0.158
Error    56  3736.0   66.7
Total    59  4095.4
```

S = 8.168   R-Sq = 8.78%   R-Sq(adj) = 3.89%

Grouping Information Using Tukey Method

```
                 N    Mean   Grouping
手動&電腦遊戲    17   17.882    A
手動遊戲        22   17.864    A
讀論文          11   13.455    A
電腦遊戲        10   12.100    A
```

　　可以發現不同的分組並沒有差異，推測原因在於期中考前，所有分組接受的方是老師的上課方式一致，不同的分組並沒有差別，學生學習並沒有受到其本身學習習慣以及可能會被當掉的關係改變唸書的態度，或是有任何不同教學活動的介入的差別。

期末不同分組成績分析

表4.8　學生期末考（70%）的成績不同分組的分布

編號	手動遊戲 （期末）	讀論文 （期末）	電腦遊戲 （期末）	手動&電腦遊戲 （期末）
1	17	17	17	18
2	24	24	24	36
3	38	38	38	49
4	18	18	18	47
5	5	5	5	19
6	18	18	18	42
7	24	24	24	44
8	23	23	23	35
9	18	18	18	38

編號	手動遊戲 （期末）	讀論文 （期末）	電腦遊戲 （期末）	手動&電腦遊戲 （期末）
10	36	36	36	16
11	61	61		49
12	36			39
13	54			57
14	48			31
15	49			37
16	41			35
17	47			46
18	44			
19	25			
20	37			
21	19			
22	42			

One-way ANOVA: 手動遊戲（期末），讀論文（期末），電腦遊戲（期末），手動&電腦遊戲（期末）

```
Source   DF      SS    MS      F       P
Factor    3    1913   638    3.72   0.016
Error    56    9599   171
Total    59   11513
S = 13.09    R-Sq = 16.62%    R-Sq(adj) = 12.15%
Grouping Information Using Tukey Method
                      N    Mean   Grouping
手動&電腦遊戲(期末)    17   37.53    A
手動遊戲(期末)         22   32.91    A B
讀論文(期末)           11   25.64    A B
電腦遊戲(期末)         10   22.10      B
```

期末考不同分組的成績分析結果與期中考有所不同，從變異數分析中p值小於門檻值0.05因此判斷不一樣的教學活動介入效果有所不同效果，而進一步的Tukey檢定則發現單純玩電腦模擬遊戲的效果最差，同時進行手動及電腦遊戲的效果最好。從問卷可以發現學生對於實作模擬遊戲的興

趣較高。另外值得一提的是本次的電腦模擬遊戲的主導者為研究生助教，在整個活動的實施中，有不少同學對於助教在遊戲的安排和活動領導有一些負面的觀感，雖然在調查中沒有對這樣一個潛藏因素進行探討，因此是否就可以斷定電腦遊戲對於學生學習成就影響為最弱，則不清楚。而自修讀論文因為和考試無關，因此在學習成效的表現上也不如有玩手動遊戲的同學。

同分組學生期中期末成績比較分析

表4.9　期末期中考成績進步幅度

編號	手動遊戲 （期末－期中）	讀論文 （期末－期中）	電腦遊戲 （期末－期中）	手動&電腦遊戲 （期末－期中）
1	7	7	7	3
2	10	10	10	21
3	33	33	33	33
4	12	12	12	20
5	-5	-5	-5	7
6	4	4	4	2
7	8	8	8	20
8	9	9	9	26
9	3	3	3	5
10	19	19	19	11
11	34	34		33
12	21			32
13	27			28
14	19			8
15	33			25
16	12			31
17	20			29
18	22			
19	14			

編號	手動遊戲 （期末－期中）	讀論文 （期末－期中）	電腦遊戲 （期末－期中）	手動&電腦遊戲 （期末－期中）
20	20			
21	7			
22	2			
平均值	15.04	12.18	10	19.64
標準差	10.71	12.08	10.20	11.29

我們進一步分析學生經過了不一樣的教學活動介入期末成績進步的一些情況，學生成績平均進步的幅度和前面分析是一致的進步幅度最大的為同時兩個遊戲的同學，而單純玩電腦遊戲的同學成績進步的幅度是最小的。而觀察變異數的部分可以發現讀論文則為最大，可能是因為學生自修讀論文時，時間均為自己安排，每一個人的學習均不同，不像其他同學受過較為一致的教學活動介入，但這只是一個推測原因。進一步分析成績進步幅度的變異數分析。結果如下，

One-way ANOVA: 手動遊戲，讀論文，電腦遊戲，手動&電腦遊戲

```
Source   DF    SS     MS      F      P
Factor    3   705    235    1.92   0.137
Error    56  6850    122
Total    59  7555
S = 11.06    R-Sq = 9.33%    R-Sq(adj) = 4.47%
Grouping Information Using Tukey Method
```

	N	Mean	Grouping
手動&電腦	17	19.65	A
手動遊戲	22	15.05	A
讀論文	11	12.18	A
電腦遊戲	10	10.00	A

若進一步以變異數分析發現，四個組同學對於成績的進步幅度而言，並不顯著，也就是說，在整個教學活動的實施下，可能因為實施時間不夠久，會進步的幅度並沒有辦法很明顯的區別出來，另外，學生成績的進步如問卷調查，也有可能一部分的原因來自於對期中考成績不滿或是怕被當

掉的心理因素而有所造成，這些可能的原因都有待進一步的釐清，以及這樣的教學活動是否真的有所成效仍然需要未來的班級實施後，取得更多的數據才能明確的了解教學活動的有效性。

(三)1021教學專案「於PBL環境下小組合作學習之成效」簡介

　　經過了多次的PBL教學課程的實施、相關的教學行動研究的結論及學生學習心得反饋都顯示PBL的確適用於「工作研究」以及「生產計畫與管制」課程。但是從觀察中發現其中一個很重要影響學生學習成效的因素就是有效的小組合作。在過去的研究中或是所參與的教師研習，只要是提出小組合作學習就會提到小組的分組最好是「異質分組」，而在實務上要實施異質分組最容易的方式就是把成績差異較大的學生分在一起。雖然是最簡便的方式，還是有一些困難點例如：在大學中的專業課程中，許多學生的成績可能某些領域特別好，某些領域特別不好；或者是過去的總平均成績好或不好。但是對於大學授課老師來說，這不一定在課堂開始之初就知道，加上現在有「個資法」保障個人隱私，要很清楚知道學生的成績是不容易的。另外一個方式當然可以在上課一段時間測驗學生，獲得學生成績資料亦或是用簡單的測驗了解學生的背景知識。但就我的認知與觀察合作學習個人成績固然是一個因素，學生本身的人格特質應該也有關係。因此，在研究PBL教學法一段時間後，開始產生了一些疑問，到底分組要怎麼分，才能讓學生獲得最好的學習成效。讓學生自由分組，找到自己的朋友進行分組到底會讓學生往懶惰的方向學習，還是說找到自己的合得來的人，合作學習效果會更好。因此，為了要解決這樣的問題，我開始找一些關於可以測量學生屬性的問卷像是所羅門的學習風格問卷[12]或者向心理出版社購買BPI人格測驗，透過對學生施測相關問卷及分析學生成績，希望找到學生學習成效與學生屬性間的關係。由於問卷施測及後續的分析都需要一定的研究人力幫忙，所以，我會詢問我指導的研究生是否對於這類型

---

[12] https：//www.engr.ncsu.edu/learningstyles/ilsweb.html

的題目感興趣並且想對於相關問題進行研究的，我會請他協助我在「工作研究」或是「生產計畫與管制」課程上擔任助教，除了進行碩士論文研究外，也協助我繁重的教學工作以及教學行動研究的分析。目前幾乎所有課程，我都會請學生填寫教學研究同意書，取得他們的同意，先行測驗他們的學習風格以及人格特質，希望在取得課程成績後可以進行資料分析，以解決我在教學上對於分組問題的疑惑，到目前為止，因為無法做有效的環境因素控制，所以沒有比較強而有力的結論，不過，在以學習風格為分組的教學實驗中，發覺同質異質各有表現不錯及不好的地方，與自由分組的學習成效其實是不顯著的，因此，近一兩年來，我幾乎讓學生進行自由分組，只規定分組人數。因為分組有人數的限制，往往就會有好朋友會被拆散，或者是不熟的同學必須一起互相合作，在這樣比較實務可行教學分組策略，到目前為止，學生的學習成效並沒有顯著變化。以下將簡介在102學年所進行的教學資源專案內容。

大學課程的多元教學與實務

148

計畫實施背景與動機：

　　本計畫希望觀察在PBL教學活動中，小組的活動是否可以透過學生有效地相互提升能力，進而除了協助提升低學習成就學生的能力外，其餘小組成員也可以在較短的學期時間內，提高學習成效，進而提升整個以PBL教學成果。所以本次計畫主要著重在提升有效的小組學習。在實際的教學環境中要創造出一個有效的小組互助學習的環境，並不是太容易。老師學生對於小組合作的認知並不相同，如何分組是個問題。分組完之後，學生可能在小組合作的過程中會因為有意見相左，而導致整組學生表現不佳的一個狀況。101年度本人於三年級的必修課「生產計畫與管制」，開始應用「學習風格」將學生分類，相近學習風格的學學生分為一組，不同學習風格的學生分為一組，試圖解析出不同學習風格的小組的學習成就表現，驗證以學習風格為分組的狀況下，是否可以有效地提升學生的學習動機與學習成效。

計畫架構：

　　本課程開設於工業系三年級甲班，同時也在三年級乙班開設相同課程，學生人數共約有120位。於100及101學年度已經完成物流模擬遊戲發展，模擬遊戲可配合教學活動。課程安排採傳統授課方式與模擬遊戲合併進行。在開學之初，應用所羅門測驗調查學生的學習風格作為分組依據。期中考之前上課的安排採用兩節上課，一節討論的形式。前兩節課老師將知識授與學生，學生則運用老師上課所教的內容，於討論課時將所指定的作業，或是模擬遊戲相關的議題進行討論，並完成討論報告。在每一組討論時，旁邊會架設攝影機記錄每組討論狀況，助教會在課堂上協助觀察學生學習討論行為，並予以紀錄。老師則在討論課時在旁協助輔導，解決學生討論時的相關問題。在期中考之前會進行第一個模擬遊戲。學習單元主要著重在物流鏈的相關議題，如顧客需求預測，產品庫存管理以及原物料排程規劃。這階段將主題訂為「紙盒工廠」[13]模擬遊戲。上課的規劃採用兩節上課一節討論的形式。期中時，學生必須進行課堂口頭報告及繳交書面報告、個人心得等，確認學生在這次模擬遊戲的小組學習成效，期中考試則有與模擬遊戲相關的測驗題，確定學生成績是否與老師的預期成績一致，考試當下並發放簡單問卷，進一步檢視相關學生學習問題。期中考後進行另一個模擬遊戲，上課安排與期中考前相同，模擬遊戲主題為「產線大車拚」[14]，內容主要銜接大二所學的工作研究，這部分相較於期中考前的學習內容，學生會因為有先備知識比較熟悉，因此，雖然在授課的時數稍嫌不足的狀況下，學生的學習應不至落差太大。期末的考核相當的類似，但是把課堂口頭報告轉變成兩班的學科競賽，如此可以檢視在兩班不同形式的小組分組下小組的表現，評分也由期中前，改為我與另外兩位老師的評分，如此可以更客觀的評斷各組的表現。在課堂上的小組討論，助教持續在課堂上所收集的觀察資料。本研究三年級甲班學生小組分組的原則為學

---

[13] 遊戲規則見附錄五。
[14] 遊戲規則見附錄五。

第四章　大學部「生產計畫與管制」

149

習風格一致的同學分為一組，對照組三年級乙班則讓學生自由分組，後續會對分組形成的原因進行調查。研究實施的流程如下圖所示，

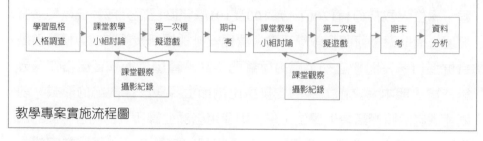

教學專案實施流程圖

問卷施測分析

以下展示兩班級在期中期末關於小組合作和模擬遊戲相關的問題的統計，統計結果如下：

1. 我覺得模擬遊戲對於了解課程內容有幫助？

	期中		期末	
	是	否	是	否
甲班	65	1	65	1
乙班	52	0	51	1

甲乙班同學都認為模擬遊戲對於了解課程有幫助。由於本人在設計PBL的問題時是與上課內容有關，因此，隨著遊戲的進行同學也可以同時熟悉課程。有三位甲班同學與其他學生的行為不同，第一位同學在整學期均不認同我的PBL教學方式，第二位同學在期中問卷時表達不認同，但是到期末前的問卷資料卻又表達認同，第三位同學是在期中認同我的教學方式，但是在期末卻又改觀。第一位同學認為玩遊戲花太多時間，課程內容沒聽懂。第二位同學因為期末授課內容與大二相似，比較容易理解課程，因此態度有所改變，第三位同學則是認為遊戲設計過於簡化，無法反映複雜的授課能內容。而部分乙班同學則對於複雜的表格可以應用在實際情境，所以在期中時表示贊同，但是在期末時可能是因為整個小組學習狀態不佳，沒有按照進度交遊戲報告，與課程脫節，所以認為模擬遊戲對於課

程了解沒有幫助。

2. 我覺得玩模擬遊戲對於學期考試有幫助

	期中		期末	
	是	否	是	否
甲班	54	12	57	9
乙班	41	11	47	5

　　大部分的同學認為模擬遊戲對於學期考是有幫助，隨著同學熟悉模擬遊戲，有更多的同學認同這樣的方式，尤其在乙班。兩班的表現據本人觀察，甲班學習風氣優於乙班。期中考成績可以看出乙班很多同學成績過差，因此推論在害怕被當掉的預期心理下，比較認真學習，因此，有較多的同學了解到模擬遊戲的功能，對於課程可以比較了解，進而覺得有幫助到考試成績。

3. 模擬遊戲後，我更喜歡生管這門課

	期中		期末	
	是	否	是	否
甲班	63	3	64	2
乙班	44	8	47	5

　　大多數的學生都認為模擬遊戲提升對於科目的學習動機是很有幫助。

4. 課堂上分組討論，我的發言很踴躍

	期中		期末	
	是	否	是	否
甲班	46	20	58	8
乙班	38	14	47	5

　　學生進行兩次的模擬遊戲，隨著學生相互的熟悉，一些比較慢熱同學，就比較會融入組員的互動中，踴躍發言。但是仍然有少數的同學，不論是應用自由分組或是老師使用學習風格進行分組，都難以有自信的發

言，因此，這方面應該與學生過去的學習經驗或者是個人的人格有關係，進一步的原因，可能需要人格測驗配合進一步了解少數同學爲能融入的原因。

5. 課堂上的分組討論，我和我的組員互動良好

	期中		期末	
	是	否	是	否
甲班	64	2	65	1
乙班	52	2	50	2

　　雖然某些同學自我認定比較不夠自信，但是與其他同學的互動相處上，大多數還算不錯。

6. 課後我們組時常會討論如何進行模擬遊戲，如何完成書面報告或口頭報告

	期中		期末	
	是	否	是	否
甲班	55	11	59	7
乙班	38	14	47	5

　　由於乙班是自由分組，大部分的同學會找到自己比較熟悉的同學成爲一組，因此，可能在學習的效率上反而不是那麼好，在討論的過程中，可能對於主題容易離題，而被迫分組的同學可能因爲不是那樣熟悉，所以話題反而容易在所指定的功課上。到了期末可能默契已經建立差不多，因此，可以更有效的討論相關指定主題。

7. 我們組有良好的組員互動，讓我更好好想要學習生管

	期中		期末	
	是	否	是	否
甲班	59	7	63	2
乙班	43	9	44	8

由此結果可以推論，應用學習風格分組的互動，不見得比自由分組的組員互動來的差，只要讓學生有足夠的時間相互相處，當學生的學習成就出來後，在此指所共同完成的報告，組員的互動會更好。

甲乙兩班總成績成績比較

圖4.16及圖4.17為工三甲工三乙的總成績分佈兩班的總人數並不相等，但是從平均組成績，標準差及變異數來看，可以看到甲班的總表現略微比乙班來的佳。若將兩班成績進行t-檢定，則在統計上並不顯著。

兩班期中期末考試成績比較

以下為甲班及乙班期中考及期末考相互比較，期中考甲班的成績比乙班的成績平均要來的高，t檢定結果顯著，期末時，乙班的學業成績反而比甲班來的高，t檢定結果顯著。但是在這裡的分析可能有一點失準，由於兩班考試不在同一時間，甲班早了乙班一天，兩個班級題目極為類似希望可以相互比對成績結果進行相關分析，但是，發生了甲班學生洩漏題目題型，讓乙班某些同學事先知道，因此，這裡的分析可能失準，但是可以

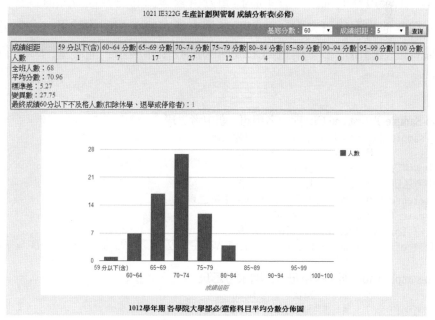

圖4.16　工三甲總成績分佈

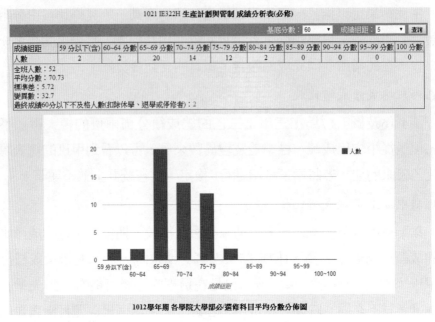

1012學年期 各學院大學部必/選修科目平均分數分佈圖

圖4.17　工三乙成績總分佈

確定的一件事是若學生期中成績不佳，會有意圖積極考好期末考，以防被當掉，但是這樣的推論對於本課程想分析教學法的有效性並無直接正向關係。在其他的課程研究中所做的問卷調查都有顯示相同的結果。在對分析結果有疑慮的情形下，兩班期末成期的比較僅作展示，而不進一步進行分析。

Two-Sample T-Test and CI: 期中考甲班, 期中考乙班

Two-sample T for 期中考甲班 vs 期中考乙班

```
        N   Mean   StDev  SE Mean
期中考甲班  67  31.8   11.6     1.4
期中考乙班  52  26.4   15.9     2.2
Difference = mu (期中考甲班) - mu (期中考乙班)
Estimate for difference:  5.40
95% CI for difference:  (0.20, 10.59)
T-Test of difference = 0 (vs not =): T-Value = 2.06  P-Value = 0.042  DF = 89
```

Two-sample T for 期末考甲班 vs 期末考乙班

```
        N   Mean   StDev  SE Mean
期末考甲班  67  44.2   11.1     1.4
期末考乙班  52  50.00  9.65     1.3
```

```
Difference = mu (期末考甲班) - mu (期末考乙班)
Estimate for difference:  -5.81
95% CI for difference:  (-9.58, -2.03)
T-Test of difference = 0 (vs not =): T-Value = -3.05  P-Value = 0.003  DF = 115
```

期中模擬報告成績

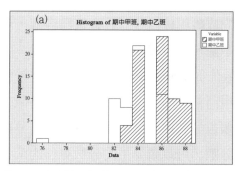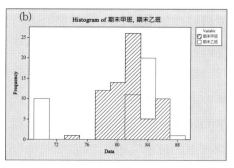

圖4.18　(a)期中報告兩班成績比較(b)期末報告兩班成績比較

　　圖4.18(a)為期中報告兩班的成績比較，期中報告時，由本人進行口頭報告、書面報告及心得的評分，可以看到甲班的平均報告成績在趨勢上優於乙班報告成績。若以t檢定進行兩班報告成績平均值的分析，可以發現結果是顯著的，也就是甲班的報告成績表現優於乙班的報告成績。

```
Two-sample T for 期中甲班 vs 期中乙班
         N   Mean  StDev  SE Mean
期中甲班  68  85.62  1.53    0.19
期中乙班  52  83.73  1.73    0.24
Difference = mu (期中甲班) - mu (期中乙班)
Estimate for difference:  1.887
95% CI for difference:  (1.286, 2.487)
T-Test of difference = 0 (vs not =): T-Value = 6.23  P-Value = 0.000  DF = 102
```

```
Two-sample T for 期末甲班 vs 期末乙班
         N   Mean  StDev  SE Mean
期末甲班  68  81.29  2.71    0.33
期末乙班  52  80.58  5.77    0.80
Difference = mu (期末甲班) - mu (期末乙班)
Estimate for difference:  0.717
95% CI for difference:  (-1.009, 2.444)
T-Test of difference = 0 (vs not =): T-Value = 0.83  P-Value = 0.410  DF = 68
```

圖4.18(b)為兩班期末的報告成績，本次成績的考核是經由學科競賽評定，共有3位老師分別對於書面報告及口頭報告進行評分。由圖4.18(b)可以看到若考慮全班成績分佈，則甲班仍優於乙班，但是可以看到有一位乙班同學的成績是所有同學最高。下列為兩班期末報告成績的比較，兩班平均值結果為不顯著，在標準差方面可以看出來，乙班成績散佈較大，甲班成績較為集中均勻。三位老師所打出的成績相較於我而言會較為客觀，若以近似的常態分佈表示兩個班級的期中期末報告成績如圖4.19所示。

　　從圖4.19可以看到期末成績分佈散佈從65到90的範圍相較於期中較為集中而言更加客觀。以期中期末的表現而言，兩個班級的成績都有略微往下的狀況，原因可能是因為我平常打報告分數為了鼓勵學生，通常打分數有偏高的趨勢，而有不同老師協助打分數，可以讓學生的分數更佳的公正客觀。

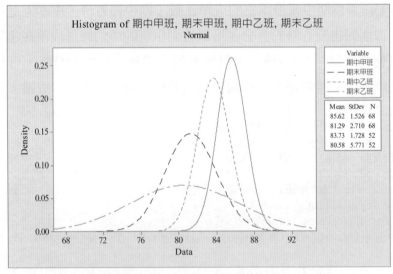

圖4.19　兩班期中及期末報告成績比較

(四)與生產與管制課程有關的碩士論文

　　「PBL教學環境中學習風格與人格特質對於學生學習影響之研究」（賴志旻，2013）、「學習風格與人格特質對合作學習之影響」（黃柏

偉，2015）、「應用群集分析法於課堂計畫分組之研究」（謝孟開，
2016）及遠距教學教材編排於不同學習風格學生學習成效之探討—以生
產計畫與管制課程為例（王葦杭，2018）為四篇與「生產計畫與管制」
的四篇碩士論文。賴志旻（2013）開始嘗試使用兩個向度學生特質，嘗
試建立兩個向度的特質與成績之關係，目的在於如果可以找到這些特質
與成績的關係，則有助小組合作學習異質分組的問題。黃柏偉（2015）
修正了賴志旻（2013）在論文中建立分組門檻值，例如在學習風格中的
向度分數界於–11到11分，門檻值為±1、±3、±7，±9，也就是–9以
下，–9到–7，–7到–3，–3到–1，正負1之間，1到3，3到7，7到9及9以
上，作為分組標準。最後雖然有將學生使用門檻值進行分組，但是卻因為
門檻值難有統一客觀標準，加上學生學習風格測驗結果迥異，若完全按造
門檻值分組，則無法分出適當人數的小組，況且人工判斷分組尚無法清楚
的界定學習風格相近（同質）或學習風格差異大（異質）。因為每一分組
要維持一定的樣本人數，因此，分組也沒有考慮人格特質以下為論文中分
組的原則，將工業三甲班最後分為四個同質組及兩個異質組，分別為

1. 第一組同質高視覺型組：相較於其他風格在視覺學習風格特別突出，
   分數皆高於9分，其他風格皆低於不顯著。
2. 第二組同質視覺型組：相較於其他風格在視覺學習風格特別突出，分
   數皆高於5分，其他風格皆不顯著。
3. 第三組同質不顯著組：所有學習風格皆不顯著，未高於5分或是低於–5
   分。
4. 第四組同質平庸組：所有學習風格皆不顯著，未高於3分或是低於–3
   分。
5. 第五組異質多特色組：無任何規則依循。
6. 第六組異質多特色組：無任何規則。

　　基於使用人工判斷分組有實際上的困難，因此，謝孟開（2016）應
用大數據分析中的群集分析技術，應用R語言的套裝程式初步發展出可以
進行同質異質分組的程式，這個程式尚未實際運用在課堂分組上面，只有

使用模擬的數據探討應用程式分組在理論上的潛在誤差有多少，以目前研究的結果顯示，用於分組的分數標準差不宜過大，分數值在6.06以下可以將分組的潛在錯誤控制在5%以下，論文中的實例分析在人工分組和程式分組每一組分組的錯誤至少達40%以上，且使用程式的分組人數是不均勻的從3人到18人都有與（黃柏偉2015）所使用的案例相比為差異過大，因此，使用群集分析法在目前的階段尚未產生實用的效果。

(五)「遠距教學教材編排於不同學習風格學生學習成效之探討-以生產計畫與管制課程為例」論文介紹

　　為尊重學生的智慧財產權，雖然本篇論文中的課程遠距錄製皆為本人獨立完成，學生指將影片進行順序調整，另外，所分析資料的想法皆為我所決定，學生基本上只是收集相關資訊，分析數字統計，包含質性訪談，除了數字無法更改外，在本書所引用論文部分，我改寫了大部分的文字，以及圖表重製，並加上我自行增加的資料，例如，表4.10的部分，希望不要造成智財權的疑慮。

　　在網路和數位環境快速的發展之下，越來越多的教學活動透過數位學習平臺來進行。廣義來說，這些教學活動都可以稱之為遠距教學，從開放性課程（Open coursewere，OCW）、磨課師（Massive Open Online Courses，MOOCS）、線上課程平臺像是Coursera，Udemy和Skillshare等等，這些在非正式學校課程中大量的發展後，也大大了影響了一般大學中的傳統教學朝著課程數位化前進，圖4.20以及表4.10顯示了中原大學在開設遠距課程的數量以及修習遠距課程的人數隨著學期持續的增加中。另外可以觀察到遠距課程在暑期時間所開設的課程人數，除了人次量的增加以外，其中不是中原大學的學生亦或是已經取得中原大學入學許可，但是，尚未入學的學生，也修習了遠距教學課程，進行學分的補修或者是先修。

　　若是從教育部的資料統計2001年開始到2013年的全國大專院校遠距課程的報部資料也可以發現遠距課程開課數與修習人數的成長趨勢也是逐年的在提升如圖4.21所示。

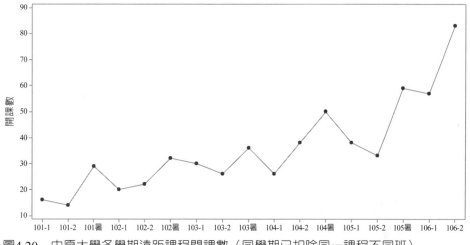

圖4.20 中原大學各學期遠距課程開課數（同學期已扣除同一課程不同班）

表4.10 中原大學個學期遠距教學修課人數

學年期	遠距課程修課人次	其中校際生	其中先修生
103-1	2086		
103-2	1701		
103暑修	**1010**		
104-1	2130		
104-2	3079		
104暑修	**1569**	**514**	**29**
105-1	3736	411	
105-2	2884	63	
105暑修	**2163**	**615**	**63**
106-1	3694	16	

*校際生是指非中原大學的學生

　　為了確保學生在PBL課程架構下背景知識可以有效地建立，因此，在1062學期我和學生進行了「遠距教學教材編排於不同學習風格學生學習成效之探討─以生產計畫與管制課程為例」的教學研究，希望了解不同學習風格屬性的學生是否可以透過適當的教材編排有效地獲得我所設定在PBL情境下所需的相關背景知識，以利後續PBL模擬遊戲的進行。從過去

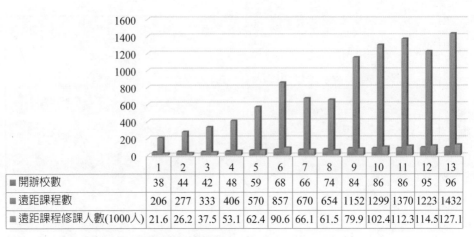

	1	2	3	4	5	6	7	8	9	10	11	12	13
■ 開辦校數	38	44	42	48	59	68	66	74	84	86	86	95	96
■ 遠距課程數	206	277	333	406	570	857	670	654	1152	1299	1370	1223	1432
■ 遠距課程修課人數(1000人)	21.6	26.2	37.5	53.1	62.4	90.6	66.1	61.5	79.9	102.4	112.3	114.5	127.1

圖4.21 大專院校遠距教學課程備查情形

一些學生的教學回饋或是非正式的訪談發現，中原大學學生對於遠距教學的教材覺得最有幫助的是可以重複地進行觀看複習，因此，在論文中所要研究學生的主要對象為相關於反思型學習風格的學生在遠教學的環境下的學習成效。學習風格量表採用Felder-Silverman所發展出來的量表，將學生分成兩組（兩組中皆有主動型與反思型學習風格學生）來進行教學實驗，兩組學生所用的教材完全一樣，唯一的差別在於一組學生上課的順序在於每將完一個課程單元就進行一次的隨堂練習測驗（A組），另外一組同學為上完每一堂課的所有單元後，一次進行所有隨堂練習（B組），如圖4.22。

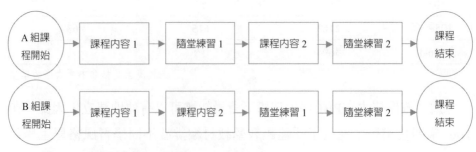

圖4.22 兩分組課程流程示意圖

　　研究結果發現，反思型風格的學生較適合從中加入隨堂測驗的遠距教材。在遠距教學中，反思型風格學生的學習成效也都明顯高於主動型風格

大學課程的多元教學與實務

學生。各類型學習風格的學生定義如表4-11。

表4.11　Felder和Silverman的學習風格四個學習面向

學習風格類型	測量面向	定義
主動型（active）與反思型（reflective）	測量主動學習或是反覆思考學習的喜愛程度	主動型風格：對於新的資訊喜歡以親身體會、和他人一起合作的主動學習方式，會利用方法去討論、運用。
		反思型風格：對於新的資訊會用單獨工作或透過徹底思考的學習方式，去反思的調查並運用它。
感受型（sensing）與直覺型（intuitive）	測量以感受學習或是直覺式學習的喜愛程度	感受型風格：擅於記憶，對細微事物有耐心，不喜與現實無關之課程，學習者藉感官的途徑來察覺，並經過感覺來收集資料。例如：觀察。
		直覺型風格：擅於掌握新觀念，對於抽象公式更能理解，不喜歡常規計算與需要記憶之課程，學習者是在自己本身無特別意識的情況下，來發現、觀察其可能性，是由間接的去感覺，例如：推測、預感、想像。
視覺型（visual）與文字型（verbal）	測量以視覺化學習或是文字學習的喜愛程度	視覺型風格：擅長於記住所看 之事物，在學習上最適合的記憶方式是透過圖畫、圖表、曲線圖、實地的示範
		文字型風格：學習上是較喜歡書寫或口語述說的學習方式。
循序型（sequential）與總體型（global）	測量以循序式學習或是總體式學習的喜愛程度	循序型風格：線性式思考方式來解決問題，擅長聚斂式的思考和分析，在充分瞭解學習過程所提供的素材、準備相當完善、複雜且困難的情況下，學習效果會較高。
		總體型風格：運用跳躍式的思考模式來解決問題，擅長的是擴散性的思考方式，擁有創造力較寬廣的視野。

重新整理http://flowdavid.blogspot.com/2007/06/felder-silverman-learning-styles-model_21.html

　　這個研究的教學平臺除了應用中原大學原有的i-learning平臺記錄學生學習登入次數以及學習時間長度外，學生登入i-learning平臺後就將影

片轉址至EDpuzzle影音平臺教學平臺，這個平臺除了是免費使用之外，還提供了一些教學上的工具，例如：匯入各大平臺的線上影片，在後臺使用簡單的教學製作工具，用來加入選擇題、簡答題，或是讓學生輸入心得，也能讓教師錄製自己的旁白做補充說明，其快速又簡便的方式讓教師可以在短時間內完成教學影片。首先將錄製好的教學影片上傳至YouTube，之後再嵌入EDpuzzle，使用「時間剪切」功能，如下圖4.23，將影片進行剪裁，把前後多餘的時間去除，留下教學所需的片段。之後再使用「問答筆記」功能，如下圖4.24，在影片段落插入，學生看影片到這個段落時就會暫停，必須去回答問題才能繼續播放影片。

圖4.23　時間剪切功能

　　為了取得學生有效的學習資料，本次研究在學期初就與學生協定相關遠距上課的規範與一般遠距教學的形式略有不同，每一週新的單元開始，學生必須在規定的時間進行學習，待新的單元結束之後，學生才可以自由進行複習。除了上述規定外學生在學習的過程中，也同時規定了學習規則。

1. 學生每週會在固定時間進入線上課程觀看影片，兩組學生觀看之課程僅有教材順序不同，其上課內容、上課時間、隨堂測驗題目皆相同，並在當天上傳繳交至中原大學網路教學平臺。

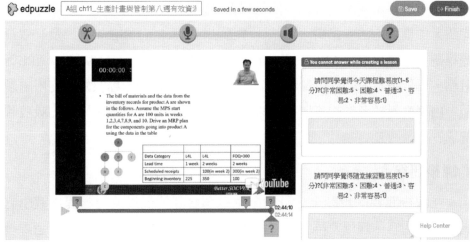

圖4.24　問答筆記功能

2. 學生不能快轉影片
3. 影片到了設定的問題點，會自動暫停並倒數計時，等待學生作答
4. 學生可以隨時重播看過的片段

　　在整個學期中的學生個人資料與學習資料收集共分成五類，

1. 學生學習風格

　　使用Barbara A.Soloman and Richard M.Felder所發展的學習風格量表問卷，如附錄六。

2. 隨堂測驗：

　　在每週隨堂測驗的設計上，以每段教學的重點來設計測驗，當學生學習完之後，立即進入測驗，期間可隨時往前倒退複習。每週依照答對程度給予計分。讓學生可以回放之前播過的影片目的在於如果教材編寫方式可以讓學生有一定的學習成效，那麼就不需要進行比較多的回放動作，也就是，依照學生回放的次數某個程度可以反應出來學生每一堂課的學習成效。

3. 期中測驗：

　　在期中測驗卷的設計上，會以本課程的重點專業知識設計進去題目

裡，期中包含需求預測方式，像是線性迴歸預測法、天真法、簡單移動平均法、加權平均法、指數平滑法、季節法、Tracking Signal，以及有效資源規劃，像是MRP、MPS、BOM（Bill of Material）、MAD、MAPE等重點，再依照答對的程度給予計分。考卷內容也有對於專業知識的申論題型，由學生對於考卷的答題程度來了解學生對於課堂上專業知識的吸收狀況。

4. 課後問卷：

在課後問卷的設計上，針對學生每週修課情況以及對課程之教學方式、教學內容、課程安排、教材播放順序等給予建議與心得。在每週課後會讓安排學生參與線上討論版，讓學生互相分享上課心得或是提出問題討論，從中來了解學生對於教學上的問題，並對教學內容做出調整與改善。

5. 期末訪談：

在期末時，對部分學生進行面談，針對整學期遠距教材、上課時間、隨堂練習等進行訪談，從各別的私下訪談進一步了解學生對於遠距的看法與建議，從中來改善遠距教學內容。

依據所收集的資料，相對應的分析方法如下所述：

1. 隨堂測驗與教材相關性分析

利用Karl Pearson設計的統計指標－相關係數以及Minitab統計軟體，將班上的兩個分組（A組及B組）做資料分析以及資料整理，兩個分組的同學都同時具有主動型及反思型的學習風格以進行同組相互關係比較以及不同組之間的比較。透過影音平臺網站EDpuzzle後臺系統，記錄學生回放次數，如下圖4.25為某生在該週觀看次數，該週課程約2小時，假設課程54分至1分07秒處，課程內容與隨堂測驗題目相關，則統計該生回放次數為3次。將每週回放次數進行統計，並與該週隨堂測驗得分進行分析。

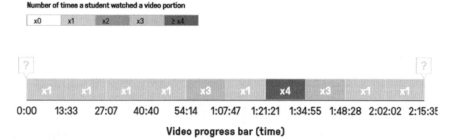

圖4.25　EDpuzzle後臺統計回放次數

2. 期中測驗前複習分析

　　利用Minitab統計軟體計算相關係數與t檢定，將整班學生做資料分析以及資料整理。透過影音平臺網站EDpuzzle後臺系統，記錄學生在測驗前每週有無複習，如下圖4.26，假設為某生在第3週之觀看紀錄，但最後觀看時間在期中測驗前一週，因此紀錄該週有進行複習。最後統計一至九週複習總數與期中測驗得分進行分析。

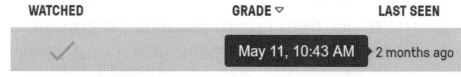

圖4.26　EDpuzzle後臺紀錄

學習風格與測驗成績分析

　　依照Felder-Silverman學習風格量表，在主動與反思構面，主動型最高為+11分，反思型最高為–11分，其中+1到–1之間風格強度並不明顯，將其判斷為平衡型（表4.12）。將A、B組學生分類後，再與平時隨堂成績進行分析。在原始的分類中並沒有所謂平衡型的學習風格，但是，在這個研究中將分數界於–1分到1分之間的學生定義成主動平衡型—反思平衡型，以表達學生同時可能兼具兩個向度的學習風格。

表4.12　主動與反思構面分類

反思型					平衡型		主動型			
-11	-9	-7	-5	-3	-1	1	3	5	7	9	11

訪談內容分析

　　本研究訪談方式採面對面訪談，為了避免受訪者之間互相影響，所以採用一對一方式訪談，全程使用錄音裝置紀錄談話內容。受訪者挑選方式為兩組學生，依照學習風格構面，將主動、平衡、反思等三種類型隨機挑選10位進行訪談。從以下五道題目來詢問學生這學期整體學習狀況和想法：

　　1. 這學期遠距教學教材是否可以幫助我有效學習？為什麼？

　　2. 在進行遠距上課時，是否會搭配別的教材？為什麼？

　　3. 對於這學期遠距課程時間安排，你有什麼看法？為什麼？

　　4. 對於課程中的隨堂測驗時間安排，你認為是否充足？為什麼？

　　5. 跟面授相比，遠距教學能提供良好的學習成效嗎？為什麼？

　　將其訪談內容製成逐字稿，並分析每句，依照正向、中立、負向等三種面向進行評斷，由於評斷句子為主觀判斷，因次除了研究者本身，將另外在找兩位來進行評斷。最後將三人評斷結果進行統計，並進行標準化分析。

研究分析與討論

1. 隨堂測驗與教材相關性分析

　　將學生每週觀看遠距教材中，與隨堂測驗相關的課程片段之回放次數統計出來，再依照該週隨堂測驗得分做相關性分析。為了區分高分群與低分群學生，分析結果將以50分做為高分與低分的區別。由於第一週與第九週沒有隨堂測驗，故分析結果只顯示第二週至第八週，第二週A, B組的學生分析如圖4.27至4.29所示，所有分析如表4.13所示。

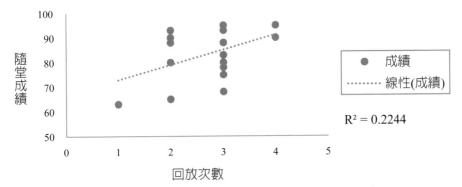

圖4.27　第二週A組高分群隨堂測驗成績與影片回放次數相關性分析

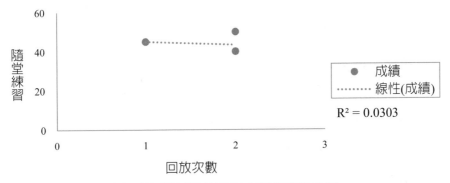

圖4.28　A組低分群隨堂測驗成績與影片回放次數相關性分析

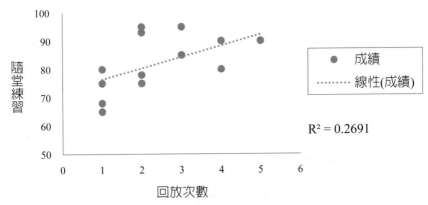

圖4.29　第二週B組高分群隨堂測驗成績與影片回放次數相關性分析

　　表4.13顯示A組與B組的高分群成績與回放關係的相關性大多為中度相關以上，在B組的部分，甚至超過0.75屬於高度相關。另外，可以看到在B組同學的表現上，高分群的成績表現與影片回放的相關性優於A組，

表4.13　A組與B組各週r值

		第二週	第三週	第四週	第五週	第六週	第七週	第八週
A組	高分群	0.47	0.53	0.65	0.58	0.64	0.55	0.47
	低分群	-0.17	0.5	-0.57	0.54	0.48	-0.41	-0.43
B組	高分群	0.52	0.58	0.64	0.63	0.53	0.76	0.52
	低分群	無	無	-0.58	0.67	0.09	-0.13	0.47

在這裡或許可以推論，再進行隨堂練習之前，若有比較完整整體的觀念介紹，比較有系統，因此，在影片的編排上較佳，但是，這還需要進一步的了解不同學生屬性以及長期的資料作為推論支持。

2. 期中測驗前複習分析

這個分析在於分析學生在期中測驗前，是否有利用遠距教材進行複習之次數統計出來，再依照期中測驗得分做相關性分析與利用t-test做檢定，如圖4.30、表4.14及表4.15所示。

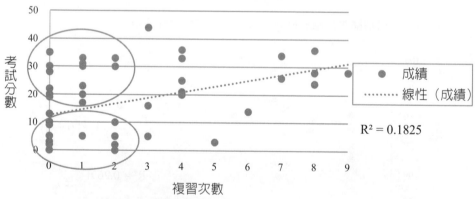

圖4.30　期中測驗成績與複習次數

表4.14　複習與否之期中測驗成績摘要統計

	N	平均值	標準差
有複習	32	20.6	12.6
無複習	21	10.9	10.9

表4.15　複習與否之期中測驗成績t檢定結果

	Levene檢定F值	Levene檢定顯著性	自由度	T值	P值
變異數相等	1.01	0.32	51	2.9	0.005

　　若分析顯示有進行遠距課程複習的學生平均成績與沒有複習遠距課程學生可以發現到大概有平均值10分的差距，雖然由t檢定的結果看出來有複習及無複習遠距教材的學生結果顯著。另外一個值得注意的地方，可以發現期中考成績與影片回放的關係呈現中度相關，尤其在兩次複習以下的同學，成績的變異相當的大，原因可能是這些學生事實上已經多次的表達對於遠距教學的擔心以及不適應，因此，對於比較重要的期中考是主要還是以閱讀教科書或者是上課筆記進行。

學習風格與隨堂測驗成績交叉分析

　　為了探討反思型與主動型學生學習風格在遠距教學教材編排下的學習成效，這個研究進一步進行不同兩組遠距教學課程編排下，學生學習風格與學生學習成效的交叉分析，測驗成績有平時隨堂以及期中測驗，如圖4.31及圖4.32所示。

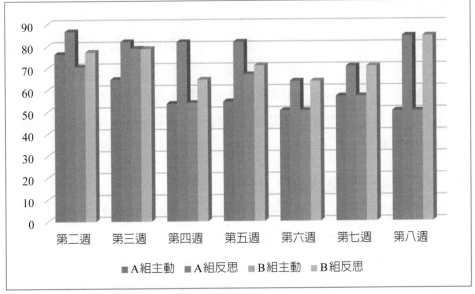

圖例：■A組主動　■A組反思　■B組主動　■B組反思

橫軸：第二週　第三週　第四週　第五週　第六週　第七週　第八週

圖4.31　各週不同組的成績表現

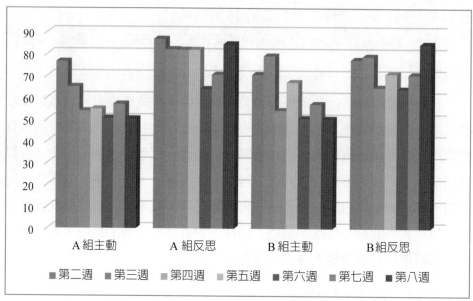

圖4.32　不同組別在各週的隨堂成績表現

　　圖4.31顯示在不同週的隨堂成績表現，其中A組的主動型學生相較於其他組的同學學成績表現相對弱。而兩組的主動型學生相較兩組的反思型學生成績相對弱。若再從圖4.32比較相同組學生的在各週的表現可以看到當課程難度隨之增加後，主動型的學生成績表現也隨著課程難度表現相對弱，而反思型的學生雖然中間的課程成績有略微下降，但是隨之成績又上升。而就反思型的學生來說，以A組的表現相對B組來的好，雖然在數據上不是太多的情形下，可以推論反思型的學生較主動型學生更加適應目前教材的編排方式，而以A、B兩種編排方式則以A的方式，也就是上完一小單元即刻進行隨堂測驗的方式會優於教完所有單元在一次完成所有隨堂測驗來的好。

學習風格與期中測驗成績交叉分析

　　歷屆以來期中考成績均偏低在1011之前的成績略高的原因在於有30分的簡答題，大多數的學生都可以靠著記憶背誦獲得成績，而在102以後，取消了簡答題。因此，許多學生原本對於整合題型就不熟悉，導致在1062學期學生期中考成績為歷屆以來的次低分，分析學生答題分布，大

部分學生兩大題只回答了第一大題關於顧客需求預測的計算題40分，若以40分為基準學生大約的成績正規化之後就會與1011學期之前的成績範圍略同。在研究中仍然使用原始分數進行分析，這樣的目的還是希望藉由分析找合適的遠距教材的編排方式。表4.16及表4.17為1062學生期中考成績與不同學習風格學生的關係。

表4.16　A組學習風格對應期中成績

學習風格	學生人數	平均值	標準差	95%信賴區間
反思型	8	27.13	9.22	（19.42，34.83）
主動型	8	13.13	10.36	（5.42，20.83）
平衡型	5	24.6	12.14	（14.86，34.34）

表4.17　B組學習風格對應期中成績

學習風格	學生人數	平均值	標準差	95%信賴區間
反思型	14	17.93	10.88	（11.37，24.48）
主動型	9	10.56	10.82	（2.38，18.73）
平衡型	4	23.50	17.46	（11.24，35.76）

期中考試的不同學習風格的學生在期中考成績的表現趨勢與隨堂成績分析的結果趨勢一致，A組反思型的學生在期中考的表現最好。綜整在期中考之前的成績考核分析可以發現，反思型學生比較適應遠距教學型態，而教材的編排方式以每教完一個小單元就讓學生有機會進行相關練習的效果優於教完整個大單元在讓學生進行複習的成效要來的更好。

對於遠距教學的訪談分析

除了量化分析之外，這個研究在9週的遠距課程結束後，選擇了兩個分組不同學習風格的學生進行訪談，以進一步的取得質化意見。為了比較有系統地獲得分析結果，對於學生的訪談的內容，以三位研究人員依照自己對於語句的判斷進行每一句話為正向、負向以及中立語句評比。例如以下的逐字稿分析如表4.18，十位學生的逐字稿評比如表4.19所示。

「遠距教學雖然可以重複觀看，但能否幫助我有效學習我覺得還好，因為面授如果遇到不懂的話，可以直接去問老師，這方面面授就比遠距好。上課時我就只有看老師的PPT，如果有不懂的地方我才會上網查資料。對於時間上的安排我覺得很不錯，因為我自己有時候睡過頭，還可以在線上補看，但隨堂練習的時間就不太充足，因為只看一遍就做練習，需要多花一點時間或是多看幾次，但因為時間有限，有時候是在一知半解的情況下就把作業交出去，所以我希望能在交完作業後馬上知道答案。成效的部分我覺得比面授好，像有時看到後半段課程，忘記前面在教什麼，可以馬上再回去看，也不用特別找誰問，不過遠距比較少有互動，所以我建議遠距課程中可以偶爾有幾堂面授，來給同學問問題。」

表4.18　範例逐字稿評斷

逐字稿句子	評斷者		
	A	B	C
遠距教學雖然可以重複觀看	正	正	正
但能否幫助我有效學習我覺得還好	正	負	負
因為面授如果遇到不懂的話	負	負	負
可以直接去問老師	負	負	負
這方面面授就比遠距好	負	負	負
上課時我就只有看老師的PPT	正	正	負
如果有不懂的地方我才會上網查資料	負	正	正
對於時間上的安排我覺得很不錯	正	正	正
因為我自己有時候睡過頭	正	中	中
還可以在線上補看	正	正	正
但隨堂練習的時間就不太充足	負	負	負
因為只看一遍就做練習	負	負	負
需要多花一點時間或是多看幾次	正	正	正
但因為時間有限	負	正	負
有時候是在一知半解的情況下就把作業交出去	中	正	中

逐字稿句子	評斷者		
	A	B	C
所以我希望能在交完作業後馬上知道答案	中	正	中
成效的部分我覺得比面授好	正	正	正
像有時看到後半段課程	正	正	正
忘記前面在教什麼	中	正	正
可以馬上再回去看	正	正	正
也不用特別找誰問	正	負	中
不過遠距比較少有互動	中	負	負
所以我建議遠距課程中可以偶爾有幾堂面授	正	中	正
來給同學問問題	中	中	中

表4.19 訪談逐字稿正向、負向及中立語句評比結果

判斷者	A			B			C			句子加總
受訪者 ＼ 向度	正向	負向	中立	正向	負向	中立	正向	負向	中立	
1	7	8	3	8	5	5	7	6	5	18
2	12	8	1	13	5	3	12	7	2	21
3	8	12	2	10	11	1	7	13	2	22
4	7	6	4	8	6	3	7	5	5	17
5	12	7	5	13	8	3	10	9	5	24
6	2	3	3	3	2	3	3	2	3	8
7	9	4	1	11	3	0	9	3	2	14
8	4	6	3	5	6	2	4	5	4	14
9	9	11	4	12	11	1	10	11	3	24
10	4	7	5	5	6	5	4	6	6	16

　　然而，因為每一個訪談者的訪談長度都不一樣，為了能夠從這十位訪談者的逐字稿中獲得有效資訊，必須進行數據標準化的工作，標準化資料方法如下：

1. 將三種面向句子進行加總，並把正向與負向之句子分別除以加總之句數。
2. 扣除中立的資料後，若正向的值大於負向的值，則代表該受訪者持正向態度。
3. 假如A、B與C中三位判斷結果，若三位皆為正向及有兩位正向，一位負向，則評斷該受訪者結果為正向。反之，若三位皆為負向或有兩位負向，一位負向，則評斷該受訪者結果為負向。

分析結果如表4.20所示，最終正向結果有6人，負向結果有4人，以此抽樣結果綜整分析發現，此遠距教材與教學方式，學生之學習態度傾向為正向。

表4.20　學生對於遠距課程的學習態度傾向

判斷者 受訪者 向度	A			B			C			結果
	正向	負向	評斷	正向	負向	評斷	正向	負向	評斷	
1	0.39	0.44	負向	0.44	0.28	正向	0.39	0.33	正向	正向
2	0.57	0.38	正向	0.62	0.24	正向	0.57	0.33	正向	正向
3	0.36	0.55	負向	0.45	0.50	負向	0.32	0.59	負向	負向
4	0.41	0.35	正向	0.47	0.35	正向	0.41	0.29	正向	正向
5	0.50	0.29	正向	0.54	0.33	正向	0.42	0.38	正向	正向
6	0.25	0.38	負向	0.38	0.25	正向	0.38	0.30	正向	正向
7	0.64	0.29	正向	0.79	0.21	正向	0.64	0.21	正向	正向
8	0.31	0.46	負向	0.38	0.46	負向	0.31	0.38	負向	負向
9	0.38	0.46	負向	0.50	0.45	正向	0.42	0.46	負向	負向
10	0.25	0.44	負向	0.31	0.38	負向	0.25	0.38	負向	負向

三、生產計畫與管制課程PBL新架構教學成效之比較

1062學期「生產計畫與管制」課程實施新課程架構，有原來的以面對面的授課實體方式建立背景知識加上PBL模擬遊戲轉變為以遠距課程取代原有面對面的實體授課。若不考慮英語授課因素，1062的班級的期中

考成績相較於過去所授課的班級成績相對有落差。但是當期中考後，開始進入PBL模擬遊戲專案，學生有了一個情境可以應用所學的背景知識進行相關實作，在期末考的表現上，班上整體成績平均有著顯著的改變，如表4.21所示。

表4.21 1062以遠距教學取代實體教學建立背景知識架構之期中期末成績分析

	期中考	0分-10分	11分-20分	21分-30分	30分以上	總計
退步20分以上	1			1		1
退步10分到20分	3			2	1	3
退步0分到10分	10	2	5	1	2	10
進步0分到10分	4	1	2		1	4
進步10分到20分	9	2	1	1	5	9
進步20分到30分	10	1	4	3	2	10
進步30分到40分	7		2		5	7
進步40分以上	8		2		6	8
總計	52	6	16	8	22	
人數比例=各成績分組人數 / 全班人數×100%		11.5%	30.8%	15.4%	42.3%	
進步人數 / 退步人數		2.0	2.2	1.0	6.3	2.7

期中考期末考的考卷，題目內容不同，但是要進行的分析，基本上是大同小異，而且期末考的難度比期中考的難度，更難一些。若將原來1062參與「生產計畫與管制」學生的期中考成績分為4群（已剔除停休及其中有一位期中考及期末考皆為0分的學生），由分析結果顯示，在經過PBL模擬遊戲後，原來成績就在30分以上，成績大幅的進步，退步的同學除了一位之外，其他為微幅退步。在中低分群，分數介於11分到20分之間，大部分同學也有明顯的進步，這兩群同學進步的情況略有不同，在高分群的部分，原來同學可能只是因為考試整合題的形式並不熟悉，但是經過PBL模擬遊戲的練習，對於進行問題整合分析，已經可以充分了解，因

此在學習期末成績有著大幅的進步，而在中分群部分，則因為有比較佳的學習動機，同時提升的學習成就，這個部分也同時在最低分群，原來期中考在10分以下的同學，可以看到這樣的現象。在中高分群中，成績進步與成績退步的同學相同，比較看不出來PBL模擬遊戲對於這個成績分群的影響，也無法具體推測為何原來屬於成績算是前段的學生，會有將近10分到20分的退步，這個部分的現象有待於後續進一步的探討。總體而言，可以看到出來在整體課程的第一個部分，雖然學生對遠距教學持正向的看法，但是在成績的表現上卻不如以實體面受方式建立背景知識來的有效率，但是，再經由PBL模擬遊戲的介入下，發現讓學生在情境中進行實作學習，可以讓學生弭補在期中考之前背景知識建立不足所造成學生學習不佳的影響，以結果顯示，超過2/3參與班級的學生最後在成績的考核上都有顯著的進步，但是將近1/3的學生並未在PBL的情境下的學習成績有所進步，在人數上仍然有一定的比例存在，這個部分有待後續在教學上有更多資料可以分析，才能進一步確認這些沒有因為PBL學習方法進步的同學，是因為遠距課程的不適應所帶來的結果，還是PBL學習方法對於某些學生並非一個有效的學習方法，這一些教學上的研究，都有待有興趣的老師進一步的去釐清。

四、討論與反思

從開始教授「生產計畫與管制」開始，為了提升學生的學習，我嘗試了PBL教學法，在課堂上融入了模擬遊戲的情境教學，與講授式教學並進，透過建立學生專業背景知識，並在PBL模擬遊戲的情境下，讓學生進行合作學習，在整個學期教學的過程中與學生的互動相互學習成長。由於「生產計畫與管制」這門課不但需要更深的相關理論學習，同時在學生學習的廣度，更勝於「工作研究」，在學校受教育的學生，與現實的連結必須要更加的強烈，才能看到比較好的學習成效。同樣是PBL教學，如果以最後學生的學習成效而言，事實上不若「工作研究」教學成效來的好，我

常在思考，要是學生可以在實境中進行學習及模擬遊戲，一定比在教室所創造出來的情境要來的好，可是在現實的環境中，很難實現這樣的一個教學理想。在過去的教學過程中，我如同學生一樣，除了在教學之外，同時也在解決教學現場所面臨到問題的答案。以目前的教學架構應該算是已經成熟穩定，教學的內容也不因為是新手老師教學技巧不成熟，造成授課內容太多或是太少。但是，一些教學的外在因素，還是會常常困擾著課程的進行，例如在1021學期的配合著學科競賽，多位老師評分往往因為對於PBL的認知不同，雖然可以讓學生有更多元的意見參照，對學生成績做更好的評斷，但是，評分老師在未共同授課下，希望透過學科競賽讓學生提升學習效果，在現實教學環境下可能成效不是那麼好，因為評分老師並沒有辦法隨著課程的前進，在課程的進行也同時在追蹤評分，在臺灣的高教資源缺乏的情形下一整學期的評分就顯得有困難。當然，同儕評分也是一種方式，這樣的透過合作學習的方式了解到學習成效是比較可行，但是，這是有前提的，畢竟學生不是老師，在專業知識的評分還不能完全掌握，有時也可能會因為對於同學的情感而有所偏頗，因此，若採用同儕評分的制度，與學生要有一定的契約關係，須給學生清楚的規範，並要統一向全班解釋打分數標準。另外可以輔助的是當學生打分數時，學生應寫出評分的質化意見，依據質化意見就可以知道學生評分是否客觀。學生打分數的比例佔成績的百分比也不宜過高。老師應該還是主導學生最後成績。

「生產製造與管制」課程實際上就是學習在一家公司所需經營管理最核心的知識，事實上，在課程的實施，我已經覺得PBL的教學法還是不足以培養學生的能力，應該結合CBL或是由業師和授課老師一起設計課程，一起授課，這樣才能使學生了解課程的知識可以應用在實際的哪一個地方，老師也才了解上課是否仍然有不足的地方值得改進，因此，與業師的協同教學實際上是很重要的，當然這樣的做法對於教學也是一個挑戰，要找到合適的業師，一起共同實施PBL或CBL在學校與業界文化迥異的情形下，或許是個理想，但是有了這樣的想法，未來只要有機會，或許我應該勇於嘗試，畢竟以學生學習為核心，使用各種方法讓學生可以提升自我能

力及學習成效，這是老師應該盡的義務與責任。

1062學期嘗試的將原來成熟的PBL的上課架構，加以修改成實體授課部分由遠距教學所取代，在學習方面雖然從期中考前的分析顯示學生對於遠距教學是可以接受的，但是在學生的學習成效上，相較過去學生的學習成效事實上並不是那麼好，當然以運氣來說，大部分的學生在學期末因為PBL的合作學習，讓學生的學習成效提昇不少，但是仍然有一定比例的學生，在學習成績上仍沒有辦法提升。以研究的角度而言，當然要持續的進行相同的教學，並且持續比對過去的學生的學習成效，但是若站在學生學習的立場來說，若有一定的比例學生，沒有好的學習成效，以教學倫理的角度出發，的確是相當為難的一件事情，我想，教學是藝術，無論資料可以用多科學的方法進行分析，老師至少是我，應該以學生學習為第一優先作為考量，未來在有充分成熟的遠距課程以及有成熟觀念的學生再加以實施遠距PBL課程，或許才是一個可以平衡研究與教學倫理的途徑。

五、小結

「生產計畫與管制」課程所設定的教學目標為下列五個目標。

1.1 對於專業課題具備確認與解決問題之能力。

2.1 具備參與實務問題分析、解決及實作之經驗。

2.2 具備良好的簡報與書面報告之能力。

3.2 具備團隊合作與溝通領導之能力。

4.1 具備持續學習與創新之熱忱。

透過講授式教學與PBL教學法的實施，讓學生透過紙盒工廠模擬遊戲學習如何應用理論公式進行客戶需求預測，進而從所得到的客戶預測需求數據，規劃虛擬公司的庫存管理及生產製造，符合教育目標1.1及2.1。學生在進行模擬遊戲之前，必須進行小組討論，針對虛擬公司的運作安排進行規劃，使得虛擬公司有組織，並且可以利用教室課桌椅形成小型產線，生產紙盒，滿足虛擬客戶的需求，整個規劃過程必須在遊戲進行之前向老師及同學進行口頭規劃報告，並繳交虛擬公司規劃書，符合教育目標

2.2及3.2。學生在遇到與原來規劃不一樣的情境時，必須有組織的應對問題，以達到最佳的出貨狀態，滿足客戶需求。遊戲結束後，我會綜合檢討各分組的績效指標，如圖4.6(d)同時學生會根據模擬遊戲的實境狀況與我討論，每一組會根據相關討論結果加以反思檢討，並針對該次表現不佳的指標會訂定新的策略，於下一次的模擬遊戲中實施新策略，改善原有不佳的指標，這個部分符合教育目標4.1。在教學方面的亮點有四：

1. 在本課程建立了一個以PBL教學為核心的模擬遊戲，幫助學生可以從遊戲中驗證在課本中所學的知識，並且養成相關發現問題、解析問題及處理問題的能力。

2. 在課程中有一些教學上的疑惑例如：如何有效的分組，透過了碩士論文研究及行動研究得到教學上的一些立論，支持課程的進行，同時這些研究的相關結論也可以應用至其他與製造領域有關的科目，例如：「工作研究」、「設施規劃」、「品質管理」等課程。

3. 會在模擬遊戲的進行中，融入不同情境，讓小組因應動態情境，使學生在短時間必須有效地進行小組團體活動，增進提升學生解決問題能力。

4. 嘗試將原有實體授課建立背景知識改變為使用遠距教學方式進行背景知識建立，教學實驗證明了遠距教學的實施可行，但須學生有成熟的學習態度及強學習動機配合實施為佳。

　　雖然模擬遊戲可以有效的輔助學生學習，然而，目前的遊戲情境還是集中在以大量製造的製造業情境，而目前在臺灣的產業環境，製造業只是眾多產業之一，未來可以增加遊戲的情境，例如，考慮增加網路商家的情境，除了增加模擬遊戲的豐富性，也可以藉由微調模擬遊戲，增加授課內容，讓學生吸收更多樣更完整的知識。

第五章
大學部「線性代數」

摘要

1. 「線性代數」課程為中原大學工業與系統工程學系大二的必修課。在過去的課程實施中，我應用了資訊軟體融入數學課程的方式，希望學生在學習抽象數學概念與知識時，同時也可以了解如何應用抽象數學於現實世界中。經過了將近五學年的努力，才應用學生資訊能力分流策略，獲得比較好的教學成效。
2. 介紹「線性代數」歷年來的課程設計架構，如何從不進行資訊能力分流教學策略到進行資訊能力分流教學策略的過程。
3. 展示學生多元學習成果，包含創作全國唯一為「線性代數」所創作的歌曲。
4. 分析歷年來資訊軟體融入策略各班級的期中期末成績，凸顯分流教學的有效性。
5. 嘗試建立合適於線性代數遠距教學的方法。

　　「線性代數」課程為工業系的基礎課程，主要要銜接大三的工業系的進階數學課程「作業研究」，數學課相較於應用課程來說，以中原工業系學生接受度並不是那麼高，原因在於工業系從高中端所篩選的學生，普遍數理能力就不高。像是大學一年級的必修數學通識「微積分」，歷年來工業系整體的平均成績在學校表現不若預期。因此，當開始教授「線性代數」時，一直想嘗試有別於講授式的教學，自己最熟悉的PBL教學法似乎沒有辦法在「線性代數」課程使用，因為要建立學生的抽象數學概念就得花一段時間。另外一個問題是現實上的關於「線性代數」的應用問題所牽涉到的數學知識都是屬於研究所以上的數學知識。直至目前為止還沒有找到比較合適用在「線性代數」的PBL問題。因此，我採用另一個替代方法

就是將資訊軟體融入教學而不使用PBL教學法。學生在大學一年級時已經學過程式語言，若可以把程式語言及數學結合在一起，或許有機會可以激發學生動機，讓抽象數學變的更有趣。在讓數學有趣的作法上，我採用歷史故事融入數學課程的方式，讓學生收集從古自今，東西方在數學發展上，有哪一些「線性代數」的故事，有哪一些重要的歷史人物創造了現今「線性代數」的理論，藉由認識歷史人物，讓學生熟悉數學理論。在資訊軟體方面，我選擇了可以計算矩陣的軟體像是Matlab, FreeMat, Scilab, R等工具，讓學生依據學會的矩陣轉換原理，將課本中所舉例的碎形圖形繪出，或進行圖形的放大、縮小、平移以及旋轉。希望藉由學生所知道的電腦繪圖的經驗，引發他們想知道數學原理的動機。

　　1062學期配合學校政策性課程，在線性代數課程嘗試使用遠距教學進行課程，原來希望可以透過遠距教學可以反覆觀看的特性，讓學生同時學習程式，但因為放假過多造成無法正常教完單元，在程式的部分僅能讓學生以志願的方式進行最後課堂報告，實為可惜。不過，在這個學期的教學實驗中，可以發現到不同學生的學習風格對於遠距課程的進行有不一樣的需求，因此，在本報告中將一併介紹配合此課程學生的碩士論文研究成果。

一、線性代數教學架構及實施方法與策略

　　「線性代數」課程的基本規劃是以講授式教學為主，配合著兩個主要的學習活動，一個是讓學生形成小組展示「線性代數」的歷史故事歷史人物，目前「線性代數」的理論與所發生的故事與人物之間的關係，在前兩次授課的時候，我是給定題目讓學生回答指定題目進行書面報告。題目為「查出下列人物的生平，做了什麼關於數學上的事。另外找出這些人有趣的事。」如圖5.1所示。

　　題目的重點在讓學生有搜尋、整合資料，及有口說能力。大部分的學生會根據照片上的人名，運用網路收集資料。有許多學生在二年級時還

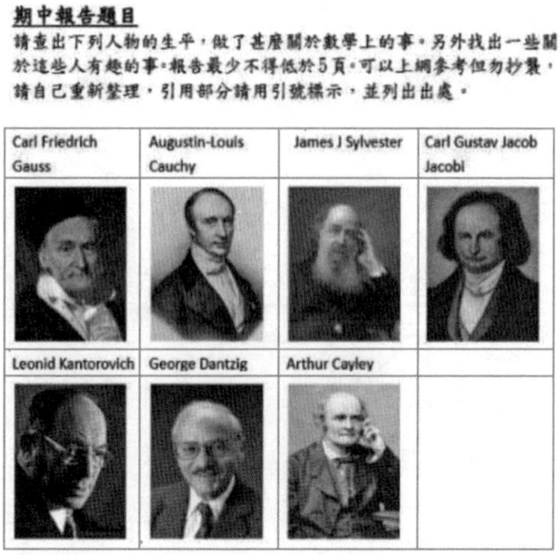

期中報告題目

請查出下列人物的生平，做了甚麼關於數學上的事。另外找出一些關於這些人有趣的事。報告最少不得低於5頁。可以上網參考但勿抄襲，請自己重新整理，引用部分請用引號標示，並列出出處。

Carl Friedrich Gauss	Augustin-Louis Cauchy	James J Sylvester	Carl Gustav Jacob Jacobi
Leonid Kantorovich	George Dantzig	Arthur Cayley	

圖5.1　期中報告題目範例

不知道要尊重智慧財產，在他們使用找尋資料時，我會提醒他們作業不是複製貼上就好，除了要根據自己的小組討論外，還要注意引用的問題，間接也是培養學生尊重智慧財產，並且激發自己的創意。在實施兩次課程之後，發覺學生開始有重複抄襲的問題，因爲歷史人物及歷史故事畢竟有限，我開始不限他們使用PPT單純用口頭報告，沒想到開始他們使用戲劇、影片、廣播劇甚至幫「線性代數」寫了一首歌，這都是我始料未及的，有的時候在專業課程我們的思考太過於呆板狹隘，若可以給學生一些自由的空間或許也會有很多的創意在結構性強的數學課程中呈現出來。

第二個比較大的報告是資訊作業，學生必須使用軟體如Matlab, FreeMat, Scilab，或是R寫出程式並解出指定問題，範例問題如用Matlab發展下列四個程式迴歸、天氣預測、線性規劃、碎型樹葉。以我的專業而言，這四個程式以軟體所能提供的功能大概就是10行左右的程式。然而學生畢竟還是在學習新的程式語言的階段，在還沒有相關背景知識之前，也不太可能會具備融會貫通的能力，雖然我在成果目標設定中，並沒有要他們眞的要完成多複雜華麗的程式，只是想藉由這樣模糊的題目訓練學生小組克服困難的精神，希望學生可以跟老師及助教討論，希望學生可以從討論中激發出想法，最後使用資訊軟體完成老師指定任務，並將困難的程

式碼具象化，轉換成他們可以說的平常語言，在課堂上進行報告，如此的一個過程，就可以確保學生學到「線性代數」的基本知識，「線性代數」的教學構想如圖5.2所示。

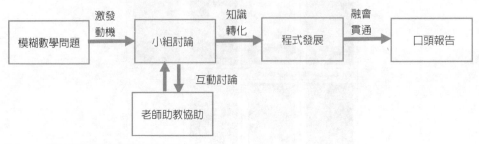

圖5.2　期末報告教學設計構想圖

根據教學目標以及課程設計整個學期的課程架構形成如圖5.3所示。

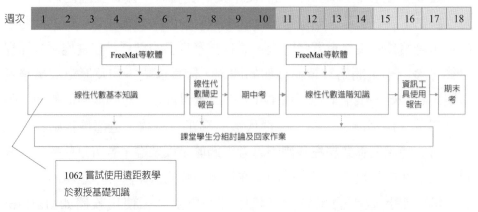

圖5.3　線性代數教學結構

在103學年開始，學校實施新的政策，低年級的必修一堂3小時的授課必須是拆成兩堂課，一次授課兩小時，一次授課一小時。對於數學授課來說形成相當困擾，尤其是1節課僅僅只有50分鐘，很多時候數學抽象概念都還沒有說明完畢就已經下課了，或是原本可以在課堂上融入資訊軟體教學的部分，因為必須遵守學校的政策造成原始的教學設計[1]（圖5.3）無

---

[1] 工作研究課程也有相同的情形，但因為有實驗課的配合，可以將實驗課和正式課程排在一起，就不會有單獨一節課的狀況發生。

法實施。因此，在103學年度課程受學校要求必須突然改變課程設計，教學評量幾乎落到院的最後面如圖5.4。

1062學期配合了學校政策性課程遠距教學，在這個年度也將原有圖5.3架構中，線性代數基本知識的部分以遠距教學方式進行。由於遠距教學的特性在於學生可以在課後針對不一樣的的課程進行複習，對於較為抽象的數學學習應該會有一定程度的幫助，但是，第一次進行遠距教學的我，仍然希望對於遠距教學課程的進行，讓學生有一個比較好的學習教材，因此，在這個年度同時間配合著一篇碩士論文的進行，讓助教觀察不同學習風格的學生在遠距課程的進行中的學習行為，以了解未來在教材的進行上，哪一種方法會比較有效率。由過去的教學經驗可以得知中原工業與系統工程學系的學生對於遠距課程是有學習上的疑慮，因此，在班級的選擇上，我請系上幫我安排已經上過我「工作研究」課程的同學修習我所開設的「線性代數」遠距教學課程。為了減少學生學習上的衝擊，我並非完全在正規的18週學期中，全數使用遠距課程，而是只有進行中原大學遠距教學所規範的最少進行9週的規範，並使用期中成績以及期中考之前隨堂成績以及學生在學習平臺上的播放資料進行相關學生學習分析，以確定學生的學習成效，研究成果也將提供做為自己為來相關授課的參考。由於在這個學期有許多的放假時段，導致在原有程式課程的部分時間受到了壓縮，但是從學生的教學評量分析（圖5.4）看起來，學生對於遠距教學的實施，在態度上並不如我想像中的排斥。相關的研究分析將於5.4節加以介紹。

103學年在應對學校政策時，並沒有調整自己的上課內容，學生期末考核還是有兩個課堂計畫。因為課程被拆開，於是將原來在課堂上要進行的隨堂考試就移到了單獨的一節課中，沒有考試的時候，就請助教協助進行回家功課的解題。在另外的兩節課的授課就不再隨堂考試，單純講授課程，輔以資訊軟體教學，但是當學期的教學評量表現看出學生對於這樣的教學架構，並不是很滿意，相對其他科目，較低的教師評量分數讓我有了警覺。1042以前學生給予我的教學評量除了1002學期外，教師評量成

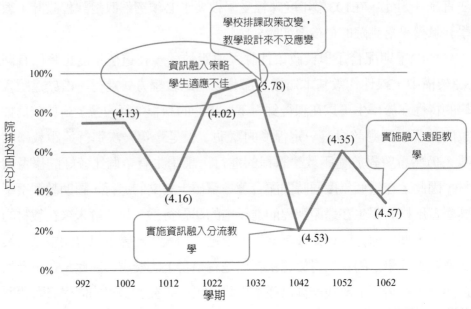

圖5.4 線性代數歷年來教學評量（數字是原始教學評量成績，992學期為不一樣的
教學評量系統）

績相對弱，原因除了學生數學及資訊軟體能力不足外，另外一個就是我的
教學策略或許學生沒有辦法完全適應，再加上學校新政策讓我無法在課程
設計上可以突破。回顧過去學生在課程中最弱的一環其實就是資訊軟體融
入數學課程的部分，有一些同學曾經私下表示，光是學數學就已經應付不
來了，更何況是同時要學軟體解決問題。雖然我相信未來資訊能力絕對是
學生在職場必要的能力之一，但是因為一直無法有效的找到好的教學策
略。在這幾年教學觀察我發現，在一個班級最後可以勉強完成指定資訊課
堂作業且有能力解說的同學約占全班的1/10，這個數字雖然不是精確的數
字，但其意義是代表若要融入資訊教學在「線性代數」，讓學生有效的進
行學習，就必須調整的原來自己所設計的教學架構。1042學期我改變了
想法，要針對不同的學生屬性，在課程中使用不同的教學方法激發學生學
習動機，簡而言之，也就是因材施教。只要老師是以正向的想法，幫助學
生學習，相信學生也會認真的體會到，跟著老師的教學步驟他們在學習上
可以精進。於是我改變了做法，不再全面實施資訊軟體融入「線性代數」

課程。單獨的一節課我進行分組教學，一組由助教帶領，進行課堂複習考試，習題解答，讓學生可以把前次課程不明白的地方，利用這一節課解決，若有多餘的時間，就讓小組進行討論關於線性代數簡史的課堂計畫。另外一組學生為我在學期初招募的學生，招募具有意願想學資訊軟體的學生，我親自教授軟體相關操作，並且可以把進階軟體功能介紹給學生。這群有意願的學生因為是自己想要學軟體，學起來就特別認真，這個學期報名資訊分組課程期初有19位，其中兩位，上完一兩次課程後，就因為不適應而離開資訊分流課程，剩下17位10位左右表現特別優異，甚至有一位同學解決了所有同學都沒有辦法解出來的問題。在課業成績上，這些學生也沒有因為少了一堂課複習功課，成績表現相較於其他同學有相對弱的地方。1042課程調整如圖5.5。

為了進一步了解學生在新的課程架構的學習成效，我開始有在「線性代數」課程進行教學實踐計畫的想法，由於資訊融入分流的做法在我的教學中，仍然在萌芽階段，新的教學架構還有待後續驗證，在1042期初與學生進行分組上課時已經告知我未來將進行相關教學研究也請學生簽署了研究同意書如圖5.6所示，希望後續能夠了解到以學生分流的角度出發實施資訊融入教學，整體班級的成效，希望在未來用相同的課程收集更多學生相關學習成效數據，進一步分析驗證資訊融入分流教學架構是否可以解決長久以來資訊工具融入數學課程的成效，以及提升學生在數學類課程上課的學習動機。

1062學期，配合學校進行政策性課程在「線性代數」課程進行遠距教學，然而，受限於教育部遠距教學的規範，無法在原始的教學架構下進行遠距教學，主要的原因是在於在課程中必須進行課堂計畫─線性代數簡史報告以及程式分流課程，因此，在這個學期中，將原來課程授課的部分應用遠距教學教授相關知識，如圖5.5中使用遠距教學進行基礎知識的傳授。然而在這個學期，因為放假過多，本來應該進行的分流教學，無法順利的進行，最後進行資訊教育分流課程的部分，則使用課堂以外的時間，招募有興趣的同學，進行資訊分流教學。參與資訊分有教學的同學，除了

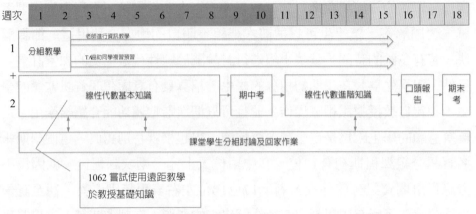

圖5.5　1042修正之線性代數教學結構

「學生分流策略於學習成就之適用性探討」研究計畫

研究參與者同意書

一、前言

您好，非常感謝你(您)願意參與「學生分流策略於學習成就之適用性探討」研究(以下簡稱本研究)，這份同意書(以下簡稱本同意書)主要是要向你(您)充分的說明有關本研究的相關資訊，以便於你(您)決定是否要參加本研究。若你(您)在閱讀本同意書或參與本研究的過程中，對於本研究仍有任何的疑問，歡迎你(您)隨時向工業系授課老師楊康宏提出來，我將為你(您)做詳細的說明和回答。如果你(您)決定參與本研究，請在這一份同意書上簽名以代表你(您)同意參與本研究。若是你(您)在這份同意書上簽名同意參與研究後，想法有所改變，你(您)仍然可以隨時退出本研究而不需要任何的理由。

二、研究計畫的簡介

有關本研究的計畫內容，在此向你(您)簡要說明如下：

1. 研究機構名稱及經費來源：本研究是由中原大學工業系所執行；經費來源是由中原工業系所補助。
2. 計畫主持人之姓名、職稱及職責：本研究計畫的主持人是楊康宏，目前是中原大學的工業系助理教授，負責本

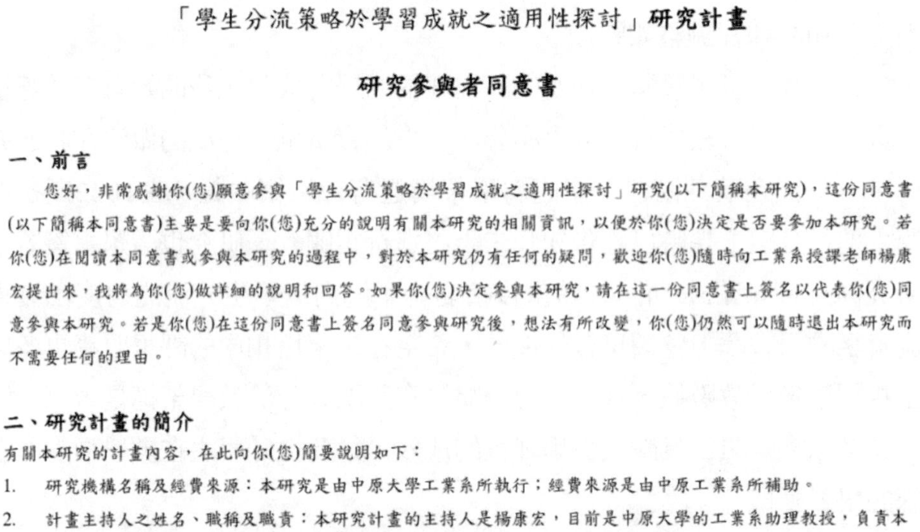

圖5.6　課程分組行動研究參與同意書

線性代數簡史報告之外，也必須對於所學相關資訊程式，進行相關的報告。這個學期只是初步的嘗試，因此在許多資料的收集上，尚無比較統一標準的方法，配合著1062學期在生產計畫與管制課成實施遠距教學，在相同的班級也進行了線性代數的遠距教學，希望分析相同的學生主體，考量另外一個學習風格向度，找到合適進行遠距課程的教材教法。由於數學類的課程通常比較抽象，因此，在教法上我選擇了在教材上進行適當的提

示，如圖5.7，探討不同學習風格的學生在不同教學提示的狀態下學生的
學習成效。

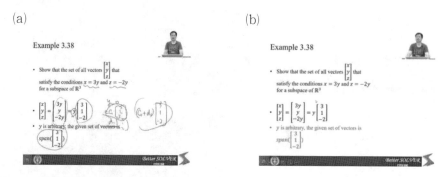

圖5.7　(a)筆跡提示(b)顏色提示

二、教學成效與學生學習成果

　　在氣氛比較無聊的數學課中，有幾個活動，學生比較有動機上課，第
一個就是當我說要隨堂考試的時候，很多原來精神不振的同學都會醒過
來，趕緊看著投影片，然後找相關公式與同學討論。另外就是口頭報告的
時候，因為雖然是相同主題，各組的同學會應用不一樣的口頭報告方式，
介紹線性代數簡史，如圖5.8學生將收集不同的照片，編成一部約一分鐘
的影片同時配上字幕，使用網路上熱門的google小姐唸稿。

　　之前學生也有應用Youtube影片配上一段故事文字，簡介線性代數簡
史。比起一開始學生使用PPT口頭報告的方式方法更加的多元，印象最深
刻的還有學生寫了一首現代之歌的詞。歌詞如下：

當我在線代簡史的報告中
我在google的搜尋沒有盡頭
歷史上有多少的數學家研究線代推導最偉大的證明
恍然大悟早已老去
理論總是在發表之後才會知道數學的奧妙
他們說這就是研究
試著體會試著學習關鍵

$$D = \begin{Bmatrix} a_{11} & a_{12} & \cdots & a_{1r} \\ a_{21} & a_{22} & \cdots & a_{2r} \\ \vdots & \vdots & & \vdots \\ a_{r2} & a_{r2} & \cdots & a_{rr} \end{Bmatrix} \neq 0,$$

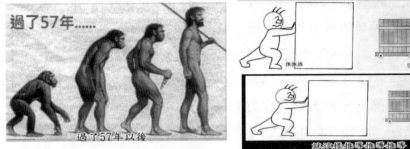

圖5.8　1分鐘影片加上google小姐的聲音唸出17世紀以來的線性代數簡史

還是跟不上高斯的智慧

我不會奢求老師讓我好過

我知道逃避一點都沒有用

只是在這教室裡尤其報告裡還是會想起matrix的事情

我想我的線代是一種病久久不能痊癒

（副）

歷史上偉大研究的數學家

他們沒日沒夜的專心證明

我們應該感謝他們的努力

讓我們享受數學帶來的便利

十九世紀線代研究列車正要開始前進

萊布尼茲拉近了距離行列和克拉瑪公式

1848詹姆斯提出矩陣

從此影響線性代數至今20世紀狹隘的相對論這發明

才發現線性代數其中微妙只是這研究需要花點時間

1777年高斯的出現他的消去法讓計算多方便

而研究終究也會實踐變成實際

（副）

歷史上偉大研究的數學家

他們沒日沒夜的專心證明

我們應該感謝他們的努力

讓我們享受數學帶來的便利

喔~線代這一首曲

喔~謝謝大家的聆聽

謝謝你～～～

102學年第二學期（2013年10月左右）中原大學工業二乙線性代數修課學生 黃宇伶、徐瀞禧、黃怡瑄、張翔傑創作

　　這些作業的表達形式都是用筆試方式無法考核出來的，這首除了詞，還有學生也錄音唱出。這首歌展現了學生幾項的多元能力包含了學生的團隊領導能力，閱讀資料的整合能力，表達能力，以及邏輯能力等。若考慮專業數學學習的角度而言，邏輯力是學習數學必要的能力，也是學完數學後，老師希望培養學生的能力。但是傳統考核方式是沒有辦法做到這一點的。1042學期的課程分組教學，個人覺得成效還算不錯，原因是因為在學生分組後，有學習資訊工具動機的同學最後將指定作業完成，而且超過預期。如圖5.9所示。

　　依照過去的經驗，學生在碎形樹葉的展示上，最多就是按照課本程式碼，依樣畫葫蘆地讓碎形樹葉展示，但是卻不知道如何將課本裡面的矩陣

圖5.9　碎形樹葉旋轉與圖形整數倍放大

概念轉換成程式碼，進行圖形的旋轉鏡射等動作。而在圖形放大的部分，大部分的同學不會處理放大後圖形所產生的陰影，即便是我使用明示的方式告訴同學可以用內插法的觀念，過去所有的學生都是放棄的。而寫出程式的這位同學，在分組的課程中，只要是我交代額外的作業，即使不算分數，都願意多花時間克服困難最後完成指定作業。期中期末的成績（94分，74分）都保持班上最好的成績。在班級內一定有成績最好的人，也有表現不佳待精進的同學，這些同學的表現，都是老師應有的責任，但是，過去我卻執意的讓所有人學資訊工具，並沒有注意學生的差異。這次的課程分組實驗讓我體會到，若可以設計符合學生興趣的課程，可以更激

發出學生的潛在能力而這些能力往往都是老師們當初沒有想像到的成果。雖然以中原學生的學習成績可能不若前段國立大學的學生，但是經過了適當的教導，未來的潛能及發展都是老師們無法預測的，我們要做的就是找開那扇門的鑰匙。

三、學生學習成效

　　本節簡介六次授課的學生的成績表現（不包含1062遠距教學），因為在作業及報告的評分考核，本人是以比較寬鬆的標準進行評分，因此，可能在分數上相對不若期中考及期末考分數客觀，因此，以下將歷年來的期中考及期末考成績列於表5.1進行分析。在1042學期及1052學期所進行的分組教學中，不同組同學的平均期中考及期末考成績列於表5.2。除了成績外，在表中同時列出了成績變異及不同班級的TUKEY分群符號。同一個班級則進行Paired-test檢視班上成績是否進步。

　　表5.1顯示五個班級的成績是顯著不同的。在這七次的教學中，所採用的教科書是相同的[2]，進度也是大致相同，考試的範圍也大致相同。綜

表5.1　線性代數6次授課學生成績分析

學期	992	1002	1012	1022	1032	1042	1052
期中考平均成績	46.18	53.09	35.41	52.68	43.24	45.02	46.46
期中考成績變異	12.66	19.22	13.97	20.84	18.87	23.18	26.46
期中變異係數	0.27	0.36	0.39	0.40	0.44	0.51	0.57
分群	AB	A	B	A	AB	AB	AB
期末考平均成績	42.45	53.41	64.46	62.04	34.40	38.69	37.28
期末考成績變異	16.99	20.78	12.47	20.64	13.08	16.57	26.23
期末變異係數	0.40	0.39	0.19	0.33	0.38	0.43	0.70
分群	C	B	A	AB	C	C	C
Paired T-test	顯著	不顯著	顯著	顯著	顯著	不顯著	顯著
分數方向	↓	↑	↑	↑	↓	↓	↓

---

[2]　教科書版本有修訂，但授課內容及進度幾乎相同。

表5.2　1042線性代數分組期中考及期末考成績分析

學期	1042			1052		
	隨堂練習組	程式組	Two samples t-test	隨堂練習組	程式組	Two samples t-test
期中考平均成績	44.7	45.7	不顯著	42.08	54.71	不顯著
期中考成績變異	24.1	21.9		4.32	7.34	
期中變異係數	0.54	0.48		0.10	0.13	
期末考平均成績	37.8	40.6	不顯著	32.03	37.0	不顯著
期末考成績變異	16.7	16.6		3.22	8.77	
期末變異係數	0.44	0.41		0.1	0.24	

合評斷總體成績1032與1042學生的總體成績是最差的，這與少子化整體學生的素質整個往下降似乎有呼應的關係，另外，這兩個班級也是我改變教學結構的兩屆學生，學生成績下降也有可能是我自己本身在教學結構正在轉換的結果。我認為數學課如果不是三學分的進行，分散的課堂，除了造成老師上課的干擾，也會造成學生學習的障礙，此外，我發現使用對所有同學進行兩種教學法在數學課中，學生最後會選擇考好考試，對於資訊能力的培養，基本上都是放棄的。但是進行分流後的學生，可以看到程式分組的學生因為是自己想要多學習，所以除了在課堂是的要求，必須額外多進行程式撰寫的工作，從1042及1052的程式課程學生來看，期中及期末的成績，並沒有因為多花時間在程式上有明顯的差異（表5.2），這也表現在1032學期和1042學期的學生身上，讓學生可以自由選擇想要學習的方式，1042相較1032的課程學生成績有略微往上的趨勢。一般而言，我的授課期末考的題目難度是高於期中考，992及1032期末考成績相對期中考成績是顯著下降的。1012的班級在考試難度上升，成績反而顯著上升，而且是上升很多。這個班級事實上我並沒有嘗試導入新的教學法。回頭檢視這個班級，我曾經教過這個班級兩次，這個班級整個班級學習風氣

是很好的，學習動機也強[3]，就我所知，班上同學想出國進修的比例也高於我所教授的其他班級，我想唯一調整就是這個班級我開始不規範他們如何進行口頭報告，讓他們自由發揮創意進行小組合作，或許透過這樣的小組活動，激發了他們的創意，也激發他們的學習動機，相較於1022學生，1012的學生整體變異係數是較低的，也就是班上平均分數是比較集中，學習成效較佳。

在1032無法及時及適當的因應學校排課政策的調整，造成原來三學分的數學課程被拆開後，原有教學架構被破壞，因此，在1042做了課程的微調，1052學期比照1042教學架構，讓學生依照自己的意願進行比較困難的課程。表5.2顯示兩組的學生並沒有因為分組教學在教學成效有差異，在期中期末考的平均成績上面可以觀察到程式組比其他同學的成績要略高，因此，在此推論學生的學習動機會影響學生的成績，老師提供多元的教學讓學生可以選擇自己較有興趣的上課形式，至少學生比較不會因為抽象的數學理論而弱化學習動機影響成績表現。

四、「遠距教材於視覺學習風格學生學習成效之探討——以線性代數課程為例」碩士論文簡介

Lijia and Atkinson（2010）透過視覺化提示輔助教學課程研究證實能夠幫助學生的學習，因此，在這個教學實務研究中，就參考了Dell et al.（2015）所提出遠距教學中UDL（universal of design）有關教材的四項設計原則如下，進行教材設計。

1. 決定教學內容後在進行學習教材的設計
2. 提供簡單且一致的瀏覽方式
3. 在投影片的設計上，預留空白的部分提供給教學者書寫
4. 謹慎的使用字體與顏色

---

[3] 這個班級在三年級的「生產製造與管制時的PBL小組活動的團體表現也是相當的好，比其他班級都好。

其中，1062「線性代數」遠距教學課程參考第四點原則設計遠距課程教材的展現方式（如圖5.7(a)(b)）希望了解不同學習型態風格的學生，在遠距教學環境下的學習成效。由於學生透過遠距教學學習的主要是透過觀看以及老師對於教材的講解說明，因此，在研究中選擇了學習風格中的聽覺及視覺屬性作為分類學生風格的依據，此研究目的主要有三：

1. 遠距教材設計對學生的學習成效影響。
2. 交叉分析學習風格對學生的學習成效影響。
3. 交叉分析遠距教材與學生學習風格對學習成效影響。

(一)研究流程

研究正式實施於106-2學期的「線性代數」課程，在106-1學期期末前先行進行將上課的學生學習風格調查。研究採用Silverman和Felder的學習風格分類量表，量表可以測出學生學習風格的四個向度包含，主動—反思、感官—直覺、視覺—聽覺、循序—總體。研究主要探討遠距課程教材視覺化設計與學生的學習成效之間的關聯，因此，學生的學習風格只考慮與視覺有關的向度，即視覺/聽覺型，作為學生分組的依據。整個研究的流程如圖5-10所示。

圖5.10　研究流程圖

學生學習風格測驗完的分數共分為3組，分數在5分以上的學生學習風格為視覺型，分數介於-3分到3分，學生的學習風格訂為平衡型[4]，而分數小於-5分，學生的學習風格為聽覺型，如表5.3所示。

表5.3　學生學習風格分類方式

視覺				平衡				聽覺			
11	9	7	5	3	1	-1	-3	-5	-7	-9	-11

4　平衡型的分數範圍，在我所查詢的文獻範圍內，並沒有一個比較明顯的標準。

依照表5.3學生學習風格的分類方法，將班上分爲兩組，一組學生爲手寫提示組，一組學生爲顏色提示組，而在兩個分組之內，盡可能地將不同學習風格的學生人數加以平衡，分組人數如表5.4所示。結果顯示「線性代數」課程班上大部分的學生屬於視覺型以及平衡型，聽覺型的學生人數相當的少。

表5.4　兩組學生人數的學習風格分布

	手寫提示組	顏色提示組
視覺型	15	17
平衡型	13	11
聽覺型	2	1

　　除了一些量化的資料收集，在期中考遠距教學結束之後，進一步的收集學生的質化意見，藉由質化資料的分析，進一步了解學生對於這個學期教學課程教材相關回饋，這些分析資料在未來可以作爲提升遠距教材精進的依據，進一步提升課程品質。表5.5爲各組訪談人數的分佈。

表5.5　訪談各組人數的分佈

組別	手寫提示組			顏色提示組		
學習風格	視覺	平衡	聽覺	視覺	平衡	聽覺
人數	2	2	1	2	2	1

　　研究使用的學習平臺爲ED puzzle，其說明在4.2.5節有詳細的說明在這裡就不再詳述。另外，遠距教學結束後的訪談題目列於下：

1. 對於遠距教學的教材設計以顏色的方式呈現與手寫的方式哪個比較好？爲什麼？
2. 是否有搭配課本、網路等其他資料。
3. 對於隨堂作業的繳交時間與其他意見。
4. 對於面授與遠距教學較偏好於哪一種上課方式？爲什麼？

　　爲了讓訪談的資料得以量化以確立學生對於「線性代數」課程學習的情境的看法，研究也將文字回饋嘗試進行量化分析，以確定課程質化成效。

(二)研究分析與成果

期中考成績分析

　　研究將期中考學生的成績進行分群，以高分群（55-75）、中分群（35-55）以及低分群（35分以下）分成三組。表5.6顯示兩個組別中三群學生的人數以及平均分數，結果顯示手寫提示組的同學平均成績優於使用顏色提示的同學。而高分的同學人數也高於顏色提示組的同學，由這裡推測可以知道手寫提示的「線性代數」課程教材對於學習成績的影響優於顏色提示的教材引導方式。

表5.6　手寫提示組與顏色提示組期中考成績比較

	高分群	中分群	低分群	平均值（分）	標準差（分）
手寫提示	8人	11人	5人	42.3	17.4
顏色提示	3人	16人	7人	36.6	17.1

　　若直接考慮視覺型學生在兩個不同提示下期中考的成績表現如圖5.7，分析結果顯示總體的平均成績手寫提示組優於顏色提示組。在視覺型同學對於遠距教材教其他人更能夠適應的假設下，由成績分析可以知道視覺型學生更合適於手寫提示教材。雖然在一般的教學環境下老師無法知道學生的學習風格，但是，如果可以在上課之前徵得學生的同意了解到學生的學習風格，則會更有效地設計出合適的教材教法，提升學生的學習成效，綜整目前的分析知道手寫提示於投影片中可以幫助學生有更好的學習。

表5.7　視覺型學生於手寫提示組與顏色提示組期中考成績比較

	高分群	中分群	低分群	平均值	標準差
手寫提示組	3	7	2	41	17.5
顏色提示組	2	10	3	36	16.4

學生期中考遠距教學複習成效

　　本節比較兩組學生在經過九週遠距教學後，評估兩組的學習狀況，並

且調查各組在期中考前是否有複習的情況，爲了驗證學生的學習成效，期中考的每一個題目都對應著每一週的上課內容，如此的設計是希望藉由了解遠距課程複習的程度和期中考成績的關聯性，表5.8爲期中考題目與相對應遠距課程教學內容。表5.9顯示學生在期中考前複習遠距課程的統計，從表中可以看出來學生並不會完整複習所有課程，這可能是和學生本身準備考試的習慣有關，大多數的同學都複習在三次（含）以下，表示大多數的同學考試複習，並不完全依賴遠距教學的線上教材。

表5.8　期中考題目對應遠距課程內容

期中考題目	課程影片
第1題	第二週隨堂練習第7題
第2題	第四週第隨堂練習2題
第4題	第四週第隨堂練習3題
第5題	第五週第隨堂練習3題
第6題	第四週application例題
第7題及第8題	程式練習freemat

表5.9　期中考學生複習狀況

複習單元數	未複習遠距單元	1	2	3	4	5	6	7
複習學生人數	21	6	9	11	4	2	2	1

此外研究中另外比較了在比較期中考前未利用遠距教學複習（21人）與有利用遠距教學複習（35人），分爲兩組透過獨立樣本t檢定檢定比較兩個群組間的期中考成績平均數差異，由表5.10可以看出有利用遠距教學複習遠距課程的學生，在成績的表現上與未使用遠距教學複習的學生有顯著差異（顯著性$P = 0$），亦即有進行遠距教學的同學，再次經由老師的教學得到某一程度的幫助。雖然遠距課程在中原大學工業與系統工程學系對於所有學生教學成效還需要有更多的證據支持證明有顯著成效，但是作爲補救教學而言，對於學習動機強且能夠適應援具教學的同學應該具有一定的教學成效。

表5.10　中考學生有無複習獨立樣本t檢定

	平均值	標準差	t	自由度	顯著性
有複習遠距課程	42.114	19.352			
沒有複習遠距課程	23.046	14.130	3.995	55	0

隨堂成績分析

　　在九週的遠距教學，第一週的課程爲講解課程大綱與軟體安裝、操作，其餘的八週皆有隨堂練習，在此分析排除無隨堂練習的第一週，此外，聽覺型學習風格的學生在人數上只有3人相較平衡型及視覺型風格學生要少很多，因此，在這個分析中也排除聽覺型學習風格學生，所以本表只比較視覺與平衡型的學習風格，在這八週內的隨堂練習表現，由表5.11可得知視覺型的學習風格在這八週的隨堂測驗中，學習成績皆高於視覺—聽覺平衡型學習風格的學習成績。在此可以推論，相較於視覺—聽覺平衡型風格的學生，遠距教學的方式更適合於視覺型學習風格的學生。

表5.11　視覺型與平衡型學習風格隨堂成績比較

	第二週	第三週	第四週	第五週	第六週	第七週	第八週	第九週
視覺型學習風格	55.8	55.5	62.1	82.6	55.8	61.0	64.6	47.3
視覺-聽覺平衡型風格	38.3	51.1	47.9	80.8	47.2	48.1	58.0	47.1

課程回放紀錄與隨堂成績分析

　　研究同時分析了學生的觀看次數與隨堂成績的關聯性，應用各週的相關係數分析影片回放次數以及隨堂作業成績如表5.12所示。雖然每一週的成績與影片回放的關係呈現中度相關，並非強相關，但是仍然可以推論當學生的教學影片回放次數增加時，對於學生的學習成績有一定程度的幫助。

表5.12　各週相關係數

	第二週	第三週	第四週	第五週	第六週	第七週	第八週	第九週
相關係數	0.50	0.40	0.41	0.43	0.45	0.45	0.48	0.59
顯著性	0.003	0.028	0.022	0.009	0.009	0.003	0	0.006

深度訪談內容分析

　　為了進一步了解不同學習風格的同學對於課程的質化意見，此次研究輔以訪談方式進行分析，在不同的分組不同的學習風格學生隨機選擇，如表5.13所示，表5.14為所有評分者對於訪談者的分數評分。

表5.13　實際受訪學生學習風格分布

組別	手寫提示組			顏色提示組		
學習風格	視覺	平衡	聽覺	視覺	平衡	聽覺
人數	3	1	2	3	1	0

　　訪談內容分析方式與4.2.5節方式相同，為分析逐字稿每句的句子內容，由不同評分者判斷該句子是否對遠距教學持正向、中立或負向的態度，以下為其中一位受訪者逐字稿，由一位評分員的分析如表5.14：

　　遠距教學相較於面授來說非常的有彈性，可以自己安排自己的時間，但是需要更多的動力跟自制力，個人覺得遠距教學比較需要更多得時間吸收，因為老師面授課程的時候，有時候會聊天或是講一些好笑的事情，我比較可以提升注意力。我會非常注意到老師寫的公式，比較可以抓到老師上課的重點，隨堂時間要看隨堂的難易度，有時候隨堂作業太難了，加上下午又有其他課，會導致作業寫不完，期中考個人只複習有錯的部分，我會上網查資料有時候需要查單字，面授比較可以同學互動可以互相學習，但是遠距教學比較有彈性，可以自己做自己的事情。

表5.14　訪談資料分析範例

訪談內容	正向	中立	負向
1.遠距教學相較於面授來說非常的有彈性	O		
2.可以自己安排自己的時間	O		
3.但是需要更多的動力跟自制力			O
4.個人覺得遠距教學比較需要更多得時間吸收			O
5.因為老師面授課程的時候		O	
6.有時候會聊天或是講一些好笑的事情		O	

訪談內容	正向	中立	負向
7.我比較可以提升注意力			O
8.我會非常注意到老師寫的公式	O		
9.比較可以抓到老師上課的重點	O		
10.隨堂時間要看隨堂的難易度		O	
11.有時候隨堂作業太難了		O	
12.加上下午又有其他課		O	
13.會導致作業寫不完		O	
14.期中考個人只複習有錯的部分	O		
15.我會上網查資料有時候需要查單字	O		
16.面授比較可以同學互動可以互相學習			O
17.但是遠距教學比較有彈性	O		
18.可以自己做自己的事情	O		
結果統計	8	6	4

表5.15　訪談內容分析

	評分者A			評分者B			評分者C			總句數
	正	中立	負	正	中立	負	正	中立	負	
1	10	3	4	8	4	5	9	3	5	17
2	5	1	2	6	1	1	4	2	2	8
3	3	1	4	5	1	2	2	2	4	8
4	4	2	2	3	3	2	3	2	3	8
5	10	6	9	8	8	9	9	6	11	25
6	9	6	11	11	8	7	10	9	7	26
7	10	5	6	9	6	6	11	5	5	21
8	8	4	5	9	5	4	6	5	7	18
9	4	3	3	3	2	5	2	4	4	10
10	3	4	2	4	2	3	4	3	2	9

　　為了進一步分析所有訪談者的資料，研究將分數予以正規化，方法為

將正向或是負向語句除以總句數後，再將正負兩個值相減，加總三位評分者的分數，則為正規化下的評分分數，正值表示該受訪者對於遠距教材以及遠距課程程持正向態度，反之則持負向態度。由表5.16的分析結果顯示7位同學持正向態度，3位同學持負向態度，因此，可以認為本次的教學，班上學生對於教學者的教材教法持偏向正向態度。

表5.16 訪談資料分析正規化

評分者	評分者A			評分者B			評分者C			分析結果
	正向	負向	差值	正向	負向	差值	正向	負向	差值	
1	0.59	0.24	0.35	0.47	0.29	0.18	0.53	0.29	0.24	正
2	0.63	0.25	0.38	0.75	0.13	0.63	0.50	0.25	0.25	正
3	0.38	0.5	-0.12	0.63	0.25	0.38	0.25	0.5	-0.25	負
4	0.50	0.25	0.25	0.38	0.25	0.13	0.38	0.38	0.00	正
5	0.40	0.36	0.04	0.32	0.36	-0.04	0.36	0.44	-0.08	負
6	0.35	0.42	-0.08	0.42	0.27	0.15	0.38	0.27	0.12	正
7	0.48	0.29	0.19	0.43	0.29	0.14	0.52	0.24	0.29	正
8	0.44	0.28	0.17	0.50	0.22	0.28	0.33	0.39	-0.06	正
9	0.40	0.30	0.10	0.3	0.5	-0.20	0.2	0.4	-0.4	負
10	0.33	0.22	0.11	0.44	0.33	0.11	0.44	0.22	0.22	正

另外，在訪談之間也整理出受訪學生對於使用手寫提示以及顏色提示的意見，此處為假設問題，所回答的為受訪者的主觀意識，因為所有受訪者均只接受手寫提示以及顏色提示，根據學生主觀意識的回答，大多數的學生傾向手寫或是有少數三位同學認為手寫或是顏色提示並沒有差異，因此可以認為在設計線性代數遠距課程教材因以手寫提示作為主要方式。

表5.17 受訪學生對遠距教材偏好

受訪者	手寫	沒差異	顏色
1	○		
2	○		
3	○		

受訪者	手寫	沒差異	顏色
4	○		
5		○	
6		○	
7		○	
8	○		
9	○		
10	○		

五、討論與反思

　　數學類課程對工業系學生吸引力本來就不高，有另外一門課選修課「離散數學」其實也是三年級「作業研究」的先修課程，因爲是選修的關係，這門課開了兩次之後，就沒有學生願意修這門課。工業系的專長相較於其他科系來說是模糊的，很多人大概知道電機系、機械系、土木系所從事的行業，但是對於工業系的職業，好像沒有辦法精準地說出工業系畢業後學生要從事什麼行業。就我的認知，工業系畢業生的專長就是解決問題，而擔任的職位往往是公司中階以上的管理職位。解決問題最重要的有時候並不是高深的知識，而是要有各種具體的能力，例如有快速理解問題的能力，有協調組織執行問題解決的能力，有邏輯推理思考創意思考能力，有與溝通他人的能力。數學類課程主要就是在培養學生邏輯思考能力，事實上是很重要的課程，這也就是工業系課程中要包含「線性代數」等數學課程的原因。然而這些專業課程事實上是需要學生有一定的數學基礎修習，比較不會有學習壓力。因此，在教授數學課時，實際上若單純使用講授式教學，相信學生的成績應該會跟一年級的「微積分」課程一樣，學生只是單純應付學習，只要修過「微積分」就好。而我對於課程的設定不僅讓學生學會數學專業知識，而且透過學習專業知識的過程，可以同時提升問題解決能力。課程實施了七年了，除了應用分流教學，將對於資訊工具有興趣的學生進行抽離教學外，另於第八年嘗試了融入遠距教學課程

於課程中，藉由行動研究發現，遠距課程的教材應該針對學生的風格屬性進行設計，雖然在課程上努力的許久，但是還是有很多地方需要精進，老師是沒有權利選擇學生，能夠做的是提升自己的教學知能，透過課程教授，提升學生學習成效。相信資訊融入或是遠距教學不是唯一提升學生學習動機的方式，我會持續在不同的教學方法中尋找答案，希望能將線性代數課程發展成一門讓學生收穫滿滿的課程。

六、小結

「線性代數」設定的教學目標為下列所示。

1.1對於專業課題具備確認與解決問題之能力。

2.1具備參與實務問題分析、解決及實作之經驗。

3.2具備團隊合作與溝通領導之能力。

在「線性代數」中除了講授式教學、期中期末考的實施，隨堂考試，另外加上兩個課堂計畫考核。透過講授式教學、期中期末考的考核，並且要求學生將課本中有關於碎形圖形或矩陣應用的知識，透過資訊軟體實現出來，符合教育目標1.1及2.1。學生以「線性代數」簡史為主要標的，經過小組討論方式，決定應用多元表達方式，例如：PPT口頭報告、戲劇、影片、歌曲及廣播劇等方式形成「線性代數」簡史課堂計畫，充分展現小組團隊合作能力，學生藉由課堂計畫提升溝通領導能力，符合教育目標3.2。在教學的亮點方面有三，如下所述。

1. 資訊軟體融入教學結合分組教學，應用適性教學概念，讓不同屬性的學生，在共同的教育目標下，可以一同學習。

2. 課堂計畫小組報告採用多元形式呈現，透過小組討論，學生充分發揮創意，提高創造力，進一步激發學生對於「線性代數」課程學習的動機。

3. 針對在遠距教學下設計合適的遠距教材提示，增加學生的學習成效。

中原工業系的許多學生對於數學類課程接受度並不高，若以自己教學理念而言，學習深奧的數學概念，對於可以邏輯化系統化的解決現實問題

並不一定絕對有正向關係。因此，爲了盡可能讓所有的同學可以經由數學課程提升能力，對於原來課程內容或是教學教法，應該重新檢視並於每一次教學完後重新檢討，舉例而言，原來一些在課程內容中提到有效運算矩陣的理論，以現在資訊軟體發達的時代，太過艱深的理論，應該予以簡化教學，把節省下來的時間，讓學生了解這些原理如何可以實際運用在相關的應用以及解決實務問題。而我需要更努力的部分是希望可以將實務應用與「線性代數」進行連結，進行更有效的教學引導，讓學生在學習數學的過程中，不要只有感到挫折，而且產生排斥感，這一部分也是未來我持續積極努力的。

第六章
大學部「電資與人類文明」

摘要

1. 「電資與人類文明」為大一院通識必修課,由於為統一課綱,要實施教學策略的彈性不大,本次授課應用PBL教學策略將專業倫理融入課程,透過所設計四週的PBL教學架構,讓學生學習工業工程相關知識。
2. 檢視PBL教學架構在大一通識必修課的實施成果,由於本課程為臨時代課,課程無法與其他老師進行有效協調及學生未重視通識課程的情況下,PBL教學成效與學生學習成效仍有精進空間,約48%的學生完整完非原始課程PBL中所指定的作業及考核。

　　「電資與人類文明」課程的前身是「工業工程概論」課程,其由電資學院各課程一年級的概論課相互融合,形成院通識課程。這樣的做法原來是希望學生除了自身科系的專業外,還可以了解屬性其他專業系所,進而增進知識的廣度。這是我第一次也是直至目前唯一一次的院通識授課。這門課是統一課綱,共有五個班級同時在1042上課,一班有一個主要負責老師,但是老師在每班上課的時數大約是3到6節課。每個老師可以在統一課綱上可以進行課程的微調。上課的方式比較像是講座式教學、演講或是講授式教學。主題內容包含下列16個主題,而第1到第4的主題為主要我授課的部分:

1. 全球暖化與人類文明—電資人的使命
2. 工業工程的昨日、今日、明日
3. 機器人簡介
4. 製造自動化與智慧型工廠
5. 電子工程—塑造奇幻世界的魔術師
6. 摩耳定律—晶片技術的飛躍與琳琅滿目的應用

7. 通訊系統－二端情意溝通與資訊交流的平臺

8. 電子披薩－超新石器時代的產物

9. 資訊工程師－想讓電腦變得更聰明？

10. 世界是平的－網路拉近了人與人的距離？

11. 從電子遊戲演進看資訊軟硬體發展

12. 第四次工業革命－看資訊科技如何改變世界

13. 電機的奇幻王國－電流與磁場的交響曲

14. 轉動世界的力量－發電機傳奇

15. 電子垃圾－美麗科技的副產品

16. 電視春秋－方盒子裡的人生

　　這四個主題的授課時間在工一甲班分別在2/19，2/26，4/22，5/6，6/3，6/10及6/17（共14小時上課）。對於我而言，原始的課程設計對我來說是相當陌生的，因為在其他班級授課時數與在負責的班級是不一樣的，也就是每一個班級的授課時數並不同，但是因為課程是事先安排已經既定，所以也必須接受這樣的安排。就我對課程的了解，學生在課堂上的活動大概就是撰寫上課心得，到了期末老師會讓學生選擇適當的主題進行口頭報告。但是由於課程內容不聚焦，雖然課程內容偏向通識，但是對於剛進學校的一年級學生，還是有一定的困難度。

一、教學架構與用問題導向學習融入專業倫理課程

　　課程的第一個單元是地球暖化，這是一個全球的議題。工業系同學未來畢業之後，大約有超過50%的同學進入了製造業，而製造業的發達被認為與地球暖化有高度的相關，因此，在我能夠掌控的課程中，希望聚焦這個議題，實施PBL課程，提升學生的學習興趣。在地球暖化的課程內容主要提到環境變遷與工業工程發展關係，在2015年時一部紀錄片－柴靜所拍攝的紀錄片「穹頂之下」引起了全球的矚目，裡面所提到的PM2.5極細微粒與地球暖化有著密不可分的關係，而PM2.5的元兇來自於煤炭、石化

原料的過度使用，以及人類的貪婪不願兼顧專業倫理所造成的綜合結果。因此，在有限的課程時間之內，我希望除了增廣學生通識知識之外，還希望搭配課程的實施，將專業倫理融滲在課程中，讓學生可以體認專業倫理的重要，課程設計如圖6.1所示。

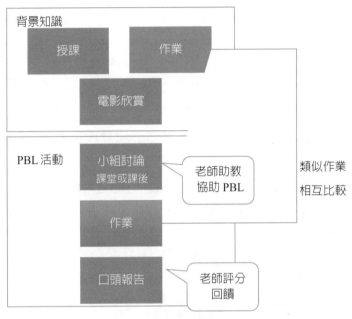

圖6.1　融入專業倫理於「電資與人類文明」的PBL課程架構

　　在課程設計中，建立背景知識的方式為利用講述法授課配合電影欣賞，讓同學了解什麼是地球暖化現象，什麼是地球暖化議題，以及什麼是PM2.5及大陸的重汙染工業之間的關聯。回家功課延伸授課內容形成與課堂PBL活動相關的問題，目的在於檢核同學經過PBL活動後是否提升相關知識知能，並且了解專業倫理基本知識。在這個PBL的活動設計中，並沒有一個比較具象的問題，於是提供了學生一些參考問題作為PBL活動的基礎。於是在PBL的活動中參考的題目為

討論參考問題一：(1)為什麼會有PM2.5的問題？(2)臺灣也有這樣的問題嗎？

討論參考問題二： PM2.5到底與什麼倫理有關？

討論參考問題三： 生活周遭什麼是與PM2.5有關？

討論參考問題四： ⑴倫理個案問題的實質意涵到底什麼？⑵會影響我們的生活嗎？

討論參考問題五： 從倫理八步驟中，如何可以概念的「解決」問題？

　　學生依據討論問題在課堂上進行小組討論或是在課後進行小組討論[1]，學生第一次在看完影片後討論出五個參考題目的可能解答，不熟悉或有疑問的部分則安排在課堂上進行跑動式討論活動，讓小組成員可以充分獲得其他組的相關資訊後進行綜合整理形成最後口頭報告的材料。最後，在學期結束之前，班上每一個人將針對過去的作業重新修正，讓老師可以評估此次PBL教學活動介入是否有效。圖6.2為PBL跑動式討論的示意圖，圖6.3為2016/5/6上課時實施PBL跑動式討論的實景。圖6.4為PBL活動實施規則。

圖6.2　學生充分討論五分鐘後，至下一組繼續與他組討論

大學課程的多元教學與實務

210

---

[1] 授課時數只有六週，扣除學2/9及2/26課程，真正可以工作操作PBL教學活動只有四週。

圖6.3　「電資與人類文明」跑動式PBL討論活動

PBL課堂活動-PM2.5 與??倫理

- 活動說明：
  - 討論及詢問問題10分鐘
  - 每一個組分為兩小組，一小組固定在討論桌擔任回答人員，另一小組則進行跑動並擔任問題提問者。提問的問題為前次小組討論未完成的追蹤事項或是新發現的問題尚未找到合適或合理解答均可以成為問題提問。
  - 跑動小組必須記錄固定小組的意見回饋，若固定小組無建設性意見，則對於固定小組下次的作業扣2%的分數，並得以累計扣分，例如某一組累積了四組無建設性意見回饋則下次口頭期末報告的口頭分數將扣8%。
  - 所收集到的各組意見，必須要有對應回饋，至至少將他組給予的建設性意見融入期末書面報告，於報告中須註明由哪一組回饋意見。每一個融入一件精進書面報告者，將予以3%的加分。例如：在報告中融入了來自第一組及第三組的意見，並予以精進，則書面報告給予6%的加分。
- 最後的書面報告需要附上每一個人的個人心得及第二週作業的第二題，作為最後書面報告的成績小組中每一個人的評分區別。口頭報告PPT及書面報告在5/31午夜之前繳交。
- 6/17最後一堂課會請各位課後填寫加分問卷，填寫者加總分2%，連同之前學習風格及人格特質問卷計算，所有問卷均填寫者共可以總分6分。

圖6.4　PBL課堂活動實施規則

二、教學成效、學生學習成果及討論反思

　　這門課是我第一次教授大一的通識課程，將專業倫理結合這門通識課程並不是在原始通識課程的設計當中，授課的一開始也沒有這樣的設計。當我拿到標準教材準備授課的時候才發現，雖然通識教材內容還不至於學生無法學習的狀況，但是由於標準教材的內容太過豐富，對於還未累積一定專業知識的大一學生，要能夠有效率的吸收這麼多的課程內容，應該是有困難的。因此，在課程4/22上課[2]時，開始了PBL教學活動。學生對於PBL教學是陌生的，雖然學生在中學階段多多少少有經歷過小組討論課程，但以考上中原大學的學生族群，在高中階段多是專心在基本學科的考

2　約於4月10日開始進行微調「電資與人類文明」課程架構由PBL活動取代的初步規劃。

試,對於如何進行有效率的小組學習幾乎是沒有任何經驗。因此,在學習成效的部分,就不能對於學生太過於苛責或是要求,我的目標還是以提升學生的學習動機及學習態度為主,對於PBL中最主要的核心活動就是希望學生可以從過去自己的經驗訂定出一個複雜問題,進而擬定學習目標,確立所缺知識的活動,在這短短的PBL活動當中,不太能要求學生完成定義出適切題目。在PBL教學活動進行之前,跟學生說明了活動的產出,例如:希望可以訂定出一個問題等。由於時間的限制以及學生缺乏進行小組討論的經驗,我採用替代方案,提供學生參考問題,並舉出如果是我,如何從影片中發現線索或從網路資訊中歸納出如何回答問題的方法。在示範完我進行PBL的活動邏輯後,學生才進行討論活動,依據指定問題進行小組討論及延伸發想。

　　大部分的學生表現的中規中矩,大致可以依照我設計的PBL教學架構進行,但是在創意發想上面幾乎所有的學生都出乎我的意料,所有的學生大多完成我所指定的討論問題,並沒有因為小組討論產生規範以外的問題。我推測可能有幾個原因;第一:雖然我已經在其他課程實施過PBL教學活動,但是於低年級通識課程實施PBL教學則是第一次,無法有效刺激學生創意發想;第二:我對於學生屬性不清楚,沒有辦法即時客製化的調整PBL教學步調,學生也可能還在適應老師的教學;第三:學生上通識課的心態與是專業課程的心態不一樣,通識課程在大學生的印象當中,是不需要多付出努力像學專業課程一樣;第四:我過度的修正了PBL的實施步驟,可能扼殺了學生潛在的創意;第五:除了我與一個支援的研究生,無足夠教學人力協助PBL教學活動。這五個部分主客觀因素都有,但是我自己最需要調整的部分應該是第四點的部分,我應該在學期開始之前了解整個課程架構,以及過去院通識教育目標,針對可能的客觀限制,更早對課程規劃進行規劃,減少邊上課邊微調課程的機會。一些可能問題的擬定以及給予學生的相關指示應該也要精確的設計過。另外一個議題就是授課老師之間彼此是不溝通的,若要進行PBL活動,雖然每個老師的講題是互不干擾的,但是在打算實施PBL課程時應該也要跟相關老師協調,並討論是

否請其他老師協助部分PBL活動的進行，例如：提醒學生準時完成PBL所交付的作業，以及提早完成相關討論等，而可以避免在短時間進行PBL在課程銜接上落掉一些重要的流程，例如：可以多宣傳除了指定討論題目，應該多一些同學自己的想法，形成可能的創新問題等。

　　比較值得注意的一點是在工業一甲的課程中，共有六位來自其他院的學生，四位來自於室內設計系，而且都是印尼的僑生，兩位來自應華系一年級的學生。四位印尼僑生只有一位二年級生勉強中文可以聽，其餘三位的印尼僑生，基本上沒有辦法聽懂中文，必須輔以英文說明才能理解中文。在學期之初我並不清楚會有幾乎不懂中文的學生或是人育學院的學生修習課程，在第一節課確定學生會繼續修習課程不轉班後，下一節課開始所有中文投影片均加上英文說明，上課時也與本系學生溝通，上課的說明可能會中英文夾雜，所有學生也同意這樣的方式進行。由於在院課程為統一課綱，學生並沒有期中考及期末考的考核，因此，在這門課並沒有相對客觀的考試分數可供作為分析。在PBL活動實施時，根據圖6.1的課程架構設計，在PBL策略介入後，會有一個作業，作為審核學生是否經由這個教學成績有進步。分析結果如表6.1所示。

表6.1　PBL活動介入後學生作業成績考核評估

全班人數	完成PBL活動課堂討論並繳交討論意見	完成PBL活動關於PM2.5與倫理之心得	完成繳交最後作業人數	經介入有進步人數	無明顯進步人數
63	63	63	30	10	20
100%	100%	100%	47.6%	15.9%	31.7%

表6.2　「我要去馬組」的課堂討論單

1.(1)為什麼會有PM2.5的問題？(2)臺灣也有這樣的問題嗎？	因為燃燒煤、油等石化燃料，造成顆粒大量懸浮在空中，沒有進行處理。臺灣因為也有化石工廠，所以多少也會面臨這樣的問題。
2.PM2.5到底與什麼倫理有關？	我們這組討論出來的是環境、企業與法律。環境倫理就如同我們上個問題的答案一樣，因為沒有及時處理髒空氣，所以導致空氣汙染，或是影響到周遭環境，那些化學物質可能會

	使附近居民容易生病。而企業倫理就是跟企業經營他們公司的態度有關，有些企業為了降低自己的成本，不顧及社會，等到政府真正要執行公務時，才會認真處理PM2.5造成的問題，而且只認真處理一段日子，之後又故態復萌。而法律倫理則是可能有些公司為了逃避法律制裁，公司內部黑箱作業，造假文件，以此逃避法律。
3.生活周遭什麼是與PM2.5有關？	在眾多排放源中，有一大部分來自火力發電廠、石化廠、煉鋼廠等工業。而且工業排放的細懸浮微粒中，又含有較多有害物質，一旦降沉到地面，工廠附近的居民健康風險也比較高，大部分都是因為燃燒產生的。
4.⑴倫理個案問題的實質意涵到底什麼？⑵會影響我們的生活嗎？	所謂「環境倫理」，只是把傳統的「社會倫理」的對象，擴大成為「自然界中非人類的個體」或是「自然界整體」而已。環境倫理學探討的是如何適當關懷、重視，並且履行我們保護自然環境之責的理論與務實作法。
5.從倫理八步驟中，如何可以概念的「解決」問題？	環境倫理要建立以合理利用自然資源為核心的工業發展，實施清潔生產。要調整產業結構，大力發展質量效益型、科技先導型和資源節約型企業，逐步將工業汙染控制，由生產末端治理轉到首端預防，將汙染物消除在工業生產過程中
6.後續追蹤	PM2.5被證實了會導致肺臟及心血管疾病外，也可能導致肝癌，並提高死亡風險。因此政府應該定期檢驗工廠的廢氣排放是否進行過處理，並且嚴格制定懸浮微粒的標準，不能因為官商勾結而危害到居民的健康。像現在，北市政府制定了柴油車輛稽查四合一專案，目的就是為了管制柴油車排放廢氣的問題，針對包括公車、客貨運、遊覽車、物流業者等族群進行稽查。藉此減少空氣汙染。再來，說到企業，政府也應該嚴格把關有沒有企業有剝削勞工這個問題，並檢查內部有沒有官商勾結或黑箱作業。定期進行稽查與追蹤，將傷害降到最小。

在院課綱中所規定的最後學期成績考核是口頭報告及隨堂心得報告，所以在隨堂的討論作業與心得都可以100%繳交。表6.2為班上分組的隨堂討論記錄。由於PBL討論問題是我給定的，因此，學生的討論基本上是聚焦的，並沒有討論發散的現象。這組的同學在第五個問題中，並沒有記錄下倫理的八大步驟，可能原因在於我在建立背景知識時，主要是以「芎頂

之下」影片內容為主，在影片內是沒有任何明顯提到倫理的相關知識，只有點出來倫理的相關問題。原來課程目的是希望同學把影片的倫理問題與解決問題的步驟建立關係，學生並沒有依照我的思維進行邏輯的轉化，大一的學生是需要引導的，在這個地方也是我在未來授課應該要注意的地方。而在後續追蹤的部分，學生可能對於我在課堂上的說明不清楚，原本我希望他們討論未完成的部分可以記錄下來，下課後可以找到合適的時間，完成討論單，並提出最後口頭報告的想法，這個部分大部分的學生也是未完成的。

此次的PBL活動課程，並不是在原始的課程規劃中，可以進行PBL活動的時間相對短暫，因此，無法安排足夠的時間讓學生充分討論，若再有機會授課，會將這一個缺點加以改進。

PBL活動的作業是我額外增加的，並不是在正式課綱中所規範的作業。因此，許多學生對於最後PBL評估的作業並不重視，因為這個作業事實上並不會影響到學生的學習成績，相較於基礎通識課程，學生比較重視專業課程的學習，因此，完成最後PBL作業繳交的同學共計只有30人佔全班的47.6%。而在30人中，共計10人作業，經過PBL課程介入後，有明顯進步。無明顯進步的同學大部分就是把原始交的作業，作了一點格式上的編排，內容幾乎不變，與PBL活動的心得分享一起繳交，也就是沒有重新把原來的題目進行反思在修正。而表6.1作業表現進步則為學生重做了原來的題目，並且更豐富化原來的內容。表6.3及表6.4內容為有明顯進步的學生的作業範例[3]。

表6.3及表6.4為在此次PBL活動後，有繳交最後PBL評估作業其中的兩位同學。可以看到第一位同學後面選擇了另外一個問題進行作答，而第二位同學雖然選擇了不一樣的題目，但是這兩個題目是屬於同一個屬性。第一位同學可以看到原始的回答他就會以自己的觀點進行問題評論，但是思考觀點是比較狹隘的，在解決問題的方法也是概念上是不具體的。而經

3　作業題目為三題情境題，報告中的兩位學生選擇了另外的題目，重新寫不一樣的情境題。

過了PBL活動之後，學生思考比較多元一些，可以從比較多面向的角度評論問題。如：第一個同學基本上所提的圍繞在網站的設置，以及網路目前比較熱門的大數據，但是沒有在多一些比較深入的說明。而在最後的作業同樣提到了網站大數據，但是多提到了網站大數據與訂單之間的關係，以及提到了人員教育訓練以及服務品質的問題，在回答問題的思維邏輯，及回答問題的完整度都有顯著提升。第二位同學在類似問題的回答，其實都提出了不錯的答案，可是對於問題回答的深度其實是類似的，但是在回答的格式上，第二位同學使用圖形試圖想藉由圖形展示與回答問題，讓回答的部分可以更加具象。雖然，在圖形說明基本上是薄弱的，但是可以增加不同表現方式回答問題，在作業的表現也是進步的。

表6.3　第一位學生前後作業之比較

	題目	答案
原始作業	如果你是一間國際連鎖旅館的臺灣區負責人，請問你怎麼應用雲端、物聯網、大數據或是智慧設備增加來客量？	如果我是一間國際連鎖旅館的臺灣區負責人，我會把所有資訊不管是關於我們公司如何經營、消費者如何訂房以及優惠資訊等都放在雲端的伺服器上，利用雲端提供的伺服器架設網站，使用多少流量付多少費用，且不用再養一批維護人員，這樣可節省大筆開銷，又能讓更多人在雲端看到自己旅館的資訊，來增加客量。 此外，再利用big data的概念將所有與我們不同的旅館的優缺點盡可能的表現出來為什麼要選我們這家旅館，讓消費者能心安並說服消費者我們才是最優秀的旅館。
期末作業	你是一家全世界知名電子製造業公司的臺灣區經理，請問你怎麼應用雲端、物聯網、大數據或是智慧設備增加客戶訂單量？	很多人以為架一個網站，把資訊放上去，就是雲端，其實不全然是這樣，是要在網路上提供某項服務才能算是雲端，另外我還上網查詢有關雲端的資料，根據網路資料，雲端包含了SaaS（Software as a Service）PaaS（Platform as a Service），IaaS（Infrastructure as a Service）三個細項，這三個項目的結尾都是**服務**，對於一般使用者，雲端就是在網路上提供優質的服務。

	題目	答案
		物聯網則是利用網路的方便，許多公司可以同時洽談公務，減少交通上的時間，更有效率的解決問題。提供好的服務品質以及解決公司及客戶的問題之後，就能增加訂單量。 所以我認如果我是一家全世界知名電子製造業公司的臺灣區經理，我會利用雲端把我所有構想的概念全部都架設在上面，不僅供消費者參考比價，雲端也提供我更多方面的資訊讓我知道哪裡需要改進和更好，盡我所能地把我的商品賣出去。再運用物聯網，與其他子公司的負責人洽談我們之後所要發展的方向與計畫，運用消費者對該商品的反映度來製作大數據，好讓我們參考要以什麼方式來為消費者打造更好的產品。 我認為最重要增加訂單量的環節，就是服務品質要好。也許，我也會找某一天把所有員工召集起來教育訓練，發揮我們在物聯網的溝通之下的效率，有一定的服務品質，這就是我們的目的。

表6.4 第二位同學前後作業之比較

	題目	答案
原始作業	如果你是一間國際連鎖旅館的臺灣區負責人，請問你怎麼應用雲端、物聯網、大數據或是智慧設備增加來客量？	將旅館特色的資料存進雲端裡，分享給大眾，讓他們知道我們的品牌有哪些活動和優惠，而物聯網則是應用在智慧門鎖，可以知道顧客到底有沒有離開房間，就可以在用餐時間打電話上去，問需不需要送餐到房裡，智慧冰箱，則可以知道冰箱裡的情況，若顧客喝了需要付費的飲品，可以馬上傳回給系統，而大數據是把所有的資料都匯聚起來，將收集來的資料經過系統的分析，分析顧客的年齡層、消費能力、消費習慣，來考慮未來的設備增加或活動舉辦，導入智慧設備，只要站在設備前面，便可辨認男女，以此來切換適合的導覽，在一些火車站和機場，廣設智慧設備，並根據不同的時間，提出不同的優惠和服務，讓來玩

	題目	答案
		的遊客可以優先選擇我們的旅館，並且提供智慧型結帳，提供多元的簡便結帳模式，像是現金、電子錢包、ATM轉帳…等。
期末作業	如果你是一間國際連鎖旅館的臺灣區負責人，目前在臺北有三家旅館，在未來的三年之內，你發現可能會有三倍的客人來到臺灣，但是也有可能在三年過後，客人人數會回到目前人數的1.5倍，請問你會怎麼做（提示：維持目前3家旅館，但改變現有流程或在新北、或是桃園或是其他縣市擴點經營等）	我會選擇維持目前三家旅館，因為臺北是外國旅客最常造訪的臺灣城市，維持三家旅館在臺北有助於打響品牌，這樣日後觀光客到臺灣別的城市旅遊也會優先想到我們的品牌，所以會在桃園中正國際機場和高雄小港機場附近拓點，這樣可以與國內外旅遊業合作，不論是入境或出境前都可以到我們旅館小憩一下，並且有免費的接駁車和茶水的招待，使我們的品牌可以被一些從國外來的遊客記住，也可以被第一次來的國內旅客記得，並與航空業者合作，搭乘與我們旅館合作的航空，可以得到專屬打折優惠，還可以搭乘免費的接駁車到市區，使一些精打細算的背包客願意住在旅館，並會與百貨公司業者合作，在我們旅館入住可獲得百貨公司禮卷，並且有專屬的接駁車載到百貨公司消費，而在百貨公司消費滿一定金額便可抽旅館的住宿卷，為我們的旅館打響名氣。

雖然在課程設計上，學生學習的成效上沒有辦法像「工作研究」或是「生產計畫與管制」有那麼豐碩的成果，但是我已經注意到課程原始設計

與融入PBL活動之間是有一定的矛盾，未來在相同的課程，我會注意到這次一些相關的缺點，以及學生在學習表現的上的不足，特別是繳交作業規範應該要更加的嚴謹，以確立最後學生的學習成效。

三、小結

「電資與人類文明」為院通識課程，設定的教學目標與系所設定的教育目標是不一樣的，展現的方法也是不一樣的，這門課的教育目標設定如表6.5所示。

表6.5　「電資與人類文明」課綱中的能力指標矩陣

校指標	學系能力指標	權重	能力指標（績效標準）
創新	創意思考	30%	1. 能在所學領域上實際展開行動。 2. 能在所學領域上發展新方向。 3. 能在所學領域上創造新局面。 4. 能以提問的方式釐清問題本質。 5. 能尋找解決問題的方案。 6. 能分析各種解決問題方案的優、缺點。
統整	理性批判	20%	1. 能以淺顯易懂的方式理解複雜的事物。 2. 能從零散或片段的事物中找出共同點。 3. 能運用所學，形成一套屬於自己的見解。 4. 能調整心態面對新情境。
關懷	科學涵養	30%	1. 能規劃自己的人生目標並開展生涯願景。 2. 能不斷探索自我的優缺點，並加以改善。
倫理	社會參與（物類）	20%	1. 能實踐人際間的互動規範。 2. 能自發性地展現合宜的社會規範行為。

由於「電資與人類文明」由多位老師共同授課，要依照能力指標確定學生能力，在實務上有一定的難度。在1042本人授課的學期，體會到在實務上這門課的課程設計及結構問題。因此，在本人授課可以控制的範疇下，選擇了我可以考核的工業一甲班級實施PBL教學法，希望透過PBL教學法的實施，盡可能符合課程目標。在PBL課程中，除了將人類文明演進與地球暖化相關知識教授之外，選擇了「穹頂之下」這部紀錄片讓學生觀

看，加強學生背景知識的建立，並從之間了解相關倫理議題與環境、人類文明的關係。接下來讓學生組成小組，小組成員相互討論，也和其他小組相互討論，釐清整個環境惡化的發展，與人類必須重視的倫理道德之間的關係，同時依據各個倫理規範，希望同學提出潛在可行解決環境惡化的問題。透過不同組別的相互討論，也激發學生自我思考未來在文明發展中的自我定位及可能的貢獻。從PBL過程可以符合教育目標「創新」中的能力指標1.能在所學領域上實際展開行動4.能以提問的方式釐清問題本質5.能尋找解決問題的方案；在「理性批判」中的能力指標1.能以淺顯易懂的方式理解複雜的事物3.能運用所學，形成一套屬於自己的見解；「社會參與」中的能力指標1.能實踐人際間的互動規範。本課程的教育亮點有下列兩項。

1. 應用3週的授課時間，融滲「倫理」課程與通識課程中。
2. 實施PBL課程於院通識課程中，並應用由別於「工作研究」及「生產計畫與管制」所使用的模擬遊戲方式，應用跑動式討論方法，讓班級所有同學可以同時間收集不同學生對於個別組原來討論的意見，最後形成小組共識，完成PBL課堂計畫。

　　由於這個課程並不是我常態教學的課程，目前也只累積一次教學經驗。對於院通識課程架構由於不是個別老師可以主導，對於未來若是教授相同課程，可以精進的部分有限，若再有機會授課，可能在我個人部分可以調整的地方就是PBL的問題設計或許可以更精確一些，例如：將原來的題目「PM2.5與？？倫理」修正如「企業倫理對於地球環境變遷所扮演的角色為何？」再者就是在成績考核問題應該配合PBL問題及顧及教育目標，才能發揮PBL教學法的優勢，提升學生學習成效。

第七章

研究所碩專班「品質管理」

摘要

1. 中原大學工業與系統工程學系碩士專班學生背景多元，近年來，越來越多非工業工程背景的學生進入本系就讀，因此，對於專業課程「品質管理」必須在上課的方式要有所調整，目前所使用的教學策略為混和運用講授式教學及個案式學習法在課堂上實施。

2. 「品質管理」課程主要四個上課主題為「品質認證系統」、「顧客關係管理」、「六個標準差」及「統計管制」，透過每次上課上午講授課程相關知識及下午學生討論虛擬或真實個案讓學生學學會四個主題單元，最後的課堂計畫則串接所有上課活動成果，完成口頭報告及書面報告。

3. 展示學生課堂活動案例。

4. 展示學生質性評量及歷年來教學評量成績。

中原大學工業與系統工程學系共有四個學制，包含大學部學士班，研究所碩士班、碩士專班以及博士班。若以中原大學工業系碩士專班的學生求學目的而言，大多都是因為工作上的需求來進修，少部分的同學是因為過去學歷不足，想要補一個比較高的學歷。圖7.1顯示的過去102至106學年5個學年學生入學之前的畢業主修，可以看到主要背景還是跟工程工程相關，若考慮學生背景領域（圖7.1），將其分成工程領域、管理領域及其他，則可以看到學生的背景領域在102年學生以工程領域為主，其他領域次之，管理領域人最少。103及104年學年工程領域為主，管理領域次之，其他領域最少。105學年度學生的結構有了比較大的變化，其他領域的學生已經超過了工程領域的學生，雖然這一年相見於其他年度的學生結構分布似乎是偶發，但是也可以看到來自於其他領域背景的學生佔比也不容忽視。本人所授課的「品質管理」課程安排在下學期。原因是因為品質

管理課程中最重要的工具，是「統計方法」課程，學生若不是來自於工程領域，沒有修過「統計方法」課程[1]，知道數學原理，基本上是無法有效的學習「品質管理」課程。

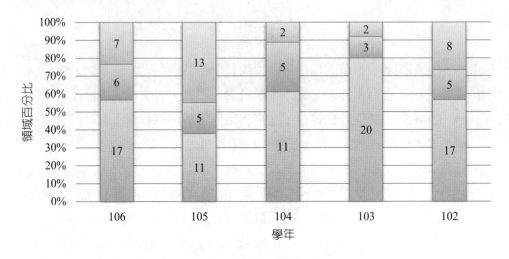

■工程 ■管理 ■其他

圖7.1 學年學生背景領域結構（柱狀圖中數字為實際學生人數）

　　然而，「品質管理」即便有「統計方法」課程的輔助，對於在職的學生，要將所學的「統計方法」應用在學習「品質管理」上，仍然有一定的難度，因為學生平日都在工作，工作佔據了學生大多數的學習時間，學生若要像一般全職的碩士生全心全力在進行修課、論文閱讀幾乎是不可能。因此，在教學的過程中，我所選擇教學的方式是個案式學習（Case-based learning）教學法、講授式教學與小組討論教學同時於課程中並行。根據過去的觀察，碩專生的唸書的動機通常會比碩士生或是大學生來的更高，因為大部分的學生會再進修都是源自於有工作上的需求，或是需要一個更高的學歷做為未來升遷之用，因此，所有的學生無論是上課聽講、作業進行、期中考試、出席等的表現都優於其他的學制的同學。因為碩專同學都有正職工作，在工作環境中所遇到的問題幾乎都是複雜問題，因此，在教

1　開設於每學年的上學期，學生必須先於「品質管制」課程。

學時，學生往往在進行課堂計畫時就會使用在公司時所發生的案例，或是想像出一個很類似在職場上的案例進行探討分析。因此，在整個教學的架構上，就與大學部PBL的課程架構是不一樣的，7.1節將進一步介紹課程架構與教學實施的策略與方法。

一、品質管理教學架構與個案分析學習實施方法與策略

　　碩士專班的學生由於屬性的關係，有強學習動機及有經驗處理現實複雜問題，因此，在授課的過程中，基本上是不需要特別針對採取教學策略提升學生學習動機。但是碩士專班在學習上最大隱憂在於大多數碩專同學離開全學習環境一段時間，即便在碩士專班一年級上學期安排了「統計方法」與「生產計畫與管制」兩門碩專班基礎必修課，對於學生要有撰寫論文或是技術報告所需要的基本能力，許多學生仍然感到有提升自己知能的需求。「品質管理」課程其中兩個很重要的單元：「六個標準差」及「統計管制」，與一年級上學期的「統計方法」有直接且密切的關係，另外兩個重要的單元為「品質認證系統」及「顧客關係管理」，這兩個單元屬於比較軟性的單元，對於已經在職場都有一段時間的學生，學習相關學理是不會有太大困難。因此，「品質管理」這門課將以「六個標準差」及「統計管制」兩個單元作為主要授課重點。「六個標準差」最主要的核心為DMAIC模式，其為一個問題解決模式，包含D（Define，定義問題）、M（Measure，量測收集相關資訊或資料）、A（Analysis，根據所收集資料分析問題）、I（Inplement，實施完善最適方案）、C（Control，持續掌控精進方案成果）。在進行問題解決階段時，M、A及I三個階段，「統計方法」手法都必須融入在這些階段中，例如：在收集資料階段，傳統的品管七大手法就是一個展示資料尋找問題很好的工具。在A及I的階段，「管制圖」及「製程能力」都是必要分析以幫助精進改善的理論。因此，在課程設計上就以DMAIC做為課程主軸，在每一個主題實施相關課程。

兩個星期一次的課程分為兩個授課時段，上午為講授式教學教導學生相關知識，下午學生則透過小組討論應用所學知識應用在案例上，在下課前15分鐘進行分享，我也利用分享時間進行相關回饋，讓學生依照建議或意見做為下個階段的案例必須完成的工作事項，同時藉由從案例分析分享的階段性結論也作為我微調下一次課程的參考，圖7.2為品質管理的課程架構設計。

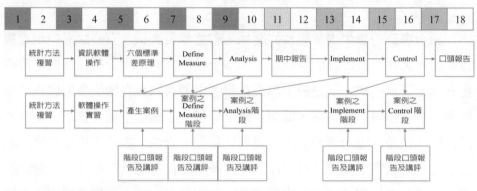

圖7.2　品質管理課程架構

二、教學成效與學生學習成果

本節將針對老師上課的內容以及學生學習成效之間的對應做範例展示。

定義階段：

在定義階段為滿客戶需求，必須對於產品的機能做相關分析，常用的工作就是品質機能屋，在課堂上我會講解建立品質機能屋的步驟，如圖7.3所示。

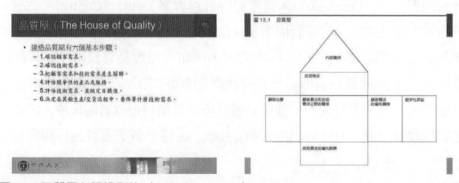

圖7.3　品質屋上課投影片（Evans et al.2006）

於教學單元結束後，我就會設計一個課堂活動，讓學生進行討論，並以一個簡單案例讓學生可以應用上課的知識應用在案例上。如圖7.4所示。

圖7.4　課堂活動案例

　　每一組的學生首先會與我確定題目方向，然後進行小組討論大約一個半鐘頭，接下來30分鐘會製作本次活動的簡報檔案。當所有簡報檔案完成之後，就會隨機排序讓學生分組進行簡報分享。每一個活動都有時間限制，目的在於讓學生可以在時間限制下發揮集體創意，並需要團結合作完成指定任務。

課堂活動一

圖7.5　學生課堂活動應用自編虛擬案例討論顧客需求與品質屋

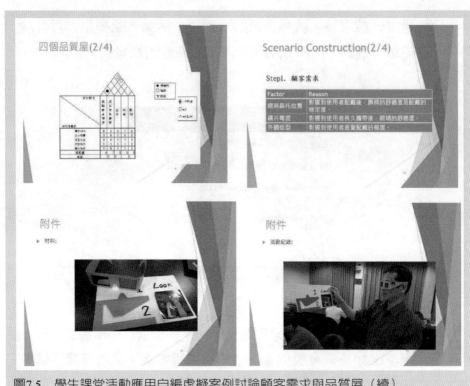

圖7.5　學生課堂活動應用自編虛擬案例討論顧客需求與品質屋（續）

　　圖7.5中的練習是依據圖7.4所指定的課堂任務所進行。我拿過去在「工作研究」課程中學生所製造的產品給該組當成目標產品。這些碩專生對於產品是陌生的，因此，他們先要對產品進行討論，將這個產品的功能屬性定位後，利用這個假想產品，同時考慮顧客需求定義出四個品質屋，以利後續用於產品開發流程。雖然這是虛擬的案例，學生結合過去的工作經驗中對於光學鏡片的了解，將簡易立體眼鏡假想成先進3D眼鏡產品，進行後續探討，以及相關指定課堂任務的完成。在活動中，學生對於品質屋不一定可以正確的使用，或是對於方案發展工具可能有疑慮，都可以隨時與我討論，最後形成活動相關紀錄，以及口頭報告所需的PPT簡報檔案，我及同學會針對學生的口頭報告進行反饋，讓該組學生於課後可以進一步修正。我也會針對完成繳交後的課堂活動報告做為下一次上課的複習內容，加強學生工具上的應用能力。在有限的時間內，學生大部分的狀況

是沒有辦法完成所有指定工作，所以學生在報告的時候也會說明為什麼可以有效的完成某些指定工作，有些無法完成的原因，以及希望我可以提供什麼協助，這樣一個透過講授，學生虛擬案例及活動的課程，學生就可以有效的吸收課程上所教授的知識。

課堂活動二

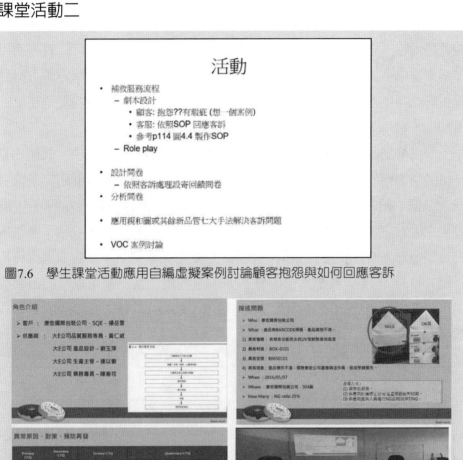

圖7.6　學生課堂活動應用自編虛擬案例討論顧客抱怨與如何回應客訴

圖7.7　學生應用虛擬案例依據客訴流程進行角色扮演

由於在品質管理顧客關係管理是很重要的，除了可以經營客戶讓公司永續發展之外，在六個標準差的流程當中，客訴往往就是問題的來源，由問題的來源定義出六個標準差專案，進而分析改善。此活動除了讓學生進行分析之外，也透過了簡短的話劇，讓學生進行角色扮演，並在角色扮演中反思所設計的客訴回饋流程是不是真的可以落實。

　　「品質管理」課程主要是透過學生及我所創造的虛擬個案驗證講授式的教學內容，透過了活動進行，讓學生將所學知識內化並且可以實際應用在個案當中。這樣的教學透過教學評量的評分可以知道在教學方法上得到學生的認同，六次的授課都是在院排名的前20%，其中有四次更是在院的前10%。

　　學生學完課程專業知識後，常會應用所學於真實的案例中，例如，有一組同學因為姊姊在經營美髮沙龍店，因此，為了讓美髮沙龍店的業績更好，整個小組以這個美髮沙龍店的案例進行分析改善（如圖7.9(a)），或是學生因為在星期六整天的上課中必須到學校附近吃午餐，看到了漢堡店的餐點雖然好吃，但是生意似乎不佳，於是主動聯絡店家為店家進行分析（圖7.9(b)），（完整檔案於附錄七）。這些創意案例都可以看的出來學生可以將所學專業知識進行應用，也驗證了Case-based Learning的教學成效。

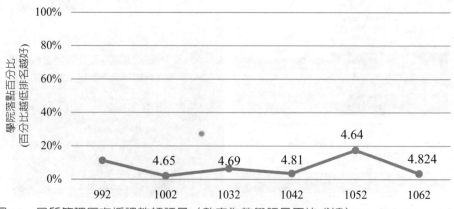

圖7.8　品質管理歷次授課教師評量（數字為教學評量原始成績）

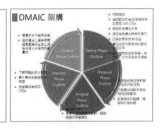

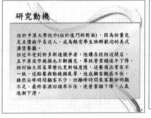

圖7.9 (a)美髮沙龍案例報告(b)早午餐店案例報告

三、討論與反思

　　「品質管理」為碩士專班的基礎必修課程，其實施的目的在於讓碩士專班學生可以將自己過去在職場上的經驗與未來技術報告論文寫作進行接軌。由於學生為具有工作經驗在職學生，因此，使用講授式教學混合個案式教學的效果就顯得特別的好。以下為學校教學評量系統中找到學生對於課程的回饋意見，以下為學生自發性的在教學評量中的留言。

1002學期質性評量：

1. 老師的課堂練習，可以讓大家腦力激盪激發新火花

2. 老師舉了很多自己的經驗實例，上課也經常有分組討論活動，讓整堂課都非常充實

3. 目前上課方式：教學+直接分組討論，對學生的學習幫助效益大

4. 老師的上課教學很生動，即時進行分組上課活動，讓學生對上課內容印象生刻

5. 謝謝老師使用課堂討論的方法讓我們學習，如此可以讓我們更快吸收所學。

6. 可多藉學生發問收教學相長之效

7. 老師教材準備充分，教學認真

8. 老師太棒了！！雖然常常不按牌理出牌～但是總會有驚喜的感覺！！

9. 楊老師設計許多課堂練習活動，讓我們從實做中了解品質管理的意義及作法，是很棒的教學方式。

1032學期質性評量：

　　老師的邏輯組織很強，在每次上課後的小組檢討，我總是能獲得新的思維與更好的呈現方式，且可以立即知道我用錯哪些地方，應該要如何使用正確的圖表或提高哪些用詞遣字的強度，方向為何？六標準差我雖有應用經驗，但自評約30～40%的強度而已，經本學期學完且應用一個完整的期末報告，我認為我已更加提升本身的專業，在製作報告中，我不斷參考文獻，自評強度提高到60～70%，的我想我的技術報告會選擇用六標準差的方法來完成，經過本學期，我更加有信心可以在兩年內完成我的技術報告，感謝老師。

1042學期質性評量：

　　老師真的很認真上課，每堂課都採上課vs實際應用的方式讓同學體驗，非常有趣但是課程內容的組織有點凌亂……快到學期末了我好像只記得大家體驗的部分而對於品管演進，理論……等等就沒有那麼熟悉了～老師加油唷～

1052學期質性評量：

1. 楊老師是個很熱忱的老師，上他的課真是多采多姿，他先授予專業知識引導我們進入學識，誘導我們小組討論毒共同完成每一次的課堂報告，一開始很不習慣如此互動的方式，但後來漸漸地發現，自己在思考邏輯真的有進步，除了學識最重要的是可以學習溝通、解決問題的能力。

2. 上課後才知道，原來我工作時用到的許多專有名詞與工具，都是由

品管裡面出來的，每種不同的管制圖及真正意涵上了課才真正了解到，真的讓我受益良多，在公司有很多事情都是學長學姊說什麼就做什麼，但是上了老師的課時才深刻的了解真正的原因及意涵還有很多運用方式。

　　另外，1062學期也有部分學生在最後的課堂報告中撰寫出整個學期的學習心得如下：

學生一

　　這學期的品管課上課方式很活耀，上午課程為老師課堂上課，下午課程就是即刻要對上午之課程進行報告或作業繳交，雖然時間緊迫，學生可思考的時間較短，但也激發出每一組同學的臨機反應，在有限的時間內提供每一次精彩的報告。最印象深刻的是，客訴抱怨小劇場演練的課程，不僅讓同學們了解每一組同學對客訴流程的各種不同看法，也因為透過這個活動讓班上同學更為認識對方，班上同學之氣氛及感情更為融洽。

　　上完這學期的品管課程，對於6 sigama作業流程也更為清楚，也透過這次的實務調查報告，更清楚每一個phase所要分析之目的為何，6 sigama在業界是一個非常有名的改善手法，也期許自己能夠將這學期所學，運用在生活上或者工作上，來改善工作上或生活上之問題點。

學生二

　　在本次的品質管理課程中，上課的方式讓我印象深刻，一開始不懂老師為什麼會說「歷屆的學長姐們修我的課是又愛又恨阿！」，上到期末之後我才完全瞭解。

　　愛的部分我想應該是上課的創新方式，早上針對本週進度進行課堂講解，看似跟一般課程沒兩樣，但下午立刻來個震撼教育，以早上所學的進行實際操作，藉由同學們的分組討論及實際參與執行，可以更加深印象也幫助吸收，一整天的課程下來，不像一般課程死板板的聽老師講

解，反而是在歡樂的討論中度過。

　　但恨的部分，我想就是老師的作業量真的有點大，每週都有作業，有些作業也不是當週可以完成的，同學們常常運用其他課堂下課時間來討論，著實需要花費些時間，但經過幾次的討論、資料收集及現地數據收整等，才能使整個報告更加完整，經過一個學期努力而完成的報告，也別有一般成就。

　　可以看到歷次的學生大多數都給予教學正向的肯定。但是值得注意的是在1042同學對於到學期末反而對於理論的部分有淡忘的現象。雖然不確定所填寫的同學為是誰，但是若進一步檢視104學年度碩士專班入學生的背景，發現入學生有護理系及應用外語科的同學。雖然無法確定是否為其中兩位同學的留言，但是對於很多學生因為是第一次修習與過去專業無關的科目，沒有多一些課後的複習工作，就會造成學生學習成效有打折扣的現象產生。過去幾次的授課並沒有學生提到這一點，在下一次的授課，在複習基本理論的部分，我必須設計一些新的方法，例如：或許在最後小組反饋時，加上簡單的複習測驗，以確保學生學習成效不會因為時間的關係減弱。此外，在1002有學生覺得我上課有一些驚喜，這裡所指應該是上課時往往我會隨時想到一些問題，就會拋出讓學生回答，而這些問題多數都不在教科書中，而是需要一些融會貫通的想法才有辦法回答問題。在這個部份我想應該對於這些問題應該在結構化一些，讓學生可以依循某一些線索進行回答，以免造成學生挫折，減低學習動機。

　　在目前我所使用的案例幾乎是學生依照自己在職場上的經驗轉化而成可以用於課程的案例，後續應該可以根據這些小案例與實際案例相互的進行比對，讓學生知道這些課本裡的品質方法不只是可用在自創的虛擬案例，同時也可以擴大用在自己的職場當中。

四、小結

　　「品質管理」的系教育目標有四項，如下所示。

大學課程的多元教學與實務

1.1針對專業相關課題，具備發現問題、掌握問題並獨立解決問題之能力。

2.2具備使用所學理論解決實務問題之能力。

3.2具備領導跨領域團隊合作之溝通與人際關係經營之能力。

4.1具備持續學習與創新之熱忱。

「品質管理」課程的主要修課學生為碩士專班學生。碩士專班學生並不是全職學生，都有專職工作，主要學生的背景以與工業工程畢業或是與工業工程工作有關。許多學生來唸書的主要目的為提升工作知能為主。由於學生在工業工程的專業不足以讓學生完成畢業技術報告的撰寫，因此，本系提供了四門加強的必修課程讓學生進行修習，而「品質管理」就是其中的一門重要的必修課。在這門課的學習重點為統計方法及解決問題模式DMAIC。在這門課每次分成兩個部分，第一部分學生經由課程講授學習相關知識，在課程中第二部分，學生形成小組，進行小組討論，經由自創的虛擬個案，探討出解決虛擬個案問題的解決方法，此過程符合教育目標1.1及2.2。在小組成員中，許多人的工作性質不一致，在大學所學的專業背景也有一定的差異，因此，在小組討論時，往往可以由多元觀點出發，最後收斂觀點獲得共識，在課程結束前的口頭報告會與我充分討論，最後獲得妥協下的共識，解決虛擬個案問題，此過程符合教育目標3.2。課程主題及問題解決步驟環環相扣，學生隨著課程，必須融會貫通，提出每一週的創新做法，才有辦法完成最後的課堂計畫，這個部分符合教育目標4.1。綜合以上，本課程的教學亮點在於：

1. 融合學生創作的虛擬個案於課程中，結合授課內容解決問題模式的步驟，透過小組討論定義問題、收集資料、分析資料、提出改善及持續精進的方法完成課程計畫，達成學習目標及教學成果。

2. 透過學生的工作經驗所形成的個案，以其為教學內容的一部分，讓學生可以將學理應用於個人的工作中，除提升學生知能，間接也提升學生工作公司的生產力。

3. 多元背景的小組討論，可以產生一些教案，反饋到教學，提升學生學習興趣。

在「品質管理」課程的一些學理大多都是從製造業的相關研究發展而成，但是現在產業類型及社會趨勢的快速發展，事實上，教科書的學理必須要有一些轉化才可以適用於學生的工作當中，然而限於授課安排，每個學期大約上課8到9次，許多的學理應該包含在課程中但因為授課時數不夠並沒有辦法完全包含在課程中，例如：田口式品質方法、或者是全面品質、魅力品質等。在未來可能一部分的學習內容應該透過PBL的教學架構，讓學生透過自學及同儕學習加以完整，下次教學會嘗試使用CBL及PBL於碩專班品質管制課程讓學生可以在工作之餘的有限時間，進行自我學習，以增廣學生學習的深度及廣度。

第八章
大學部總結性課程教學模式之建立

摘要

1. 總結性課程可用於驗證學生在學期間所培養能力最好的一個場域。「工業工程實習」為中原大學工業與系統工程學系的總結性課程。本次所實施的總結性課程除了工業系所規範的六次工廠參觀及六週暑期實習外，同時學生必須經歷奠基石課程及核心石課程才能培養足夠的能力參與總結性課程。為了有效地進行總結性課程，我修正了總結性課程的評分標準及課程進行方式。
2. 展示學生在總結性課程的進度與成果。

大約從2013年開始，各大學開始積極的推動總結性課程。總結性課程可以用於檢視學生在大學中所學習的總體學習成效或是用於提升學生應用知識解決問題的能力。總結性課程學生表現佳，某一個程度也是代表在一個系的整體課程設計有一定的成效。在各大學推行的這幾年來，從一開始幾乎沒有一個好的課程實施模式，到現在已經有一些系所設計出不錯的課程實施模式，例如臺灣大學土木系、中山大學的劇場藝術學系或是逢甲大學商管領域科系。中原大學從試行總結性課程到全校正式實施總結性課程約五年時間。每一個系所有其規範之總結性課程實施辦法。以中原工業與系統工程學系而言，總結性課程為「工業工程實習」[1]，當初會設定這門課的原因在於工業系學生在大三暑假都必須進行實習，實習工作並不是一般的打工工作，而是學生進入公司後，應用過去所學知識，進行計畫改善。在實習公司每一位實習生都有公司主管偕同幫助學生進行改善計畫，若有好的實習成果也會被實習公司用在公司的各種流程中。學生經過了暑

---

[1] 1071學期開始改名為「工業工程總結實踐」

期實習，在大四上要將在暑期約六週的實習撰寫成實習報告，並且在課堂上進行口頭報告。這樣的課程設計符合總結性課程的精神，在實務上這也是中原大學工業與系統工程學系行之多年的制度。但是，根據我的觀察及之前實施過一次課程的經驗發現這門課在學生能力的驗證上，似乎沒有一些有力的證明檢核學生完成課程後，能力有具體提升的證明。此外，系上的其他課程是否可以藉由總結性課程的實施，進行反饋精進，這個也是一個值得思考的問題。早在中原大學系統性的推動總結性課程之前，我就開始思考怎麼樣進行大四的總結性課程[2]。恰巧在102學年度，我接手工業一年級甲班的導師，根據系上工業工程實習實施的辦法，我也會是該班四年級「工業工程實習」的授課老師。藉著這個機會我向系上大學部課程委員會自我推薦申請提出了一個帶狀課程的實驗計畫，希望藉由我授相同班級奠基石課程、核心石課程到最後總結性課程，透過環環相扣的課程設計，可以將總結性課程的實施過程從一門課變成一個帶狀課程，讓學生的學習成效可以更加的提升，帶狀課程的實施構想如圖1.12所示。以下還是針對總結性課程的進度與成果做相關的介紹。

一、總結性課程架構與實施

「工業工程實習」是大四的必修課，原始的課程設計學生有三個主要考核項目，第一為學生於升上四年級前，必須完成六次的工廠參觀，每次的工廠參觀都必須繳交心得報告；第二，學生於大三升大四的暑假進行為期至少6週的暑期實習；第三，學生實習完畢後，於大四上將在實習過程撰寫成書面報告，在課堂上以口頭報告方式展示在工廠的六週實習工作。在程的分數考核的成績結構為工廠參觀計30分，工廠實習不計分，但公司或工廠的實習主管人員對於學生的實習必須給予實習通過的考核，而最後的口頭報告展示佔70分。最後成績及格才算通過「工業工程實習」。原有「工業工程實習課程」課程設計架構如圖8.1所示。

---

[2] 大四的工業工程實習課程是由大四的導師授課

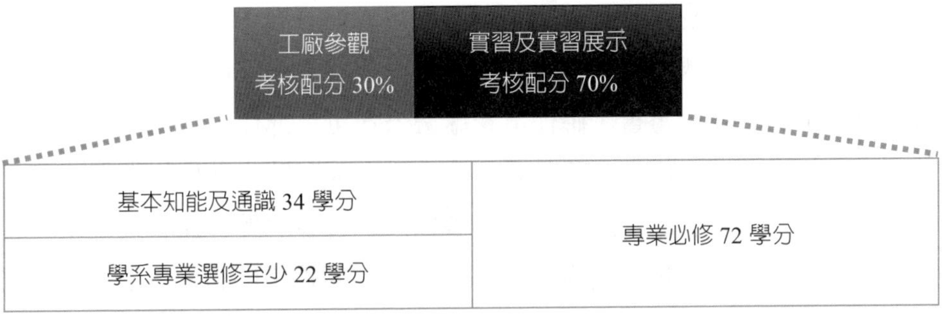

工廠參觀	實習及實習展示
考核配分 30%	考核配分 70%

基本知能及通識 34 學分	專業必修 72 學分
學系專業選修至少 22 學分	

圖8.1 工業工程實習課程架構[3]

在中原大學積極推動總結性課程之前,「工業工程實習」已經行之有年。從許多的畢業系友的回饋中,也得知這樣一個課程的效果卓著,在學生畢業之前,可以了解如何將自己的所學應用在未來的就業職場上,對於學生未來發展幫助極大。然而,這樣的設計我個人覺得最大的盲點在於,學生可以展現所學成果的綜合能力卻沒有辦法形成有效的教學反思回饋機制。學生有好的學習成效,並無法確切了解到這些好的能力是來自於哪一些課程,若可以將這些課程發掘出來,則這些好的課程就可以成為系上授課的標竿,進一步精進教學品質,若學生表現有待加強,也無法有效地確認在哪一些課程上必須反思檢討。因此,在102學年度接任工業甲班的導師時,我主動提出要進行一個實驗課程,盡可能在甲班的必修課都由我授課,從一年級開始到三年級,課程授課內容循序漸進,由淺入深,同時應用PBL教學法於課程中,讓學生除了培養專業能力外,同時學習團結合作共同解決問題的能力及口說展示的表達能力。如此,在最後總結性課程實施時,我就可以有過去學生學習的歷程,至少在學生最後的展演時,我可以確認學生學習成效與我在奠基石課程、核心石課程授課的教學成果建立關係,進一步反思或精進相關課程。因為「工業工程實習」為系訂必修,其課綱調整彈性不大,像是六次的工廠參觀、大三暑期實習及口頭報告展示等,學生都必須完成,除了系上所要求的學習活動外,我定義了一個在總結性課程的目標任務,希望藉由一個聚焦的主題,可以將過去所學習的

---

[3] 107學期開始學習專業選修中的22學分須包含12個自由選修學分

專業課程加以綜整應用於解決問題，這個主題如下所述。「**學生必須綜整過去所學、工廠參觀及實習經驗，由多位同學成立一家虛擬公司，並且提出一份十年的營運計畫書，確保這家虛擬公司可以運作十年以上。**」

　　從一年級開始的授課，我就讓學生知道在大四時，他們的課程除了傳統上要進行系上要求的工廠參觀以及暑期六週實習之外，還有很重要的一部分是必須完成我所指定的課堂計畫才能順利通過這門課程。依據PBL原理我所定義的問題是一個複雜的題目，學生要完成解決這個題目所必須具有的先備知識也不是我一個人可以完全授予給學生，我只能針對部分的課程，教導學生相關知識，培養學生部份能力，其他部分的知識與能力，就由學生透過自學、同儕學習或是修習相關課程獲得。因此，原來工業工程與實習的課程架構我調整為如圖8.2所示。

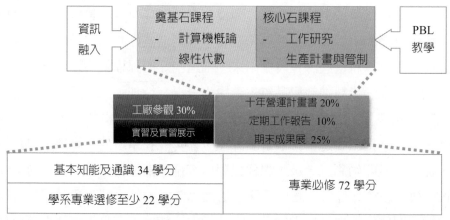

圖8.2　修正之工業工程實習課程架構

　　一家公司要永續經營，有很多的成功因素所累績而成的，在課堂上的練習當然不能保證學生完成這份作業就可以具有能力永續經營一家公司。這個題目的設定目的在於驗證學生在過去三年的學習成效，並不是提供學生要進行創業的一個練習。以ERP（企業資源規劃）的角度而言，一家公司的所需的功能大致上可以分為營業、生產、資材、人力資源、財務及經營等面向，如圖8.3所示。

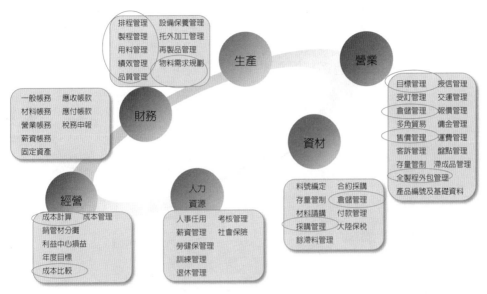

圖8.3　ERP系統教構圖（修改至http：//www.efpg.com.tw/efpg/product_erp/erp_intro2.
asp）

在我所實施的奠基石課程主要以訓練學生的資訊能力與數學邏輯能力
為主，讓學生在解決問題時，可以以較有邏輯的方式進行，同時可以應用
資訊軟體輔助問題解決的整個過程。在核心石課程中，主要教授學生關於
製造業最相關的兩門課程，讓學生明瞭在生產製造的過程中需要哪些必備
的基礎知識，如何應用這些基礎知識解決相關問題，同時養成學生團結合
作，溝通表達的能力。有了這些基礎知識及能力，在總結性課程中可以具
體的透過所設定的題目展現出來。在我所授課的相關知識範圍若對應圖
8.3則可以發現，要形成一定規模且可以運作的公司，尚缺很多部分（圖
8.3紅圈部分為奠基石及核心石課程所包含的知識的部分）。不過，這也
是給學生挑戰，在缺乏相關知識的部分，可以透過小組討論或自學的過程
彌補知識的落差。例如：在整個公司的形成時，雖然有提供小部分真實個
案公司資料[4]給學生，但是學生對於整體公司的運作及思維並沒有一個統
整的概念，因此，我選了Pigneur et al.（2010）所撰寫的「獲利時代：自

---

[4] 真實個案公司的ISO標準文件範例，限於資料保護原則，相關表格、法規不在技術報告中展示。

己動手，畫出你的商業模式」中提及如何有效的利用「商業模式畫布」將自己佈局自己的公司（圖8.4）。藉由個案公司範例資料及商業模式畫布，學生就可以比較有系統的方式建立虛擬公司。

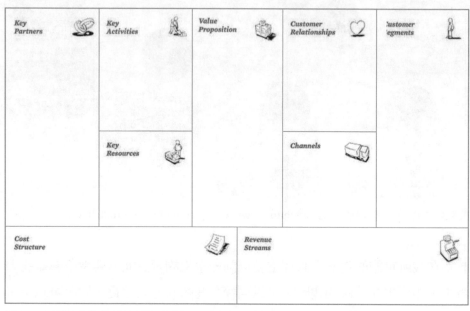

圖8.4　商業模式畫布範例取自Pigneur et al.（2010）

　　由於學生並沒有實際創業的經驗，因此透過了商業模式畫布的方式，學生依照架構進行分組討論，透過腦力激盪將公司商業模式的九個向度一一描繪，以下為學生所形成的凱特C.W.虛擬公司所發展出的商業模式的草圖。

1. **目標客群**
   利基市場：專業化、個人化商品-貓屋
   針對愛貓、養貓人士，提供家中寵物安全、歸屬處。
2. **關鍵合作夥伴**
   尋找部落客—養貓人士，以照片中置入行銷，增加曝光率，深植消費者品牌形象。

3. **顧客關係**

   關鍵客群掌握一將原有客群（養貓人士）以品牌改革、售後服務，
   將顧客關係建立，並致力廣開客源，以寵物友善形象、商品銷售、
   廣告模式、品牌形象確立鞏固品牌忠誠度。

4. **通路**

   個人網路：藉由網絡通路銷售，建立網絡組織、品牌Logo，資訊透
   明化。

   銷售人員：行銷人員積極尋找實體銷售通路，如文創市集、寵物友
   善咖啡廳、寵物市集。

   交易平臺：建立無店舖零售（No store selling），透過網絡形成，建
   立網路交易平臺，爭取各大App（Pinkoi、蝦皮拍賣、旋轉拍賣，網
   路（Pchome、Yahoo拍賣）上架機會。

學生所討論的雖然只是概念性的方向，例如在通路的部分，學生可能
只能就一般網路上所查詢到的一些普遍做法進行列舉，但是可以看出來已
經有一個方向及想法，我認為這是最重要的，雖然沒有辦法具體解決真實
的實務問題，但至少可以應用到所學的方法具體進行討論提出可能的解決
方式，而不是被動地等待老師給予答案。為了讓學生在沒有經驗下更能了
解整個公司的架構與運作，我也將過去在業界擔任業務經理的經過分享給
學生，盡可能讓學生認識一個完整公司的組織架構，以及一個實體公司的
必須要有的單元，學生依據與我討論及學習到的經驗將以上商業模式的向
度，規劃出公司中部門的相關權責工作以及業務，以下列舉虛擬公司中的
財務部所規劃之相關工作的標準作業流程如下所述。

財務部於九大商業模式中標準作業流程[5]

1. 目標客層

財務部將於各大市場與其他部門互助為股東找尋各式利益，又或是尋

---

[5] 學生原來撰寫的文字經過略微修正及編排，保留了大部分的文字。

找新進股東投資本公司，市場分別為：大眾市場、利基市場、區隔化市場、多元化市場、多邊市場。

作業流程

(1)聯絡銷售部門確認業務合單並確認新舊客戶

(2)指派業務與客戶簽合股東合約（股權同意書、簡易財務概況討論書）

(3)進行股權發送（股權合約書）

(4)定時連絡客戶開會（開會通知信）

(5)使用表單：股權同意書、簡易財務概況討論書、股權合約書、開會通知信

2. 價值主張

顧客找上這家公司而非其他公司的原因：新穎、效能、客製化、「搞定」、設計、品牌、價格、成本降低、風險降低、可及性、便利性等等。如何讓顧客知道我們公司的營運狀況是財務部的工作。

作業流程

(1)將問卷交給行銷部業務，主動提供客戶對本公司財務願景問卷（財務願景問卷）

(2)由業務定期與客戶會面時交給問卷進行填答

(3)由財務秘書向各業務收取問卷

(4)進行分析

(5)給予擬定未來財務運作參作考量。使用表單：財務願景問卷

3. 通路

人力銷售、網路銷售、自有商店、合夥商店、批發商。

作業流程

(1)確認各通路營銷成本

(2)進行資訊收集（成本消耗報告）

(3)進行分析（會計帳本）

(4)進行成本分析（成會帳本）

(5)進行損益分析（損益報告書）

(6)彙整財務報表（財務報表）

(4)使用表單：各部門成本消耗報告、會計帳本、損益報告書、財務報表。

4. 顧客關係

個人協助、自助式、自動化服務、社群、共同創造。

作業流程

(1)定期招開股東會議：

(2)請銷售部業務將開會通知信寄給客戶（開會通知信）

(3)招開股東大會（會議簡報）

(4)進行財務報告（會議簡報）

(5)進行公司未來營運討論並彙整（未來計畫報告書）

(6)請資訊部工程師製作出新的計畫。使用表單：開會通知信、會議簡報、未來計畫報告書

5. 收益流

(1)資產銷售、使用費、會員費、租賃費、授權費、仲介費、廣告收益

(2)各種不同的訂價機制

作業流程

(1)確認各部門營銷成本

(2)進行各部門資訊收集（成本消耗報告）

(3)進行分析（會計帳本）

(4)進行成本分析（成會帳本）

(5)進行損益分析（損益報告書）

(6)彙整財務報表（財務報表）。使用表單：各部門成本消耗報告、會計帳本、損益報告書、財務報表

6.關鍵資源

實體、智慧資源、人力、財務資源。

作業流程

⑴各部門派遣業務人員於財務部會計處拿取聲請單（請款單）

⑵填寫請款事由金額並由該部門部長核准

⑶繳回財務部會計處並拿取三聯單（請款三聯單）

⑷進行財務主管核准

⑸聯絡請款之部門前往財務部會計處拿取資金。使用表單：請款單、請款三聯單

7.關鍵活動

生產、解決問題、平臺/網路。

作業流程

⑴提供財務問題問卷

⑵向各部門部長發起問卷信件（營業狀況問卷）

⑶收取回信

⑷進行分析

⑸提出改善方案（改善方案報告書）

⑹實行最佳方案（改善方案行動方針）

⑺使用表單：營業狀況問卷、改善方案報告書、改善方案行動方針

8.關鍵合作夥伴

建立夥伴動機：規模經濟、降低風險與不確定性、取得特定資源與活動。

作業流程

⑴主動定期聯繫各股東或營業夥伴了解合作概況

⑵給予簡易財務報表進行分析（簡易財務報表）

⑶收取回饋資訊

⑷提出改善方案（改善方案報告書）

⑸實行最佳方案（改善方案行動方針）

⑹使用表單：簡易財務報表、改善方案報告書、改善方案行動方針。

9. 成本結構

⑴成本驅動：固定成本/變動成本/規模經濟與範疇經濟

⑵價值驅動：高度個人化服務

作業流程

⑴進行成本效益分析（會計帳本、財產清冊）

⑵彙整財務報表（財務報表）

⑶定期向總公司回報財務狀況（財務報表）

⑷進行總公司任務資訊收集

⑸執行任務。使用表單：會計帳本、財產清冊、財務報表

　　學生的總結性課程活從藉由商業模式於公司的各部分開始探討，展開並且開始了大約10週的課堂計畫，8.2節將進一步說明學生在課程上的表現。

二、學生的表現

　　每一次「工業工程實習」上課時間共有三個小時基本上我會將課程安排分成三個時段第一個時段由學生展示暑期實習成果約30分鐘，第二階段為我根據學生每週的討論報告，盡可能利用30分鐘的講授提供學生回饋及可能在報告中所需要用到的知識。第三階段為學生在課堂上進行相關的規劃討論（圖8.5）。上課活動時間分配如表一所示。

圖8.5　2016/10/7學生課堂討論剪影

表8.1 每週上課時間分配

課程時間分配	上課活動	活動之焦點參與者
第一階段9：00-9：30	學生實習展示，同學Q&A	實習報告學生
第二階段9：30-10：00	上週小組進度報告反饋及知識分享	老師
第三階段10：00-12：00	本週小組討論	老師、助教與全體學生

　　上課第一階段為學生分享暑期實習的過程，這個過程我及聆聽的學生會針對報告的學生給予評分或是回饋，同時會有一些討論與問題的過程，圖8.6為一位至大陸上海西門子醫療器械公司實習的學生實習展示與分享。

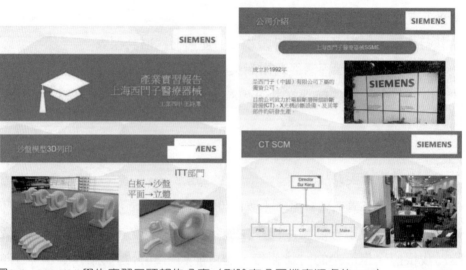

圖8.6　2016/9/3學生實習口頭報告分享（刪除有公司機密疑慮的PPT）

　　根據學生口頭報告，除了我會進行評分工作之外，也讓同學依據系上對總結性課程的評分標準進行考核。讓同學有責任評分，有兩個好處，第一可以讓我個人的評分更加的公正，另外就是學生為了要公平的評分，會很注意的聆聽同學的報告，有任何疑問時，也會跟報告者有交流，也提供學生學習他人實習的經驗，避免學生覺得實習報告只是報告者和老師之間的事，而浪費了學習的機會。圖8.7為2016/10/14兩位同學對於報告同學的評分，一位同學做了簡單的評論說明了為什麼打分數都在4分以上，另外

大學課程的多元教學與實務

2016/10/14

口頭報告評分項目	超過標準-特優(5分)	特優-優秀(4.5)	超過標準-優秀(4分)	優秀-標準(3.5)	符合標準(3分)	標準差(2.5)	低於標準-差(2分)	差-劣(1.5)	低於標準-劣(1分)
上課討論情形			✓						
出席狀況		✓							
專業理論應用				✓					
邏輯與組織架構				✓					
內容正確性、創新性		✓							
延伸思考與討論				✓					
參考來源		✓							
音量		✓							
眼神接觸		✓							
報告內容		✓							
組織邏輯				✓					
回應 Q&A				✓					
其他意見：內容豐富，可以清楚知道實習內容									

2016/10/14

口頭報告評分項目	超過標準-特優(5分)	特優-優秀(4.5)	超過標準-優秀(4分)	優秀-標準(3.5)	符合標準(3分)	標準差(2.5)	低於標準-差(2分)	差-劣(1.5)	低於標準-劣(1分)
上課討論情形				✓					
出席狀況				✓					
專業理論應用		✓							
邏輯與知識架構				✓					
內容正確性、創新性									
延伸思考與討論		✓							
參考來源		✓							
音量					✓				
眼神接觸						✓			
報告內容				✓					
組織邏輯				✓					
回應 Q&A				✓					
其他意見：									

圖8.7　實習報告之同儕評分表

一位同學則是很詳細的評估了報告同學的各方面表現，並給予評分。

　　學生在課堂上分組形成兩家的公司，也針對組織進行規劃，完成了至少兩個產品未來10年的發展。第一家虛擬公司名稱為「卡淘皮革文創股份有限公司」主要主力銷售產品為皮製卡套，產品的設計圖如圖8.8。

　　公司的組織及部門相互關係如圖8.9。

　　圖8.8學生所自行發想的設計圖是由二年級的「工程圖學」所學到的繪圖工具所製作。而圖8.9則是在「工作研究」及「生產計畫與管制」中所教授計畫組織的單元。

　　在公司中有另外一樣產品，這樣產品是我刻意希望學生加上一個方向與公司主力產品不相容的產品在公司中，藉由發展方向衝突的產品，測驗學生如何在組織做法上有一些創新的想法，另外這項產品是一個資訊軟體，其功能在於本校的課綱系統中所使用到的能力轉換矩陣。在目前為

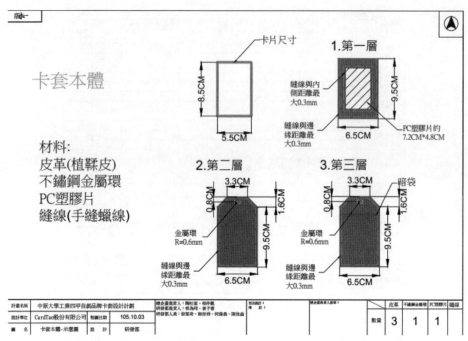

圖8.8　產品設計圖

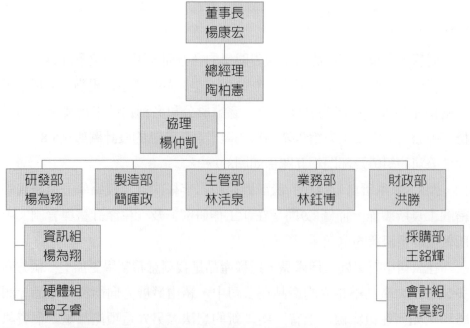

圖8.9　卡淘皮革文創股份有限公司組織架構與部門間的相互關係圖

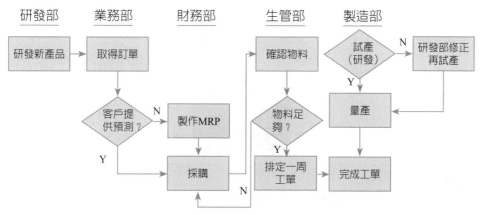

圖8.9　卡淘皮革文創股份有限公司組織架構與部門間的相互關係圖（續）

止，能力轉換矩陣在實務的時候上有一些議題，造成許多老師並沒有好好思考如何使用能力轉換矩陣。因此，藉由這個總結性課程計畫，讓學生發揮創意，撰寫相關程式，希望對於學校的校務工作也有所幫助。目前學生已經將軟體的介面撰寫完成，開始進入細部設計，如圖8.10所示。

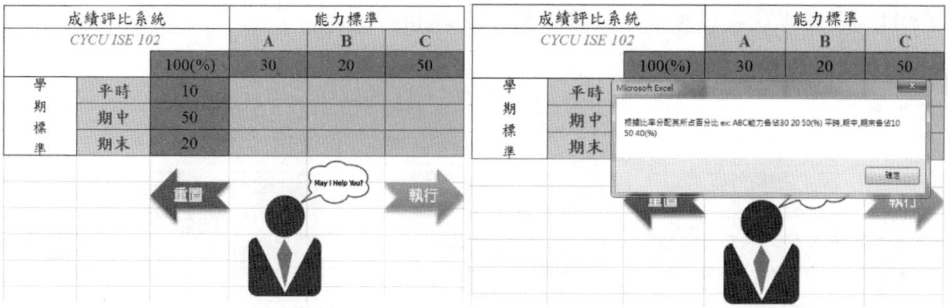

圖8.10　能力轉換矩陣Excel介面

　　第二家公司為「凱特C.W股份有限公司」主力生產產品為「多功能貓屋（Kitty Box）[6]」，如圖8.11所示。公司的架構圖如圖8.12所示。公司的第一年相關計畫進度如圖8.13。產品生產流程圖如圖8.14。

6　http：//vivia.pixnet.net/blog/post/43717045-%5B%E9%96%8B%E7%AE%B1%5D-%E8%B2%93%E5%92%AA%E7%9A%84%E6%96%B0%E8%B1%AA%E5%AE%85-boxkitty%E8%BA%B2%E8%B2%93%E8%B2%93%E7%B4%99%E8%B2%93%E5%B1%8B

組件	數量 （片）	邊長 （cm）	厚度 （cm）	種類（圖示）
層板	6	40×40	0.6	
牆板	12	40×40	0.6	
三角形板	4	每邊40	0.6	
黏扣帶	176	-	-	

圖8.11　學生設定之參考產品（參考產品BoxKitty）

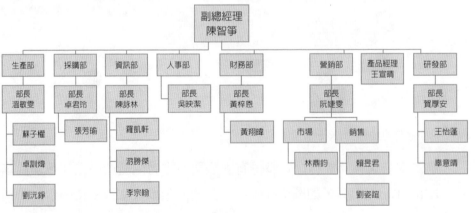

圖8.12　凱特C.W股份有限公司組織架構圖

　　兩組學生的報告內容相當的豐富，最後的報告兩組報告均超過100頁以上，因此，無法完整呈現學生的學習成效在報告中，目前學生共交了五次報告（含最後報告），其中將兩次進度報告及最後報告的目錄列於附錄

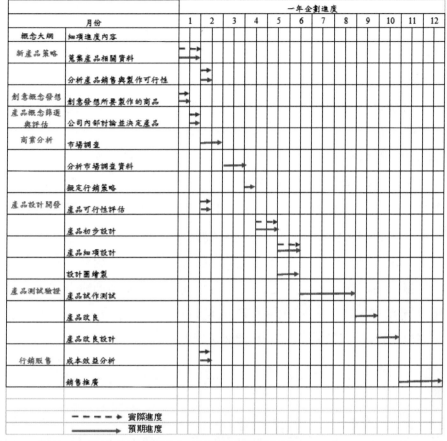

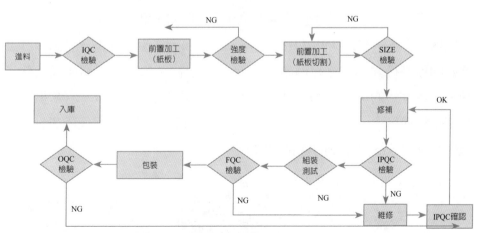

圖8.13　凱特C.W股份有限公司第一年計畫進度甘梯圖

圖8.14　凱特C.W股份有限公司產品生產流程圖

八。兩家公司所呈現的報告有很多地方是重疊的，但是各有各的特色，「卡淘皮革文創股份有限公司」主要對於產品設計的細節表現較佳，而「凱特C.W股份有限公司」則是對於公司中的每一個流程定義相對清楚，兩家不同的公司一家以技術面角度出發進行總結性課程計畫，一家以管理面角度出發進行總結性課程。學生有了產品的設計之後，我開始要針對生產管理面的議題讓學生藉由公司的經營進行了解，這方面的課程所必須具有的基礎知識在大二及大三的PBL課程「工作研究」及「生產與管制計畫」中大多已經教授過。我的作法是在課堂的扮演客戶的角色，每一個星期會給定公司主力產品需求預測，接下來的每一週會給定滾動式的需求預測。每一次的預測會給定三個月，預測需求的第一週到第四週代表實際客戶需求。在不同的時段我會給定突然大量增加需求或是突然沒有需求。兩組學生根據給定的需求，要從公司管理面及製造生產面通盤考慮未來如何因應不同需求，需要制定相關策略或是政策以確保公司可以至少存活十年。表8.2為客戶三個月的需求及預測需求範例。

表8.2 三個月的產品需求，一到四週為實際需求，五週以後的值只供參考

週	1	2	3	4	5	6	7	8	9	10	11	12
需求	265	556	94	812	288	789	382	360	668	755	790	192

根據這樣的預測學生進行相關的計算，例如，選出一個合適的預測模式做為生產及庫存操作的基礎，應用大三所學的「生產計畫及管制」選出最好的預測模式，計算範例如表8.3所示。根據所選擇的預測模式，為了滿足虛擬客戶的需求，學生計算了可能的生產計畫如表8.4。由結果顯示在總結性課程中，學生的確可以用到奠基石課程及核心石課程所學到的知識綜整應用於解決虛擬的實務問題。

表8.3 學生進行客戶需求預測計算

	天真	線性回歸	移動平均	加權移動平均	指數平滑	指數平滑加趨勢
MAD	1.9	1.44	2.055603	1.284927359	1.866858	2.1

	天真	線性回歸	移動平均	加權移動平均	指數平滑	指數平滑加趨勢
MAPE	120	86.57601	64.02844	1083.141199	123.4624	119.047619
MSE	4.7	2.52	5.328855	3.573752113	3.927605	6.5
trac.	-7.89474	-2.77778	-8.1622	8.827763598	-2.55883	-3.333333333

表8.4　學生計算的生產計畫

	週													
原有1055	1	2	3	4	5	6	7	8	9	10	11	12	13	14
預測數量	707	523	1528	1300	1062	951	1526	1085	2461	768	4425	1446	2962	1310
客戶預訂數	707	523	1528	1300	1062	951	1526	1085	2461	768	4425	1446	2962	1310
預計現有庫存	348	1215	1077	1167	105	544	408	713	252	874	49	603	641	721
MPS數量	0	1390	1390	1390	0	1390	1390	1390	2000	1390	3600	2000	3000	1390
MPS開始	1390	1390	1390	0	1390	1390	1390	2000	1390	3600	2000	3000	1390	2000
可用庫存量	348													

　　從奠基石課程，核心石課程到總結性課程，當初只是一腔熱血的自我推薦進行一連串的帶狀課程，並在授課課程中使用不同的教學法如PBL、資訊融入搭配講述式教學進行課程，除了希望傳授工業系專業知識外，同時希望提升學生的資訊、邏輯、合作、解決問題能力，同學在過去三年於系上所學的知識、能力，希望可以藉由總結性課程可以充分發揮，僅僅一次的授課循環就需要花將近7個學期完成，或許無法直接去證明這樣的一個過程可以有效的提升學生的專業知識以及能力，但是，我想我和學生已經在總結性課程全力以赴。

　　在中原大概每五到六年有機會可以帶一個班級從一年級到四年級，目前正好也有一個機會從二年級開始長期帶一個班級到四年級，因此，我會再次試著驗證整個總結性課程架構，希望未來可以看到新的一批學生有更好的學習成效。

三、討論與反思

　　從工業甲班授課開始，一直到目前總結性課程，不包含本門課，前前後後經過了5門課計15個學分。這些學分大概佔了學生畢業總學分11.7%（=15/128）或專業必選修學分的16%（=15/94），雖然已經佔有一定的比重，但是對於我所設定的總結性課程題目而言，這樣規劃是不足以完全應付我所設定的總結性課程的問題，例如途8.8中學生使用了「工程圖學」的技巧進行了繪圖。在最初的規劃，我並沒有預期學生會使用這樣的工具進行課堂計畫。在報告中，還可以看到學生使用了「工程會計」、「設施規劃」或是「品質管制」等方法，也就是說我一個人的帶狀課程其實不足以應付這麼大規模的課堂計畫。在老師教學的橫向連結若可以在緊密一些，或許有機會進一步提升學生的學習。過去我在荷蘭留學時，課程跟課程之間的連結是相當強的，比較不像目前的狀況，老師們的上課規劃還是比較單打獨鬥，並沒有真的針對總結性課程，做一個比較密切的聯結。在學期結束之前，我會舉辦學生的總結性課程成果展，邀請一些老師到課堂上參觀，了解到總結性課程的成果，圖8.15為學生經過一學期的努力將過去所學的知識進行整合並且以口頭及海報展演方式進行發表。

圖8.15　學生總結性課程發表集會後合照

進一步也會在大學部課程會議提出報告，希望在未來可以比較有系統地進行奠基石、核心石及總結性課程，相信有了比較縝密有系統的規劃，學生一定可以將專業所學轉化成可以進入職場的能力，也相信唯有好的課程設計，才有助於降低學用落差的現況。另一個我想提出的是目前我們上課的方式是以班級為單位進行課程，事實上，每一個學生對於未來的期許是不一樣的，總結性課程應該也需要進行分流，針對學生的屬性進行不一樣的總結性課程，讓有研究傾向或是實務導向的同學可以分別進行不一樣的總結性課程，這樣學生也可以充分發揮自己的天賦，提升自我能力，獲得好的學習成效。雖然這在實務上並不是很好操作，也缺少足夠的師資進行這樣的想法，不過，這個想法我也會一併在這學期結束後，同總結性課程報告一併向系課程委員會提出想法，希望藉由所有老師的智慧，共同一起發展具有工業系特色的總結性課程。

四、小結

「工業工程實習」的教育目標有五，如下所示。

1.1 對於專業課題具備確認與解決問題之能力。

2.1 具備參與實務問題分析、解決及實作之經驗。

2.2 具備良好的簡報與書面報告之能力。

3.2 具備團隊合作與溝通領導之能力。

4.1 具備持續學習與創新之熱忱。

在「工業工程實習」的六週暑期實習部分，學生找到實習的公司後的一個程序是要與實習公司簽訂簡單工作契約，契約中規範了學生六週的實習進度及實習目標。學生到了實習場域之後，會與實習主管依據工作契約，訂定出具體在實習工作目標及工作時程。學生根據這一些目標，根據在學校所學的知識，分析實習場域現況，進行問題確認，提出改善計畫，進行改善計畫，這部分的過程符合教育目標1.1及2.1。在實習的場域中，學生要完成改善計畫必須與公司其他部門進行溝通，共同合作完成專案才

能達到實習公司所設定的目標，這個部分符合教育目標3.2。學生在整個實習專案的實踐過程中，常常會遇到一些實務或學理上的疑惑或是困難，學生會與實習主管或是學校老師共同討論，找出在現實的限制下，如何有效的達成實習績效，這部分符合教育目標4.1。最後，學生在暑期實習回到學校後，必須對於六週的暑期實習進行口頭報告並完成相關的書面報告由四年級導師進行成績的評定及考核，這個部分符合教育目標2.2。

　　為了進一步讓總結性課程的實施結果可以形成系上其他課程精進的依據，並且進一步確認學生經由實習所獲得的學習成果，本年度在實施總結性課程將原有在課堂上只進行口頭報告以及繳交書面報告的成績考核70%，修改為只佔總成績的15%，剩下來的55%的部分使用PBL教學法，讓學生組成小組規劃一家虛擬公司的十年營運計畫，同時在課程的進行中融入模擬情境，由我扮演客戶每週給予虛擬公司顧客產品需求，公司必須因應客戶的需求變動，藉由每一週對於資料的分析，虛擬公司的十年營運計畫將隨著分析結果進行動態調整，所調整的依據將以在學生過去前三年所上課的奠基石及核心石課程知識為基礎，經由學生小組討論綜合評斷，轉化成公司營運策略，進而修正原始十年營運規劃。最後在期末時，學生將進行公開的口頭報告，並且展示海報說明整個虛擬公司規劃的過程以及最後的產出及結果。經由檢視現階段學生的口頭報告、書面報告、個人報告及小組討論的記錄可以發現學生幾乎可以綜整過去的知識，將其轉化成相關因應措施於模擬公司的營運中，具體實現相關策略與作為。本課程的教學亮點有以下兩點。

1. 總結性課程的實施突破以往工業系實施的架構，有系統地從奠基石課程，核心石課程，接續實施總結性課程。總結性課程的核心問題，在核心石課程已經小規模針對類似問題應用PBL教學法在「工作研究」及「生產計畫與管制」中讓學生解決相關問題，讓學生具備可以完成解決總結性課程核心問題的能力。

2. 總結性課程所設定的問題，雖然是成立虛擬公司，但是所有相關公司成立相關的ISO流程皆來自於真實個案公司的流程，讓學生可以在學校

學習的場域，也可以結合現實情境進行學習。

在總結性課程中所設定的兩樣產品中，其中有一項是要求學生開發實體資訊軟體，這個部份不是所有的學生都可以有能力進行產品開發。在公司形成的組織上，這個部份的人力是所有虛擬公司部門最少的，也是最不想碰觸的。雖然這個模擬遊戲目標在於學生可以綜整知識，激發潛能，提升自我能力，但是可以看到大部分的學生實際上去接觸這樣一個開發計畫的動機幾乎沒有。這也顯示在一年級二年級的資訊及數學課程的實施需要思考，怎麼樣引起學生學習動機，讓大多數的同學可以提升資訊能力及數理邏輯能力。從總結性課程中已經觀察到這樣的現象，在適當的課程委員會將會提議未來可以精進資訊及數學類課程的教材及教法。回歸到自己的教學理念中有一點幾乎在所有我自己課程實施中比較沒有注意到的，就是兼顧道德品格及社會責任。但是以總結性課程而言，會相對容易。現在一般公司為了永續經營，在經營的目標上就不再純然以營利為目的，擔負社會責任也是企業經營的一個很重要的部分，因此，在公司的營運十年企劃書中，公司在營利上除了要成長之外，擔負一定的社會責任及如何實現擔負社會責任的具體作法也會成為我最後的考核成績之一，如此就可以刺激學生思考一個公司的成長不只有經濟上面的因素，而是包含社會文化、環境人文等相關因素，這些綜合成就才有辦法讓一家企業的永續成長。在其他的專業課程中，要融入道德品格的部分會有相對難度，這也是我未來所要努力克服的教學議題。

第九章
結論與展望

　　回顧九年來的部分授課，發現自己在實施教學的過程中，會針對不同的課程屬性進行不一樣的教學策略。在基礎專業課程「工作研究」，為了提升學生學習動機，增進學生學習成效及能力，讓學生綜整學習知識並可應用所學知識於實境中，我採用PBL教學法定義一個生產問題讓學生透過小型生產線生產產品。透過生產產品的每一個步驟，連結課本知識與產品間的關係，達到學生學用合一的目的。教室的場域與實境有一定的差異，實境場域難以在教室中複製，因此，在模擬遊戲的情境中，要針對教室情境與實境的差異向同學說明，並輔以影片或是圖片說明。在「工作研究」中看到了以PBL為基礎的模擬遊戲是成功的，進一步將這樣教學模式延伸到進階專業課程「生產計畫與管制」，然而在不一樣的課堂，不一樣的學生屬性，不一樣的課程限制造成沒有辦法全然應用「工作研究」的模式，這樣的反思，激發我在三年級的「生產計畫與管制」進行教學行動研究的想法；首先，我的第一個疑問就是模擬遊戲真的也適用於「生產計畫與管制」嗎？第二個疑問是若模擬遊戲是有效的，學生怎麼分組會最有效？雖然，已經有很多文獻說明PBL教學的有效性，但是，對於大班級的大學部專業課程幾乎找不到相關證據支持PBL的有效性。在證明PBL教學於專業課程有助提升學生學習成效後，我進一步思考，學生的屬性是否會影響到合作學習，造成提升或阻礙學生的學習成效，因此，開始探討同質及異質分組在PBL遊戲中表現的差異，直到最近開始希望透過實證研究解決公平給予學生成績問題，此外，我也嘗試著將原有PBL的架構透過遠距教學方式進行修正，將原來建立背景知識的部分由實體授課轉變成遠距教學方式進行，並由學生的學習風格角度出發，精進遠距課程教材編排。所有透過行動研究可以找到提升學生學習成效的策略，我會進一步的將有效策略擴散至其他的課程，仍有疑義的部分就繼續進行行動研究希望可以找到

合適的教學策略提升教學成果，也增進自己的教學技能。在PBL其他的應用，我也在1042的「電資與人類文明」課程中，將倫理議題融滲入環境議題，學生也獲得不錯的學習成效，至於這樣的教學策略是否合宜有效，則需要更多的資料分析驗證。除了PBL教學法之外，我在「線性代數」課程使用了資訊軟體融入教學與分組授課。在「線性代數」的授課中，雖然我知道數學和資訊軟體工具有強烈的連結關係，理論上電資學院的學生應該對於資訊融入策略是可以接受，然而長年實施後發現資訊融入一直效果不彰，直到1042進行分組教學後，得到比較好的教學成效。雖然教學資源的分配對於每個學生是不一樣，對於分組教學難免還是有些遲疑，但是，我想我會再次嘗試以確認這樣的方式是否為教授「線性代數」的最適方式。1062學期除了在「生產計畫與管制」課程融入遠距課程外，同樣的在線性代數課程也融入了「遠距課程」教學，藉由相同學生主體，進一步探討在屬性不同的課程中，遠距教材教法的異同與學生學習成效。在碩士班學生的協助下，了解到遠距教材的學生主體以仿抄寫黑板的手寫提示對學生學習的幫助較大，而在遠距教材的編排上則以每上完一個小單元就進行隨堂測驗的方式較佳。碩專班的「品質管理」課程應用CBL教學教學策略獲得不錯的效果，但是，由於碩專的學生大學背景有越來越多元的趨勢，在一些沒有背景的同學學習上，有可能發生在學習基礎理論時，學生沒有辦法完全吸收的情況發生，導致後續的學習無法深化，比較好的方式，可能有兩個策略，第一，使用教學影片輔以課後的自我學習，另外，在上課的每一個教學的單元增加與「統計方法」課程銜接知識的複習，希望藉由複習時數的增加，讓學生對於基礎理論有更深的認識。對於總結性課程已經完成第一個教學循環，系統化的從實施奠基石及核心石課程到總結性課程。從成果觀察，學生已經可以解決虛擬實務問題，也看到了透過實作學生能力的成長，接下來，我將於第二次接任導師班時進行第二個總結性課程的教學循環，以確認這樣的教學架構，學生學習成效如我預期。這個學期，我第四次在「工作研究」課程與國貿系「經濟學」課程進行PBL跨領域教學，此次的教學預計改善原有的教學架構，以符合「經濟

學」課程育新增的PBL活動。兩班跨領域PBL的教學流程如圖9.1所示。

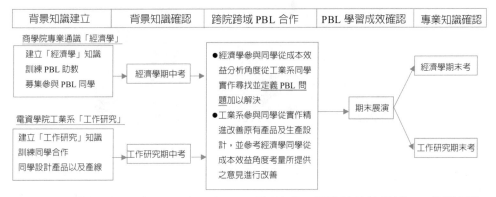

| 背景知識建立 | 背景知識確認 | 跨院跨域 PBL 合作 | PBL 學習成效確認 | 專業知識確認 |

商學院專業通識「經濟學」

建立「經濟學」知識
訓練 PBL 助教
募集參與 PBL 同學

→ 經濟學期中考 →

● 經濟學參與同學從成本效益分析角度從工業系同學實作尋找並定義 PBL 問題以加以解決
● 工業系參與同學從實作精進改善原有產品及生產設計，並參考經濟學同學從成本效益角度考量所提供之意見進行改善

→ 期末展演 →

經濟學期末考

工作研究期末考

電資學院工業系「工作研究」

建立「工作研究」知識
訓練同學合作
同學設計產品以及產線

→ 工作研究期中考 →

圖9.1　103學年至106學年「工作研究」及「經濟學」課堂跨院跨領域PBL教學架構圖

　　兩個班級和做了四次之後，「經濟學」課堂的老師表示在過去的實施經驗中有幾個問題在於學生在期中考後進入「工作研究」課堂後因爲沒有工程專業知識的背景，所以在應用經濟學原理在工程問題的定義上會一定的困難，期中考後的時間往往不足以定義出一個好的PBL問題，以進行PBL的學習活動。因此，在106學期結束後，在暑假期間兩班的老師重新討論了教學的架構，希望在期中考之前就可以讓學生彼此合作。進行的方式將是提前在經濟學課堂選出合適的助教，先定義生產產品主題，107學期，目前是以「分類零錢盒」作爲主題，圖9.2爲目前學生進行產品設計的一個原型範例。

　　在107學年之前，「經濟學」課堂上所設定的PBL架構是商學院學生在觀察工工系的產品的生產，並從生產流程中提出一個眞實且與學習背景關聯的問題，然後在此問題基礎上，學習應用「經濟學」中的成本效益分析方法以及「成本」與「市場」兩個經濟理論提出可行且切題的解決方案。在原本「經濟學」課程內容中所教授的「市場」理論目的在討論替代產品之間的競爭議題。然而，工業系PBL每分組學生的產品幾乎都是不同類型的產品，又無替代性，因此在連結「經濟學」的兩個理論與PBL時，學生僅能聚焦在「成本」理論的應用，而無法透過PBL的活動中讓學生應

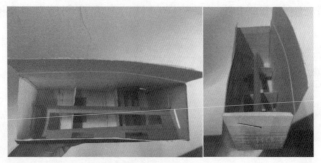

圖9.2　107學期學生製作之零錢盒設計範例

用「市場」理論進行相關學習。為了使商學院學生的PBL與經濟學之「成本」理論及「市場」理論同時鏈結，在107學年，跨系課程設計進行修正，讓產品設計一開始由工工系主導的方式改為兩個課程的學生共同討論出一項能同時達成兩個課程目標的單一產品。107學年達成之共識為工工系各組皆生產「零錢盒」以生成組間競爭，使得商學院學生能在PBL中同時應用經濟學之「成本」理論及「市場」理論。新的教學架構與原有最大的差別在於原來是工業系同學將產品設計完全才開始進行PBL活動轉變為兩班的同學在107期中考前就開始進行意見的交流，修正的教學架構如圖9.3。

　　於1071學期開始前，兩系的老師及助教擬定出一個計畫書以利後續PBL跨院計畫，計畫簡略內容如下所述。

合作時間：八週（10/01、10/22、11/12、11/19、11/26、12/03、12/10、12/17）週一17：00～18：00，最後一週為17：00～19：00，2小時。

合作產品：零錢盒

產品操作市場：獨佔性競爭市場

PBL小組討論地點：莊敬大樓304、210、403、206

合作模式：工工系和商學院學院學生生透過彼此溝通，完成工工系一個小時生產三個產品的實作目標。商學院的學習目標則以應用

大學課程的多元教學與實務

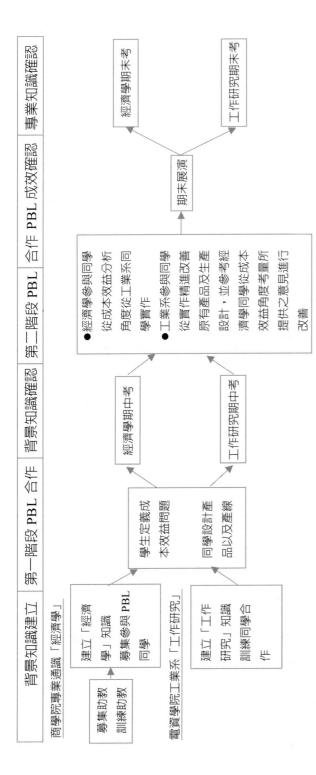

圖9.3 107學年「工作研究」及「經濟學」課堂跨院跨領域PBL教學架構圖

經濟學找尋一個重要且真實的問題、一個可行的解決方法、完成期末在實際銷售上的成效與經濟學的理論差異分析。

1. 工工系：負責製作設計零錢盒，其製作過程之規定為：每組成本控制在300元、產品涉及三個生產作業程序，產品並須進行品質控管，相關製程成本數據必須記錄及分析，製作產品操作程序圖、標準生產流程以及時間研究等以幫助商學院進行跨領域合作研究。

2. 商學院：負責針對產品進行$\pi = TR - TC$的分析，並且應用生產、市場理論（獨佔性競爭市場）、Marginal Benefit - Marginal Cost的觀念進行分析研究完成PBL課程專題。

時間規劃及相關活動則列於表9.1。

表9.1 1071學期PBL課程活動計畫簡略時程規劃

時間	活動內容
9/17	商學院PBL說明會，報名截09/19中午12點
9/21	商學院PBL成員篩選
10/1	工工系與商學院第一次相見歡、產品確認
10/22	工工系與商學院初步規劃
11/12	工工系與商學院完整產品設計討論
11/19	工工系試做一個產品
11/26	工工系第一次量產（10件），商學院取得一個產品
12/3	工工系和商學院一起討論，外系老師隔岸觀火—跨系PBL觀摩
12/10	工工系第二次量產（30件），商學院實際試賣（時間安排將另行通知）
12/17	工工系與商學院PBL期末成果發表

107學年度我通過了教學實踐計畫申請（計畫書如附錄九所示），並且於1071課程中執行，相關的執行結果會配合中原大學教師發展中心的教學分享活動進行「工作研究」教學成果展示，邀請學校對於有興趣PBL跨領域教學的老師到課堂觀課。活動包含我如何進行隨堂小組活動，學生模擬遊戲展示及學生口頭報告等，希望透過這樣的教學展示分享，擴散我

的教學理念與教學策略（如表9.1中12/13及12/17活動）。除了在學校分享如何進行PBL教學策略外，我也積極在學校以外分享過去於PBL的教學經驗，如2018/10/17於東南科技大學、2018/9/3於正修科技大學、2018/6/26於健行科技大學、2017/11/10於開南大學、2017/11/2於龍華科技大學、2017/11/1於嘉南藥理大學、2017/4/15於佛光大學2016/3/28於德明財經科技大學，另外，國泰人壽南區教育訓練單位進行得知我在PBL教學策略有一些經驗，也希望讓我對他們的講師進行內部訓練提升他們的講課技巧。除了對大學教師及業界人員進行分析外，在2017年及2018年的暑假期間，我也辦理PBL教學暑期營隊以及擔任講師，協助有興趣實施PBL課程教學的大專及高中老師進行PBL課程設計以及實務操作。在107學期，我開始使用遠距教學融入PBL的教學架構中，目前還缺乏一些有效的證據證明融入遠距教學可以強化原有的PBL教學架構，提升學生學習成效，這部分也是未來我可能在教學實務研究中可以繼續努力精進的地方。我想隨著教學技術越來越成熟，教學知能越來越提升，在未來我希望將自己在教學上所發展出來的教學策略進一步的擴散，希望不只是中原工業系的學生可以有好的學習成效，希望所有老師都可以從我的教學方法的擴散，形成獨特的教學方式，在自己的課堂上實施合適的教學策略，讓學生學得更好，提升學生學習動機及學習成效。

參考文獻

1. Anderson, K. M. (2007). Differentiating instruction to include all students. Preventing School Failure 51(3): 49-54.

2. Ashcraft, P. G. (2006). A comparison of student understanding of seasons using inquiry and didactic Teaching Methods. Physics Education Reserach Conference, Salt Lake City, Utah.

3. Barrows, H. S. (1996). Problem-based learning in medicine and beyond: A brief overview. New Directions for Teaching and Learning 68: 3-12.

4. Barrows, H. S. and R. M. Tamblyn (1980). Problem-based learning: An approach to medical education. New York, Springer Publishing Company.

5. Biggs, J. B. (1993). From theory to practice: A cognitive systems approach. Higher Education Research and Development 12(1): 73-86.

6. Biggs, J. B. (2003). Teaching for quality learning at university: What the student does. Buckingham, Open University Press.

7. Center for Teaching and Learning Stanford University (1994). Teaching with case studies. Speaking of Teaching 5(2).

8. Chen, S.-L., Y.-K. Lai, W.-C. Hu and W.-Y. Chung (2014). Case-Based Instruction in Digital Integrated Circuit Design Courses for Non-Major Students. International Journal of Electrical Engineering Education 51(3): 232-244.

9. Cook, L. and M. Friend (1995). Coteaching: guidelines for creating effective practices. Focus on Exceptional Children 28(3): 1-16.

10. Cosgrove, T., D. Phillips and M. Quilligan (2010). Educating engineers as if they were human: pbl in civil engineering at the university of limerick. . 3rd International Symposium for Engineering Education. University College Cork, Ireland.

11. Dean, K. L. and C. J. Fornaciari (2002). How to create and use experiential case-based exercises in a management classroom. Journal of Management Education 26(5): 586-603.

12. Dell, C. A., T. F., Dell and T. L., Blackwell (2015). Applying Universal

Design for Learning in Online Courses: Pedagogical and Practical Considerations. The Journal of Educators Online 13(2): 166-192

13. Donnelly, R. and M. Fitzmaurice (2005). Collaborative Project-based Learning and Problem-based Learning in higher Education: a consideration of tutor and student role in learner-focused strategies Dublin, Learning,Teaching & Technology Centre, Dublin Institute of Technology.

14. Eisenlohr, A., M. L. Render and E. S. Patterson (2002). Creating patient safety with organizational learning: a case-based learning intervention at a public and private hospital. Human Factors And Ergonomics Society 46th Annual Meeting.

15. Evans, J. R., W. M. Lindsay and 張倫編譯（2006）。品質管理與管制。臺灣，華泰出版社。

16. Geoff (2012). Isn't Problem Based Learning easier than Project Based Learning? and 10 other myths about PrBL. ("Real or not real"). emergent math https://emergentmath.com/2012/05/24/isnt-problem-based-learning-easier-than-project-based-learning-and-10-other-myths-about-prbl-real-or-not-real/ 2016.

17. Harrison, B. (2007). "What is Problem-Based Learning?", from http://www.sierra-training.com/.

18. Hazari, S. and S. Thompson(2015). Investigating Factors Affecting Group Processes in Virtual Learning Environments. Business and Professional Communication Quarterly 78(1). 33-54

19. Hernández C. H., F. B. Flórez, M. A. Tocora, and D. G. León (2018). Problem Based Learning and the Development of Professional Competences: AnExperience in the Field of Biomedical Engineering. The Turkish Online Journal of Educational Technology 17(3). 104-112.

20. Hohenwarter, M., J. Hohenwarter, Y. Kreis and Z. Lavicza (2008). Teaching and calculus with free dynamic mathematics software GeoGebra. International Congress on Mathematical Education. Mexico.

21. Hung, W. (2006). The 3C3R model: a conceptual framework for designing problems in PBL. Interdisciplinary Journal of Problem-based Learning 1(1): 55-77.

22. Hung, W. (2009). The 9-step problem design process for problem-based learning: application of the 3C3R model. Educational Research Review 4: 118-141.

23. Knowles , M. (1 975) Self-Directed Learning:a guide for learners and teachers Association Press, New York.

24. Lce, S. J., A. Ngampornchai, T. Trail-Constant, A. Abril and S. Srinivasan (2016). Does a case-based online group project increase students' satisfaction with interaction in online courses? Active Learning in Higher Education.

25. Lijia, L., and R. K., Atkinson (2010). Using animations and visual cueing to support learning of scientific concepts and processes. Computers & Education 56: 650–658.

26. Little, C. (2008). Interactive geometry in the classroom: old barriers and new opportunities. British Society for Research into Learning Mathematics, UK.

27. Liu, Y.-F. (2008). Differentiated instruction through flexible grouping in EFL classroom.臺北市立教育大學學報39(1): 97-122.

28. Macdonald, R. and M. Savin-Baden (2004). A briefing on assessment in Problem-based Learning, LTSN Generic Centre.

29. Macho-Stadler, E. and M. Jesús Elejalde-García (2013). Case study of a problem-based learning course of physics in a telecommunications engineering degree. European Journal of Engineering Education 38(4): 408-416.

30. Majeski, R. (2005). Interdisciplinary problem-based learning in gerontology: a plan of action. Educational Gerontology 31: 733-743.

31. McNabb, J. (1994). Telecourse effectiveness: Findings in the current literature. Tech Trends 39(5), 39-40.

32. McParland, M., L. M. Noble and G. Livingston (2004). The effectiveness of problem-based learning compared to traditional teaching in undergraduate psychiatry. Medical Education 38: 859–867.

33. Merritt, J., M. Y, Lee, P. Rillero, and B. M. Kinach. Problem-Based Learning in K–8 Mathematics and Science Education: A Literature Re-

view. Interdisciplinary Journal of Problem-Based Learning 11(2):

34. Merseth, K. K. (1991). The early history of Case-Based Instruction: in-sights for teacher education today. Journal of Teacher Education 42(4): 243-249.

35. Nuutila, E., S. Torma and L. Malmi (2005). PBL and Computer Programming - The seven steps method with adaptations. Computer Science Education 15(2): 123-142.

36. Oaksford, L. and L. Jones (2001). Differentiated instruction abstract. F. L. C. Schools. Tallahassee.

37. Painvin, C., V. Neufeld, N. G., I. Walker and G. Whelan (1979). The 'triple jump'exercise: a structured measure of problem-solving and self-directed learning. Proceedings of the 18th Annual Conference on Research in Medical Education.

38. Perrenet, J. C. , P. A. J. Bouhuijs and J. G. M. M. Smits (2000). The Suitability of Problem-based Learning for Engineering Education: Theory and practice. Teaching in Higher Education 5: 345-358.

39. Pigneur, A., Y. Smith and A. Clark (2010). Business model generation: a handbook for visionaries, game changers, and challengers, John Wiley & Sons Inc.

40. Powles, A., N. Wintrip, V. Neufeld, J. Wakefield, G. Coates and J. Burrows (1981). The 'triple jump' exercise: further studies of an evaluative technique. 20th Annual Conference on Research in Medical Education.

41. Richards, P. S., M. R. Inglehart and P. Habil. (2006). An interdisciplinary approach to Case-Based Teaching: Does it create patient-centered and culturally sensitive providers? Journal of Dental Education 70(3): 284-291.

42. Roberts, C, M. Lawson, D. Newble, and A. Self (2005). The introduction of large class problem-based learning into an undergraduate medical curriculum: an evaluation. Medical Teacher, 27(6): 527–533

43. Savery, J. R. (2006). Overview of Problem-based Learning: definitions and distinctions. Interdisciplinary Journal of Problem-Based Learning 1(1): 9-20.

參考文獻

44. Savin-Baden, M. (2003). Facilitating Problem-based Learning in higher education: Illuminating Perspectives. Buckingham, SRHE/Open University Press.

45. Schmidt, H. G. (1983). Problem-based learning: rationale and description. Medical Education 17: 11-16.

46. Schumm, W. R., K. K. Pratt, J. L. Hartenstein, B. A. Jenkins, and G. A. Johnson (2013). Determining Statistical Significance (Alpha) and Reporting Statistical Trends: Controversies, Issues, and Facts. Comprehensive Psychology 2: https://doi.org/10.2466/03.CP.2.10.

47. Spencer, J. A. and R. K. Jordan (1999). Learner centred approaches in medical education. British Medical Journal 318: 1280-1283.

48. Valiande, S. and M. Koutselini (2008). Differentiation instruction in mixed ability classrooms, the whole picture: presuppositions and issues. International Academy of Linguistics and Behavioral and Social Sciences. California.

49. Winter, R., A. Buck and P. Sobiechowska (1999). Professional experience and the investigative Imagination. London, Routledge.

50. Wood, D. F. (2003). Abc of learning and teaching in medicine: Problem Based Learning. British Medical Journal 326(7384): 328-330.

51. 中原大學問題本位推動小組（2008）。問題本位學習手冊，中原大學教育研究所。

52. 中國醫藥大學教師發展中心。from http://cmucfd.cmu.edu.tw/pbl_02.html。

53. 呂良正（2014）。「臺大土木系Capstone課程經驗分享。」評鑑雙月刊49。

54. 李臺玲（2001）。遠距教學之評量。生活科技教育，34(2)，30-37。

55. 辛幸珍（2010）。以問題導向學習（PBL）整合跨領域學習於通識「生命與倫理」課程之教學成效。通識教育學刊6：90-107。

56. 房振謙，林美惠，李慧珍，陳靜歆和薛雅惠（2008）。講述教學與討論教學應用於全球暖化議題教學成效之研究。社會科教育研究12：153-183。

57. 陳攸婷和林文保（2014）。淺談資訊融入教學。臺灣教育評論月刊

大學課程的多元教學與實務

3(7)：52-53。

58. 黃柏偉（2015）。學習風格與人格特質對合作學習之影響。碩士論文，中原大學。

59. 楊康宏（2011）。課堂模擬遊戲對於教學成效的分析研究。中原大學。

60. 楊康宏（2012）。課堂模擬遊戲對於教學成效的分析研究。中原大學。

61. 楊康宏（2014）。於PBL環境下小組合作學習之成效。中原大學。

62. 楊康宏和阮震亞（2010）。融入PBL為基礎的模擬遊戲於課堂教學成效之探討與成果分享。學習生產力。臺北。

63. 劉孟奇（2014）。國立中山大學總結性課程計畫簡介。評鑑雙月刊49。

64. 賴志旻（2013）。PBL教學環境中學習風格與人格特質對於學生學習影響之研究碩士論文。中原大學。

65. 謝孟開（2016）。應用群集分析法於課堂計畫分組之研究碩士論文，中原大學。

66. 王葦杭（2018）。遠距教學教材編排於不同學習風格學生學習成效之探討—以生產計畫與管制課程為例碩士論文，中原大學。

67. 謝銘峰（2014）。跨領域設計之課程規劃設計與教學策略開發的探討與實踐。大學教師優良創新課程及教學競賽。新竹教育大學。

68. 教育部資訊及科技教育司（2014）。大學遠距教學成果專書。https://ace.moe.edu.tw/events/seminar_2014_book

臺夫特工業大學課程大綱範例

Supply Chain Analysis and Engineering 2018/2019課程大綱

來源：臺夫特工業大學課綱網站http://studiegids.tudelft.nl/a101_
displayCourse.do?course_id=27171

查閱日期：2018/7/17

Module Manager	Ir. M.W. Ludema
Contact Hours / Week x/x/x/x	x/0/0/0
Education Period	1
Start Education	1
Exam Period	1
Course Language	2
Expected prior knowledge	This module builds on the content and knowledge gained during the modules spm2610, spm2630, or equivalent knowledge elsewhere (please consult module manager).
Summary	Logistics includes all activities relating products and information traveling to and between companies in a supply chain chain. The logistics function makes an important and often essential contribution to the competitive strength of industrial trading and distribution companies. The logistics function co-ordinates and controls operational business functions in their relationship to each other and to a large extent determines the flexibility of a company in relation to the market and the efficiency of the internal processes within that company. Logistical decision-making frequently relates to situations in which conflicting wishes and desires from various parts of the organization have to be brought together cohesively. Gaining insight into the performance indicators of a company, its logistical costs, customer expectations and the opportunities to improve these aspects is of vital importance. All engineers will encounter logistics to a greater or lesser extent in the business environment in which they will be working or in which they will be carrying out their assignments. This course covers the logistics function in and between companies. This course will give the student insight in

the theoretical background of supply chain analysis and management. In general the student learns and puts into practice the basic theoretical skills of a supply chain analyst and/or manager. The theoretical knowledge will be explained and exercised by practical business cases.

After the course the student is able to: (1) position supply chain management in the broader perspective of the functioning of enterprises; (2) formulate, comment and judge the criteria and constraints of how companies can develop and maintain their position as an adequate supply chain member; (3) structure, analyze and develop skills to find improvements of the strategic position of enterprises by the use of reference models, and other modelling techniques (4) design and develop supply chain frameworks to facilitate the analyses of supply chains (5) have a detailed insight into the difference and commonalities between supply chain of consumables and durables (6) develop a analysis approach to guide supply chain design changes, in particular alliances (7) understand the supply chain as a fulfillment structures for collaborating companies for new business ventures to cope with problems and opportunities.

The second parts builds on the content and knowledge of the fundamentals of supply chain analysis. This part will give the student insight in the theoretical background of supply chain engineering. In general the student learns and puts into practice the basic theoretical skills of a supply chain engineer. The theoretical knowledge will be explained and exercised by practical business cases.

Based on the knowledge of the student to: (1) position supply chain management in the broader perspective of the functioning of enterprises; (2) formulate, comment and judge the criteria and constraints of how companies can develop and maintain their position as an adequate supply chain member; (3) structure, analyse and develop skills to find improvements of the strategic position of enterprises by the use of reference models, and other modelling techniques (4) design and develop supply chain frameworks to facilitate the analyses of supply chains (5) understand the difference and commonalities between supply chain of consumables and durables.

S/he will develop a design approach to guide supply chain design changes, in particular of new business opportunities and alliances. S/he will a new supply chain as fulfillment structures for collaborating companies for new business ventures to cope with problems and opportunities.

Course Contents	The following topics will be discussed during the lectures:

The significance of their logistics system in and between companies from a business perspective;

Methods that they can use to analyze logistics systems;

Their incoming logistics (Purchasing), production logistics and outgoing logistics (including customer service);

The role of inventory and inventory hold points and the related facilities required in the logistics system;

Strategic, tactical and operational decisions related to inventory;

The role of transport management and the transport system in and between companies;

Value added logistics, outsourcing and third party logistics;

Logistics control and information systems;

Strategic logistics and the design of logistics networks and determining locations for distribution centres;

Worldwide logistics and some selected aspects of state-of- the-art logistics.

Brief overview of the important elements and the analysis of the several aspects of the dimensions of logistics systems from the inside and outside perspective of individual companies; Global Trade & Logistics, Strategic Logistics Management; The role of organization within supply chains; Value added logistics and third party logistics; Target Costing and Supply Chain Cost Management Systems; Supply Chain & Life Cycle Management Information Systems; Actors Analysis from a supply chain perspective; Supply Chain Mapping with the SCOR-reference model; Virtual Value Systems; Advanced Supply Chain Mapping; Material Requirements Planning, Manufacturing Resource Planning, Enterprise Resources Planning; Advanced (Supply Chain) Planning Systems; Virtual Organizations & Logistics; Lean Thinking and Manufacturing, Agile Organizing, Performance measurement by benchmarking the supply chain; Modelling techniques for designing/analyzing Supply Chains; Spare parts logistics, special purpose supply chains; Event Logistics, Reverse logistics, Green supply chains, Supply Chain Portals for Purchasing and Sales; Interactions between user/owner, producer/user and producer/owner; Subsistence, operations en systems logistics; Customer service as a life-cycle management effort. Partnerships and alliances and its supply chain ramifications.

Brief overview of the important requirements of a supply chain design the student will get familiar with:

The dimensions of logistics systems from the inside and outside perspective of individual companies; Global Trade & Logistics,

	Strategic Logistics Management; The role of organisation within supply chains; Value added logistics and third party logistics; Target Costing and Supply Chain Cost Management Systems; Supply Chain & Life Cycle Management Information Systems; Actors Analysis from a supply chain perspective; Supply Chain Mapping with the SCOR-reference model; MRP-I; MRP-II; ERP; Advanced Planning Systems; Virtual Value Systems; Advanced Supply Chain Mapping. Virtual Organisations & Logistics; Lean Thinking and Manufacturing, Agile Organizing, Performance measurement by benchmarking the supply chain; Modelling techniques for designing/analysing Supply Chains; Spare parts logistics, special purpose supply chains; Event Logistics, Reverse logistics, Green supply chains, Supply Chain Portals for Purchasing and Sales; Interactions between user/owner, producer/user and producer/owner;
Study Goals	Systems Engineering Method from a System of Systems Engineering Perspective
	To understand the functioning of business logistics sub-systems and their interrelations with other subsystems (marketing, sales, R&D, production, finance) of companies. To be able to decompose the logistics function in its basic functionalities and be able to select and use the tools to analyze and optimize them.
	To be able to judge the logic of the logistics of a wide variety of the product, information and money flows within and between companies.
	To be able to show the inter-relationship between processes in the silo's of business logistics systems and how understand the need to align them.
	The module will give the student insight in the theoretical background of supply chain analysis & management. This theoretical knowledge will be explained and practiced by practical business cases. Upon completion of this course the student must be able to:
	Position supply chain management as the broad perspective for the functioning of enterprises;
	Formulate, comment and judge the criteria and constraints of how companies must perform as an adequate supply chain member;
	Structure, analyse and develop skills to find improvements of the strategic position of enterprises by the use of reference models, and other modelling techniques;
	Understand the nature of the differences of consumables and durables as a structuring element of supply chains;

Understand the differences between make to stock, make to order and engineer to order products;

Understand the systems engineering and product development process in the case of engineer to order (e.g. means of transport and equipment) products;

Understand the difference between lean and agile supply chains and possible elements of virtuality;

Understand the issue of collaborative engineering as part of equipment acquisitions;

Understand concepts like, vendor managed inventory, target costing, waste management and many other supply chain related concepts;

The module will give the student insight in the theoretical background of supply chain engineering. This theoretical knowledge will be explained by cases. Upon completion of this course the student must be able to:

Develop a list of requirements relevant for a business case based on the ingredients that are understood after analysing a current or relevant supply chains. Follow a system of systems engineering approach to design new supply chains. be able to assess the work on feasibility for implementation.

In general the student learns and puts into practice the basic theoretical skills of a supply chain analist and/or manager and/or engineer in a wide range of industries.

Education Method

Lectures (3 hours each week) and self-study. A set of assignments in where the student will 'play' a start-up that has to make a series of logistic-based decisions. After the course students will write a business logistics plan for a hypothetical company to show their abilities to integrate a series of during the lecture addressed topics.

Weekly lectures, in-class discussions, group presentations and discussions of distributed articles and cases. The first and course will be completed by handing in an requirement assignment and an accompanying presentation. The last weeks the student will work on a supply chain design assignment.

Every first hour students will discuss progress or a partial assignment given during the previous lecture. The lectures are compulsory.

Literature and Study Materials

H. Stadtler and C. Kilger, ed., Supply Chain Management and Advanced Planning; Concepts, Models, Software and Case Studies, Fourth Edition, Springer, 2008.

Virtual reader on Supply Chain Management, Analysis and Engineering

In class handed-out articles.

Assessment	A final integrative large assignment containing two sub-assignments
	Report including analysis and design output
Remarks	The knowledge gained in this course can be expanded in the following modules:
	spm9400 Design and management of multi modal logistics chains;
	and a of other courses in logistic design / control and supply chain engineering.
	This course is part of a specialisation profile of the MSc-SEPAM
	This course is part of a specialisation profile of the MSc-TIL
	This course is part of a specialisation profile of the MSc-MOT
	This course is an elective for students with relevant pre-knowledge / background
Module Material	H. Stadtler and C. Kilger, ed., Supply Chain Management and Advanced Planning; Concepts, Models, Software and Case Studies, Fourth Edition, Springer, 2008.
	Virtual Reader: Supply Chain Analysis & Management (containing scientific articles and cases)
	Articles and cases handed-out during the lecture

來源：臺夫特工業大學課綱網站http://studiegids.tudelft.nl/a101_display-
Course.do?course_id=35176

查閱日期：2018/7/17

Module Manager	Dr.ir. C. van Daalen
Instructor	Dr. P.W.G. Bots
	Prof.mr.dr. E.F. ten Heuvelhof
	Dr. S.G. Lukosch
	Dr.ir. Z. Lukszo
	Prof.dr.ir. I.R. van de Poel
	Dr.ir. M.P.M. Ruijgh-van der Ploeg
	Dr.mr. N. Saanen
	Dr.ir. B.M. Steenhuisen
	Dr. H.G. van der Voort
	Dr. M.E. Warnier
Contact Hours / Week x/x/x/x	40/0/0/0
Education Period	1
Start Education	1
Exam Period	1
Course Language	English
Expected prior knowledge	Spm4111 is required for entering spm4142 Multi-actor Systems Design: an Integrated View.
Course Content	This course is an intensive, one-week course, that requires students to fully engage in the entire programme. It acquaints the students with the MSc SEPAM learning objectives and it introduces the courses that will be offered in MSc SEPAM. The course focuses on designing in a socio-technical system.
Study Goals	After completion of the course, the student is able to:
	a) Explain similarities and differences between systems analysis and systems engineering
	b) Explain what socio-technical systems are and what designing in a socio-technical system entails
	c) Explain concepts such as structure, process, context and driver in relation to systems design and the system life cycle
	d) Explain what an institution is and what institutional design entails
	e) Apply basic techniques for conceptual design, especially identifying and formulating objectives, functions and requirements, generating alternatives and evaluating alternatives
	f) Explain similarities and differences between technical and

	institutional design g) Explain differences between a positivist and constructivist approach to designing in a multi-actor system
Education Method	Every day is a full day programme of lectures, workshops, project work, etc. at which attendance is required between 8:45 AM and 5:30 PM.
Assessment	SPM4111 will be assessed by an individual examination on the course materials on the Thursday immediately following the course week (75%). The project work done during the week accounts for 25% of the final score.
Module Material	1) C.L. Dym, P. Little, E.J. Orwin (2014). Engineering Design: A Project Based Introduction, 4th edition, John Wiley & Sons, Inc.* 2) Course handout "Designing in socio-technical systems" 3) Course slides published on Blackboard *Please take note of the correct edition. This book is also available in a digital version.

附錄二

臺灣大學「物流管理」課程2017年課綱範例

查閱日期：2018/7/17

Course Title: Chinese：物流管理 English: Logistics management		Department/Institute	Business Administration
		Permanent Course ID	MBA5019
Instructor：Jiuh-Biing SHEU			
Credits	3	Required/ Elective	Elective	Year of Students	MBA or Senior Undergraduate Students

Required competence or courses that must be previously taken by students: No

Course Descriptions and Objectives:
This major objective of this course is to familiarize students with concepts, basic ideas and functions of logistics management (LM). In addition, advanced logistics management and operational strategies, and hot topics in LM-related areas, such as advanced logistics distribution systems, green supply chain management, and emergency logistics management are introduced. Students are expected to gain comprehensive vision of LM via education with professional knowledge and case studies at not only the operational level but also strategic level in this course.

Textbooks (please specify titles, authors, publishers and year of publication)	Textbook: Handout References: 1. Bowersox, D.J., D.J. Closs, M.B. Cooper, and J.C. Bowersox. Supply Chain Logistics Management. McGraw-Hill International Editions (華泰書局, 劉朝棟, Tel: 0935-286-372) 2. Published journal papers

Course Contents		Hours			Others'	Remarks
Topics	Outlines	Lectures	Demo station	Experiment		
	1. Introduction to Logistics Management 2. Logistics Network Configurations 3. Supply Chain Relationship Management 4. Logistics Information Systems (LIS) 5. Logistics-Transportation and Distribution 6. Advanced Logistics Management Strategies 7. Global Logistics 8. Reverse Logistics Management (RLM) 9. Emergency Logistics Management 10. Case Studies 11. Technical Tours 12. Invited Speech					

Features of Teaching (design of materials, pedagogy, evaluation, resources and other facilities):
1. Case study (10%)
2. Literature review (20%)
3. Midterm Examination (30%)
4. Technical Tour/Seminar Reports (5+5%)
5. Term project (20%)
6. Class Discussion & Participation (10%+)

Office hours	Time slot	Location	Contact Information
	15:00-17:00(Monday)	Office (Room 610, Management Building II)	

Syllabus

week	date	Contents/Topics

1	09/12	Course Overview & Introduction (Logistics Management)
2	09/19	Chapter 1 — Introduction to Business Logistics Management
3	09/26	Chapter 2 — Logistics Operations Integration
4	10/03	Chapter 3 — Supply Chain Relationship Management: Channel Structure DVD: Distribution Channels
5	10/10	National Birthday
6	10/17	Chapter 4 — Supply Chain Relationship Management: Channel Power & Strategies Case Study: GINO Channel Conflict
7	10/24	Chapter 5 — Logistics Information System DVD: for Term Project Guidance
8	10/31	Chapter 6 — Transportation and Distribution Operations for Logistics
9	11/07	Chapter 7 — Logistics Order Process Strategies for E-Commerce Literature review 1
10	11/14	Invited Speech — Professor Yen-Ming Chen (National Kaohsiung University of Science and Technology)
11	11/21	Midterm Examination
12	11/28	Chapter 8 — Global Logistics and Operations Literature review 2
13	12/05	Technical tour —
14	12/12	No Class
15	12/19	Chapter 9 — Reverse Logistics Literature review 3

16	12/26	Chapter 10 – Emergency Logistics Management Literature review 4
17	01/02	Term Project Final Report – Entertainment Supply Chain Management Team 1 – logistics manager Team 2 – marketing manager Team 3 – Financial manager Team 4 – Project coordinator
18	01/09	Final exam week

※ Please adhere to pertinent regulations/laws on intellectual property rights. Do not use pirated textbooks.

Guidelines for Students:

1. All students are grouped into four teams to conduct: literature review, and term project.
2. Each team is assigned to complete 1 paper for literature review.
3. Oral presentation and submission in Powerpt file are required for literature review & term project.
4. Personal and team performances will be evaluated.
5. Two-way communication and discussion are strongly encouraged

清華大學「物流管理」課程2017年課綱範例

查閱日期：2018/7/17

物流管理課程大綱
Fundamental of Logistics
【參考書目】
蘇雄義、賈凱傑，全球運籌：國際物流管理，華泰文化事業公司(Hwa-Tai Publishing Co.)，Taipei，ISBN 9576095751。
張力元、侯建良臺灣物流市場（*Taiwan Distribution Market*），華泰文化事業公司（Hwa-Tai Publishing Co.），Taipei，ISBN 957-609-365-1。
Stock, J. R. and Lambert, D. M., *Strategic Logistics Management*, 4th Edition, McGraw-Hill Higher Education.
【擬開對象】
工工系大學部三/四年級下學期選修課
【課程目標】
配合產業全球化佈局與市場國際化的趨勢，本課程除將介紹物流管理之基本課題外，並融入全球運籌管理的相關議題，如全球貨運管理之理論與實務、政府於全球運籌營運實務之角色、進出口之文件，財務與保安等重要支援性作業，使修課學生具基本企業物流管理與進階全球運籌與國際物流之專業知識。
【課程大綱】
物流產業與物流中心總論

不同業種之通路（含資訊產業、家電產業、日用雜貨、醫藥業、圖書出版業）
企業物流活動（含進貨、倉儲、訂單處理、揀貨、盤點、理貨加工、分貨、配送）
各類物流運輸（含公路運輸、空運、海運、鐵路運輸、宅配與快遞）
物流相關後勤與資訊管理（含硬體設計、軟體資訊系統）
全球運籌總論與全球運籌通路
進出口作業與流程（含承攬、報關、保稅等作業）
物流產業案例與全球運籌案例剖析

結合經濟學的跨院跨領域PBL執行成效—以1041學期喵嗚機動組爲例

工業系前7週上課內容與實驗課指定完成工作項目成果

	工作研究 課程內容	工業系	實驗課練習
第二週	課程介紹	學生了解工作也就內容，並且組成小團隊準備進行關鍵字報告	
第三週	問題解決工具	學生在課堂上開始藉由隨堂練習進行團隊合作訓練	實驗課討論內容： 1. 產品：方塊卡片，一個由8個小方塊組成的方塊，能夠無限的翻轉而不會散開。 目標定位：禮物以及玩具，希望是個能夠讓消費群覺得是種有價值收藏的物品 潛在市場：情侶，家人，朋友，特別是節慶有送禮的時刻，例如：母親節，父親節，聖誕節……等。 2. 組織架構：製作組，材料組，分析組。 以產品為核心：是的，我們主要分成產品製作前，製作準備，跟製作流程。 3. 要充足的溝通，靠著Line的方便性隨時互相提醒，如有任何問題可以即時馬上反應。 優勢：有明確的分工以提高效率，以及目前沒有看到反對各方面的組員存在，應該可以順利地執行各種流程。

	工作研究 課程内容	工業系	實驗課練習
			困難：怕有組員沒有明確地聽到指令。
第四週	關鍵字報告	學生透過關鍵字報告練習口說及書面報告	
第五週	產品及流程設計	學生學習如何將一個產品進行流程拆解，初步將設計的產品定義流程、產線佈置、人員配置等工作。	
第六週	時間研究	為了精確估算在一個小時之內是否可以達到預計的生產效率，學生必須學習如何進行時間研究，並適度的估算每一個生產步驟的評比及寬放。	
第七週	品質管制工具	品質管制為三年級的課程，為了讓生產產品整個過程更加的完整，因此，在這門課也增加了如何應用品質管制工具，讓學生可以達到製作一模一樣的產品。	
第八週	口頭報告	將過去所學的知識綜整，並說明產品設計、製作流程、以及原始設計是否在概念上可以滿足老師所設定的標準。	

經濟學課堂學生每週討論進度

	每週紀錄
第十週	討論進度： 從製作紙飛機、小火車、冰棒收納盒及改造寶特瓶等決定要製作禮物盒。工工系分成三組：設計、製造、品管進行專業分工。討論材料的取得的難易、製造時間的掌握還有製作產品的難易。 聯絡方式： 創立了Line的群組以利未來溝通方便，並且可以隨時取得最新資訊，盡快掌握問題。 改進之處： 相互不熟悉，無法迅速相互配合完成工作。 各自在討論時聊天，無法清楚明白討論項目及內容。 搞不清楚互相負責的區域分工。（例如：邀請我們加入產品的提議及投票。）
第十一週	過程：這次過去工工系依然停留在討論要做什麼產品。上次過去工工系討論沒有結果，事後在lline群裡說要做翻轉盒子，但是這次去又提出了要做四維投影椎，整堂課的時間工工的學長姊都在爭論要做翻轉盒子還是四維投影椎。 進度：這禮拜學長姐們決定要做四維投影椎。因為是我們離開工工系後講的所以我們還不知道材料有哪些。 注意事項及檢討： 因為我們是顧問的角色，所以這次我們是在旁邊聽學長姐的討論。但是我們認為學長姐事前沒有準備的那麼齊全，以致他們在討論要做什麼產品的時候，不知道原料的價格，不知道做產品大致需要花費的時間，而花了一整節課的時間在爭論做什麼比較好。我們認為事前多做一點原料的調查可以讓討論更順利。 還有我們認為工工系第四組的組長，在討論要做的產品時，因為有自己比較想做的產品，當別人在提出意見的時候，不太採納別人提出的想法。讓整個討論有點在繞圈子。

每週紀錄

| 第十二週 |  |

本次進度：

1. 產品確認

   工工系在課餘時間進行討論，將產品最終定案為四角錐投影器。

   (1)問題

   　課餘討論的時間各自相互衝突，如何有效率地進行討論？

   (2)解決方法

   　已有大部分可以出席的時間為準，並且在討論過程中用通訊軟體LINE以其他人進行溝通及講解，使未到者能即時掌握資訊並且參與意見表達及投票。

2. 產品材質

   四角錐體的部分以透明玻璃紙作為製作素材；下底的支架選材為厚紙板。

   (1)問題

   　① 四角錐體的大小要如何決定？

   　② 支架採用的厚紙板足以支撐整體嗎？

   (2)解決方法

   　① 立體投影的呈現大小取決於四角錐體的大小，因此以越大越佳為導向。然而，以成本有限的情況下將大小設定成12cm×12cm為底的大小最為適中。

   　② 如果全部使用厚紙板在工工系試作得出結論為無法支撐整體，因此在討論中決議使用材質更堅固的PTT板作為輔助的小支架。

3. 產品外觀

   四角錐體的黏接以膠帶固定，厚紙板則以原色呈現，支架的大小以整面呈現。

   (1)問題

   　① 用膠帶黏接四角錐體牢固且美觀嗎？

   　② 厚紙板採用原色的方式呈現是否太過無趣單調？

   　③ 支架用整面的方式呈現會不會擋到其他角度的觀看？

(2)解決方法

　① 將試作產品交給指導老師評論，老師的建議中認為膠帶不美觀且不夠牢固，因此在討論中有堅持膠帶及替換成白膠、快乾膠等多種意見，最後要以投票的方式決定。

　② 為了改善產品的美觀，在厚紙板的表面塗上一層顏料增加色彩豐富度，提高產品的觀感及價值。

　③ 在兩面大型支架及四角多重固定兩者之間進行損益比：

名稱	優點	缺點
兩面大型支架	1. 較為穩固。 2. 製作中較為方便。	1. 無法以360度來觀看投影內容。 2. 外型較不美觀。
四角多重固定	1. 可以以360度的視角觀看投影內容。 2. 較為美觀且精緻。	1. 製作過程耗時耗力。 2. 使用較堅硬的ppt板會使成本提高。

最後用投票決定為四角多重固定的方式進行製作。

本週有待改進事項：

1. 並非所有人積極且認真參與討論。
2. 有意見及問題沒有立即反應。

改進方式：

1. 彼此相互提醒，讓對方能專注在討論上共同激盪新的想法。
2. 組長可以主動詢問，讓不善主動表達的同學能闡釋自己的觀點。

第十三週

本週進度：

1. 在產品上不論是成品樣貌與製作方式皆已確認。
2. 製作成品所需的材料費用如下表

每週紀錄		

(1)變動成本

材料名稱	個數	金額
紙板	7	$70
膠片	10	50
保麗龍膠	1	25
膠帶	1	12
總金額		$ 157

(2)固定成本

名稱	個數	金額
人力	6	$240（6*120/3）
刀片	2	20
油錢	35	
總金額		$295

3. 收入與利潤

與工工系學姊討論後決定將定價訂於$139，並且在20分鐘內生產10個立體投影機，總收入為$1,390。

利潤為收入減成本，因此我們得知利潤為：1,390-452=$938

4. 本週在討論上有積極參與討論，一同想出在生產上所需的成本與討論出產品定價，要繼續保持。

下週需討論事項：

討論能否在維持相同產品品質狀況下降低成本，或是美化成品增加收入以提高利潤。

<table>
<tr><td>第十四週</td><td>

一、本週進度：

在規定的時間內，與別組互相實驗對方的製作流程，經過互相檢討後，發現各自的缺點及問題並且找出方法改進。

我們這組在製作別人的作品時因為不熟悉所以完成度不高，而別組在製作我們的作品時，因為製作過程複雜而有許多錯誤，根據這些錯誤，我們討論出以下的問題。

二、問題：

經過了20分鐘的準備、教導及10分鐘的測試，發現了以下幾點的問題：

1. 保麗龍膠不容易乾，黏貼的地方小會比較不牢固，容易使角度或位置跑掉。
2. 前置作業花費時間過多。

</td></tr>
</table>

3. 最後步驟將整體組裝起來有困難度—容易裝反。

4. 折膠片、割紙板時容易出錯。

5. 沒參與的人數過多。

三、如何找到解決問題的方法：

互相討論之後再重複組裝多次以找到最有效率的方法。

四、可能解決方法：

1. 利用透明膠帶或雙面膠黏貼，對準位置以解決保麗龍膠不容易乾的問題，也可以解決黏貼的地方不牢固的問題。

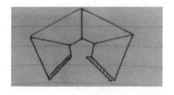

2. 預先將需要的材料準備好，以節省前置作業需要花費的額外時間。

3. 先按照步驟順序預先寫好，防止在過程中發生錯誤而產生不必要的時間。

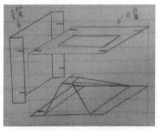

4. 將需要折和割的地方先用筆畫好，並且用尺對準，以減少出錯率。

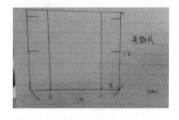

5. 把步驟拆解讓更多人參與也可以減少製作時間，更有效率。

此次課堂中，我們認為因為時間太少所以無法傳達完整的作法，而導致手忙腳亂，如果有更多的時間或經過更多次的練習，就能使作品完成度達到更高。

每週紀錄	
第十五週	本周，工工系的學長姊在改善上次試做時遇到的問題，以及前置作業材料的製作缺失。 上週別組工工系學長姐做我們的產品，因為我們本身人員的不熟練，以至於別組成員在操作上遇到困難；以及在前置作業中完成的半成品，有瑕疵，規格沒有一致。 這次工工系的學長姐，分成兩組，一組負責加強製作時的熟悉度及改善製作流程的順暢度，另一組則在檢討半成品的瑕疵問題，及補救半成品。 1. 如何改善問題 　(1)加強人員對產品的熟悉度 　(2)用尺量出產品需要的規格，降低瑕疵品的比例 2. 對於問題的看法 　我們在參與工工系的討論過程中，得知製作半成品的人員沒有運用量尺量出規格，而是以範本下去描繪，而導致製作出來的成品有瑕疵。 3. 最佳解決辦法 　希望工工系的學長姐在做前置作業時，能更細心的將產品的規格量好。 4. 結果 　工工系的學長姐要求每個製作的人，量出規格後，才能動刀，也要求在每一個過程中，都必須經過品管看過後才可以繼續下一個過程，降低不良率， 　以及產線上的生產者更加熟悉製作流程，降低時間成本。

「生產計畫與管制」
期中考整合題型範例

　　CYCUIE DIY是一家販賣組合家具的製造商，特製木椅為其中一項熱賣的產品，每個月平均可以賣出兩千張的業績。CYCUIE DIY製造特製木椅一批大約需要一個星期的時間。產品由三個部分組合而成，椅墊，前椅腳部分，椅背部分。前椅腳部分由兩個短支撐以及側撐組成，椅背部分則由兩個長支撐、一個側撐、三個背撐所組成。原料的來源為兩家供應商，其中CYCUIEA提供CYCUIE DIY椅墊的材料，其他的材料則由CYCUIEB提供。CYCUIE DIY收集過去半年的資料訂貨到廠的時間以及生產一批產品的時間如下：

週	CYCUIEA Lead Time	CYCUIEB Lead Time	生產時間
第一筆資料	2.3	0.6	1.2
第二筆資料	2.2	1.0	1.1
第三筆資料	2.1	0.9	1.1
第四筆資料	1.9	1.1	0.9
第五筆資料	1.8	0.6	1.3
第六筆資料	2.0	0.6	1.0
第七筆資料	2.0	1.2	0.9
第八筆資料	2.2	0.5	1.1
第九筆資料	2.0	0.1	0.9
第十筆資料	2.0	1.4	1.3

　　椅墊價格隨CYCUIE DIY所訂貨的量不同而有所折扣。原來CUCYIE DIY的經營完全依照過去的經驗累積經營，但是，近來由於產品的熱賣，讓一些庫存製造採買的工作產生了一些的問題，經理決定應用一些數學模

式幫助有系統地解決公司內的相關問題。

1. 經理碰到的第一個問題就是市場的需求量突然增加，過去CYCUIE DIY 並沒有一個很好的預測模式，若可以找到一個好的模式則可以幫助庫 存、生產及採購的安排。為了可以找出正確的預測模式，經理連絡經 銷CYCUIE DIY的3家主要經銷商，希望他們在未來的每一個月都可以 提供下個月的需求預測，然而，這三家經銷商表示無法提供。這三家 佔所有訂購量的80%，其他20%的訂購量散在其他20家左右的經銷商。 CYCUIE DIY利用過去三家的訂購量資料找出CYCUIE DIY最好的顧客 需求模式。由於客戶無法配合，CYCUIE DIY的做法為利用現有兩個月 的訂單推求下個月的需求做為生產、採購的參考，目前的資料為：

	第一週	第二週	第三週	第四週	第五週	第六週	第七週	第八週
甲經銷商	45	335	520	100	70	370	590	170
乙經銷商	100	585	830	285	100	725	1160	215
丙經銷商	65	417	314	374	139	950	132	380

目前的模式由以下的幾種（除了Multiplicative Seasonal Method外，所 有預測模式以及MAD運算均從第四週開始。

1-1 線性迴歸模式

1-2 Multiplicative Seasonal Method （找出seasonal index = 每週個別 值／每週平）

1-3 三點加權平均法（權重0.5, 0.3, 0.2）

1-4 指數平滑法（取0.1）

1-5 包含趨勢調整的指數平滑法（a取0.1，b取0.2）

此外，利用MAD（第四週到第12週）判斷1、3、4、5的好壞，選出一 個最佳的模式結果作為生產製造的依據。

公式參考（裡頭有錯誤的公式）

$\tilde{y} = a + bx$

$$a = \frac{(\sum y_i)(\sum x_i^2) - (\sum x_i)(\sum x_i y_i)}{m(x_i^2) - (\sum x_i)^2} \qquad b = \frac{m(\sum x_i y_i) - (\sum x_i)(\sum y_i)}{m(x_i^2) - (\sum x_i)^2}$$

m為總資料點

$$F_{t+1} = \frac{D_t + D_{t-1} + D_{t-2}}{3}$$

$$F_{t+1} = \alpha D_t + (1 -)F_t$$

$$F_{t+1} = 0.5D_t + 0.3D_{t-1} + 0.2D_{t-2} \quad F_{t+1} = A_t + T_i$$

$$A_t = \alpha D_t + (1 -)(A_{t-1} + T_{t-1})$$

$$(A_t - A_{t-1})\,(1 -)T_{t-1}$$

$$MAD = \Sigma\,(D_t - F_t) \quad MAD = \Sigma|F_t| \quad MAD = \frac{\Sigma E_t^2}{n} \quad MAD = \frac{\Sigma|E_t|}{n}$$

2. 經理碰到的第二個問題如何安排生產製造的問題，目前經理打算採用Q系統進行存貨管理，並根據存貨管理的結果安排生產製造。

2.1 請按照產品繪出BOM的結構

2.2 什麼是CYCUIE DIY的Re-order Point（利用一到八週經銷商的需求進行運，假設Cycle service level = 0.85）

2.3 什麼是三個部份的最佳訂貨量Q

材料的成本結構如下：

處理椅子三個部份的材料每一個單價（H）都是一樣的均為$NT 2，每定一筆的訂單需要處理成本NT$ 200，前椅腳部分單位成本為$20，椅背部分單位成本為$40，椅墊的部分，當訂貨量在0到500時，椅墊的成本為$100，當椅墊訂貨量501到1000時，椅墊成

本爲$85，當椅墊訂貨量爲1000以上時，椅墊的成本爲$70。

參考公式

$$EQD = \sqrt{\frac{2DS}{H}} \quad \text{Safety stocek} = z\sigma_{dLT} \quad R = \overline{d}\overline{L} + \text{Safety stock}$$

2.4 假設8週結束時倉庫裡，安全庫存有1200張的椅子。請問此時庫存爲何？根據第九週到十二週的預測，將第九週生產第九週第十週的所要供給供應商的生產量，第十一週生產第十一週第十二週的生產量。並利用FOQ原則進行9週至12週的MRP計畫。（每次製造一批爲$1500，假設開始所有零件都有500個庫存，每次訂貨均爲$1500）

參考表格

	第九週	第十週	第十一週	第十二週
Forecast				
Projected on-hand inventory				
MPS quantity				
MPS start				

Item：	第九週	第十週	第十一週	第十二週
Gross requirements				
Projected on-hand inventory				
Planned receipts				
Planned order releases				

附錄五

「生產計畫與管制」模擬遊戲規則

附錄五.1　紙盒工廠

課程模擬遊戲：大量生產（Mass production）

目的：學生可應用預測、庫存以及進行MRP安排

產品：餐桌小紙盒

注意事項：學生應設計符合各組需求的表格

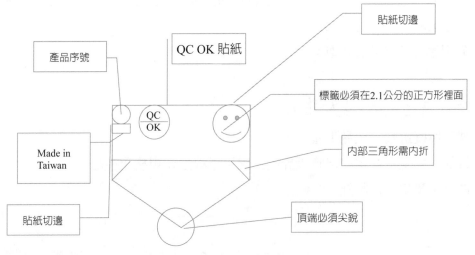

紙盒示意圖

第一次模擬遊戲時間安排

第1週，應用需求預測於安排紙盒生產流程

第2週，應用庫存管理於安排紙盒生產流程

第3週，應用MRP於安排紙盒生產流程

第4週，應用上課所學自行設計改善生產流程的方法

第5週，成果展示課堂口頭報告

大量生產遊戲規則

1. 起始成品庫存，起始原料庫存準備
2. 每四分鐘老師會發出一次需求
3. 每兩分鐘遊戲暫停20秒讓記錄人員完成相關記錄後再開始遊戲
4. 材料Lead Time 30秒，每一個整數分鐘方能出貨
5. 產線每次只能生產一種產品，換產線須耗時30秒，生產完一個產品才能換線。
6. 最後記錄WIP及不同產品庫存，不同產品的出貨數量，不良品數量，產品出貨達成率，計算成本、損失、利潤（每出貨一個賺10元，成本一個0.5元，每一個不良品賠0.5元，每次換產線須花費6元，成品庫存每分鐘1元，紙張庫存每張每分鐘0.05元，操作人員每人每分鐘0.5元，延遲成本每一個每週1元）
7. 請遵守各自計畫規劃

附錄五.2　產線大車拚

課程模擬遊戲：產品生產

目的：學生可學習如何將設計產品應用產線生產規格化產品

產品：學生自行設計

原物料供應商　進貨處　來料品管　材料準備　產品組裝　出貨品管　包裝　出貨

圖1　模擬遊戲示意圖

所牽涉到要解決的問題包含：

1. 生產產品必須具備多少的資源，例如，需要多少人工，多少成本。
2. 產品流程的設計如何可以達到生產最大效率。
3. 在有限的資源下，什麼是合適的工作步驟。
4. 如何有效的控管產品品質。

大學課程的多元教學與實務

5. 在生產過程中，遇到問題時，如何有效的改善。

第二次模擬遊戲時間安排

第1週，討論目標產品，訂定出產品所需工作單元，安排各工作單人所需人力。

第2週，設計每一工作單元的標準流程及訂定每一工作品管方法。

第3週，時間量測、生產線平衡。

第4週，產品試產、修正產品生產流程。

第5週，產品量產。

第6週，成果展示課堂口頭報告。

學習風格量表問卷中英文對照

se.isu.edu.tw/upload/81/17/files/dept_17_lv_3_13158.doc

Index of Learning Styles Questionnaire）

Barbara A. Soloman and Richard M. Felder

http：//www.engr.ncsu.edu/learningstyles/ilsweb.html

1. I understand something better after I
   (A) try it out.
   (B) think it through.

---

1. 以下何種方法比較能夠使我理解一件事物
   (A)實際操作
   (B)思考

---

2. I would rather be considered
   (A) realistic.
   (B) innovative.

---

2. 我比較希望別人認為我是
   (A) 實際的
   (B) 創新的

---

3. When I think about what I did yesterday, I am more likely to get
   (A) a picture.
   (B) words.

---

3. 當我想到昨天做過的事情，我最有可能
   (A) 想起一幅完整的畫面
   (B) 用語言或文字來表述

4. I tend to

   (A) understand details of a subject but may be fuzzy about its overall structure.

   (B) understand the overall structure but may be fuzzy about details.

4. 我傾向於

   (A) 理解事物的某些細節，但對於整體結構卻不十分清楚

   (B) 理解事物的整體結構，但對具體細節卻不十分清楚

5. When I am learning something new, it helps me to

   (A) talk about it.

   (B) think about it.

5. 下列何種方法比較能夠幫助我學習一件新的事物？

   (A) 談論

   (B) 思考

6. If I were a teacher, I would rather teach a course

   (A) that deals with facts and real life situations.

   (B) that deals with ideas and theories.

6. 假若我是老師，我會比較傾向講授何種課程

   (A) 涉及事實及實際生活的課程

   (B) 涉及觀念及理論的課程

7. I prefer to get new information in

   (A) pictures, diagrams, graphs, or maps.

   (B) written directions or verbal information.

7. 我比較偏好藉由下列何種形式獲得新的資訊

   (A) 相片、圖表、示意圖或者地圖

   (B) 書面指示或語言訊息

8. Once I understand

    (A) all the parts, I understand the whole thing.

    (B) the whole thing, I see how the parts fit.

8. 一旦我理解了

    (A) 各個部分，我就能夠理解一件事情的整體

    (B) 整體事物，我就會理解各個局部的關連特性

9. In a study group working on difficult material, I am more likely to

    (A) jump in and contribute ideas.

    (B) sit back and listen.

9. 在小組學習中，面對一個比較困難的問題時，我比較有可能

    (A) 積極投入其中並提出自己的想法

    (B) 坐在旁邊聽其他小組成員的意見

10. I find it easier

    (A) to learn facts.

    (B) to learn concepts.

10. 我認為下列何者較容易學習

    (A) 事實性內容

    (B) 概念性內容

11. In a book with lots of pictures and charts, I am likely to

    (A) look over the pictures and charts carefully.

    (B) focus on the written text.

11. 在有很多圖表的書中，我可能會

    (A) 把所有圖表仔細的看過

    (B) 更專注於其中的文字說明

12. When I solve math problems

    (A) I usually work my way to the solutions one step at a time.

    (B) I often just see the solutions but then have to struggle to figure out the steps to get to them.

12. 當我在求解數學問題時

    (A) 我通常會一步步的解題，直到最後得到答案

    (B) 我通常會先想到答案，之後才努力想辦法找出解題的步驟

13. In classes I have taken

    (A) I have usually gotten to know many of the students.

    (B) I have rarely gotten to know many of the students.

13. 在我修的課堂中，我通常

    (A) 會去認識大部分同學

    (B) 不太認識其他同學

14. In reading nonfiction, I prefer

    (A) something that teaches me new facts or tells me how to do something.

    (B) something that gives me new ideas to think about.

14. 當我在閱讀「非小說」時，我偏好的是

    (A) 能告訴我事實和如何實際操作的讀物

    (B) 能提供我新的想法去思考的讀物

15. I like teachers

    (A) who put a lot of diagrams on the board.

    (B) who spend a lot of time explaining.

15. 我喜歡的老師是

    (A) 會利用很多圖表講課的老師

    (B) 會花很多時間在解說上的老師

16. When I'm analyzing a story or a novel
    (A) I think of the incidents and try to put them together to figure out the themes.
    (B) I just know what the themes are when I finish reading and then I have to go back and find the incidents that demonstrate them.

16. 當我分析一個故事或小說時
    (A) 我會先想到書中的各個情節，之後再試著整理出整個故事的主題
    (B) 在讀完之後，我就知道故事的主題，然後再倒回去找出體現主題的情節

17. When I start a homework problem, I am more likely to
    (A) start working on the solution immediately.
    (B) try to fully understand the problem first.

17. 當我面對作業中的問題時，我通常會
    (A) 立刻開始嘗試去解答
    (B) 先嘗試完全理解問題

18. I prefer the idea of
    (A) certainty.
    (B) theory.

18. 我比較喜歡的想法是
    (A) 確定性的
    (B) 理論性的

19. I remember best
    (A) what I see.
    (B) what I hear.

19. 我最能夠記住的是
    (A) 我看到過的
    (B) 我聽到過的

20. It is more important to me that an instructor

(A) lay out the material in clear sequential steps.

(B) give me an overall picture and relate the material to other subjects.

20. 對我來說比較重要的是，教師能

(A) 以一連串清楚的步驟呈現課程材料

(B) 能給我總體性的概念並與其他主題相關聯

21. I prefer to study

(A) in a study group.

(B) alone.

21. 我比較喜歡這樣的讀書方式

(A) 在一個學習小組中

(B) 獨自一人

22. I am more likely to be considered

(A) careful about the details of my work.

(B) creative about how to do my work.

22. 我比較有可能被認為是

(A) 對於工作細節很仔細的人

(B) 對於如何工作具有創造力的人

23. When I get directions to a new place, I prefer

(A) a map.

(B) written instructions.

23. 當我到了一個全然陌生的地方時，我會希望自己所拿到的指南是

(A) 一本地圖

(B) 一本書面說明書

24. I learn

  (A) at a fairly regular pace. If I study hard, I'll "get it."

  (B) in fits and starts. I'll be totally confused and then suddenly it all "clicks."

24. 我通常這樣學習

  (A) 以相對規律的節奏，只要努力學習，我就可以學會

  (B) 總是斷斷續續的，一開始可能大惑不解，但一段時間後總會茅塞頓開

25. I would rather first

  (A) try things out.

  (B) think about how I'm going to do it.

25. 我做事情較喜歡

  (A) 直接嘗試付諸行動

  (B) 先仔細思考該怎麼做

26. When I am reading for enjoyment, I like writers to

  (A) clearly say what they mean.

  (B) say things in creative, interesting ways.

26. 當我純粹為了娛樂而閱讀時，我偏好作者

  (A) 清楚明白地說明他想表達的內容

  (B) 用具有創意、有趣的方式說出某些事物

27. When I see a diagram or sketch in class, I am most likely to remember

  (A) the picture.

  (B) what the instructor said about it.

27. 當我看過課堂中的圖表或草圖之後，我比較有可能會記住

  (A) 這幅圖

  (B) 教師的解釋

28. When considering a body of information, I am more likely to

   (A) focus on details and miss the big picture.

   (B) try to understand the big picture before getting into the details.

28. 當考慮很多關聯資訊時，我可能會

   (A) 專注在細節上，而不太在意整體

   (B) 先嘗試理解整體構架再了解細節

29. I more easily remember

   (A) something I have done.

   (B) something I have thought a lot about.

29. 我比較容易記得

   (A) 我曾經做過的事

   (B) 我曾經深入思考過的事

30. When I have to perform a task, I prefer to

   (A) master one way of doing it.

   (B) come up with new ways of doing it.

30. 當我必須去執行某件工作時，我偏好

   (A) 精通一種執行工作的方法

   (B) 想出更多新的執行工作的方法

31. When someone is showing me data, I prefer

   (A) charts or graphs.

   (B) text summarizing the results.

31. 當別人想把資料「秀」給我看的時候，我所偏好的形式是

   (A) 表格和圖片

   (B) 以文字總結的成果

32. When writing a paper, I am more likely to

(A) work on (think about or write) the beginning of the paper and progress forward.

(B) work on (think about or write) different parts of the paper and then order them.

32. 當我在寫一篇文章或論文時，我比較有可能

(A) 直接從頭寫到尾

(B) 先寫各個不同的部分，之後再統整在一起

33. When I have to work on a group project, I first want to

(A) have "group brainstorming" where everyone contributes ideas.

(B) brainstorm individually and then come together as a group to compare ideas.

33. 當我必須在群組專案中工作時，我會希望先

(A) 讓全部組員進行「腦力激盪」，各抒己見

(B) 各自進行「腦力激盪」，然後再集合比較

34. I consider it higher praise to call someone

(A) sensible.

(B) imaginative.

34. 我認爲讚美某人以下何者，對某人有比較高的評價

(A) 有判斷力

(B) 富有想像力

35. When I meet people at a party, I am more likely to remember

(A) what they looked like.

(B) what they said about themselves.

35. 當我在聚會中碰到很多人，我可能會記住得
    (A) 他們的長相
    (B) 他們介紹自己的話

36. When I am learning a new subject, I prefer to
    (A) stay focused on that subject, learning as much about it as I can.
    (B) try to make connections between that subject and related subjects.

36. 當我在學習一個新的主題時，我傾向於
    (A) 只專注在該主題，並盡可能地去學習它
    (B) 嘗試尋找這個主題和其他相關主題的聯繫

37. I am more likely to be considered
    (A) outgoing.
    (B) reserved.

37. 我比較有可能被認為是
    (A) 外向的人
    (B) 內向的人

38. I prefer courses that emphasize
    (A) concrete material (facts, data).
    (B) abstract material (concepts, theories).

38. 我較喜歡具有下列何種教材內容的課程
    (A) 具體的（事實、數據）
    (B) 抽象的（觀念、理論）

39. For entertainment, I would rather
    (A) watch television.
    (B) read a book.

39. 就娛樂而言，我較喜歡
    (A) 看電視
    (B) 看書

40. Some teachers start their lectures with an outline of what they will cover. Such outlines are
    (A) somewhat helpful to me.
    (B) very helpful to me.

40. 某些老師會在課程的一開始就列出課程內容的大綱，我認為這些大綱
    (A) 對我有一點幫助
    (B) 對我非常有幫助

41. The idea of doing homework in groups, with one grade for the entire group,
    (A) appeals to me.
    (B) does not appeal to me.

41. 對於分組做作業並且每個小組成員拿到同一分數的方式
    (A) 十分吸引我
    (B) 並不吸引我

42. When I am doing long calculations,
    (A) I tend to repeat all my steps and check my work carefully.
    (B) I find checking my work tiresome and have to force myself to do it.

42. 當在做一個冗長的計算時
    (A) 我會一再地重複所有步驟並仔細地檢查
    (B) 我發覺檢查的工作是非常累人的，我必須強迫自己去做

43. I tend to picture places I have been
    (A) easily and fairly accurately.
    (B) with difficulty and without much detail.

43. 我使用繪圖方式描繪我去過的地方時
    (A) 輕易且正確無誤
    (B) 有些困難而細節也不清楚

44. When solving problems in a group, I would be more likely to
    (A) think of the steps in the solution process.
    (B) think of possible consequences or applications of the solution in a
        wide range of areas.

44. 當我在小組工作中解決問題時，我比較有可能會
    (A) 思考如何去解決問題的步驟
    (B) 從比較廣的範圍去思考可能的結果或應用

計分說明https：//plus.google.com/+shunchihChang/posts/PBK5ncd4P3q

面向	對應題號										
主動型 / 反思型	1	5	9	13	17	21	25	29	33	37	41
感覺型 / 直覺型	2	6	10	14	18	22	26	30	34	38	42
視覺型 / 口語型	3	7	11	15	19	23	27	31	35	39	43
循序型 / 整體型	4	8	12	16	20	24	28	32	36	40	44

分數計算原則如下

各向度選a總題數－選b總題數，若正數則偏a面向負數則偏b面向

例如第1組向度：主動型/反思型

若選了8個a，3個b（共11題），則8a - 3b = 5a

則表示你的第1個向度中等強度偏向主動型

其他向度依此類推

★1-3：低強度（沒有特別明顯的偏好）

★5-7：中等強度（偏向某邊）

★9-11：高強度（完全在某邊）

ILS報告表

主動型	11a	9a	7a	5a	3a	1a	1b	3b	5b	7b	9b	11b	反思型
感覺型	11a	9a	7a	5a	3a	1a	1b	3b	5b	7b	9b	11b	直覺型
視覺型	11a	9a	7a	5a	3a	1a	1b	3b	5b	7b	9b	11b	口語型
連續型	11a	9a	7a	5a	3a	1a	1b	3b	5b	7b	9b	11b	總體型

● 如果您的分數介於1至3分，你公平且平衡於此面向的兩個類型之上。

● 如果您的分數介於5至7分，你較偏好於此面向的某個類型，在此類型的教學環境中你會較容易學習。

● 如果您的分數介於9至11分，你強烈偏好於此面向的某個類型，在不支持此類型的教學環境中，你可能會有學習上的困難。

ILS報告表http：//social-brains.blogspot.com/2012/04/index-of-learning-styles.html

碩士專班期末口頭報告範例

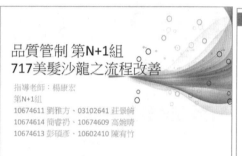

品質管制 第N+1組
717美髮沙龍之流程改善

指導老師：楊康宏
第N+1組
10674611 劉雅方、03102641 莊景綺
10674614 簡睿礽、10674609 高婉晴
10674613 彭碩彥、10602410 陳宥竹

說明

- 景綺的姊姊是美容美髮專業設計師，她在當設計師幾年後，開了一間時尚美髮沙龍－717美髮沙龍。
- 問題點：因近幾年中原大學附近連鎖美髮店越來越多，再加上百元快剪店流行，來客數及營收大幅下降，要如何改善這個困境，提升回客率呢？

DMAIC 架構

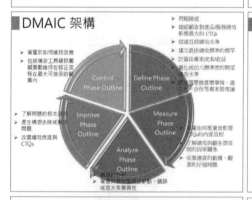

- 著重於如何維持改善
- 包括備妥工具確保關鍵業數維持在修正流程在最大可接受的範圍內

- 了解問題的根本原因
- 產生構想去除或減低問題
- 改善績效良度與CTQs

- 問題陳述
- 確認顧客對產品/服務績效影響最大的CTQs
- 描述目前績效水率
- 建立最佳績效標的的標竿
- 計算出專案成本和收益
- 量化成功六標準差的期望績效水準
- 決定要做甚麼事情、誰合作等專案管理..

- 釐清如何衡量會影響CTQs的內部流程
- 確認績效與顧客價值間的因果關係
- 收集適當的數據、觀測和仔細問題

- 確認影響品質缺點、錯誤或是太多變異性

Define Phase Outline

- 定義
- 5W1H
- SIPOC流程圖
- 專案流程展開-樹形圖
- 關鍵品質要項(可量化指標)
- 專案小組-計畫時程

專案小組-計畫時程

DMAIC 手法	Define 定義	Measure 衡量	Analyze 分析	Improve 改善	Control 管制
組員	高婉晴	高婉晴	劉雅方	彭碩彥	劉雅方、簡睿礽、莊景綺、彭碩彥
	莊景綺	莊景綺	陳宥竹	簡睿礽	
執行步驟	定義問題及改善路線	收集數據、觀測及評估	針對缺點及變異性加以分析	產生構想理解決問題、改善績效良度與CTQs	維持改善、控制最佳化
目的	確認美髮流程、顧客需求及設定目標	衡量內部流程、了解績效與顧客價值間的關係	使用工具分析、確認關鍵因素及驗證	設法解決問題、測試解決方案及數據標準化並衡量結果	將最佳解決對策標準化至作SOP
起	3/24	4/22	5/13	5/27	6/10
訖	4/21	5/12	5/26	6/09	6/16
Report	高婉晴	莊景綺	劉雅方	簡睿礽	彭碩彥

定義 Define Phase

- 陳述問題，定義清楚欲改善的事項，並訂定欲達成的改善目標－來客數、顧客滿意度。
- 確認顧客對產品/服務績效影響最大的CTQs (Critical to Quality)，以數據說明現有的營運狀況，並作為後續改善的比較基準。
- 運用SIPOC (Suppliers, Inputs, Processes, Outputs, and Customers)方法來盤查現有系統的程序細節。
- 目標為提升來客數及顧客滿意度，乃至增加營收。

■ 專案問題描述 - 5W1H

What Object? What Defect?	回客率下降、營收減少
When is it happened?	2017-Q3,Q4 營收減少
Where is it found?	來客數減少、利潤降低
What extend?	美髮沙龍營運困難、競爭力下降
Whom is impacted?	時尚美髮沙龍/第N+1組成員
How do I Know?	2018/01~02營收，美髮作業方式及空間

■ SIPOC - Suppliers, Inputs, Processes, Outputs, Customers

Suppliers	Inputs	Processes	Outputs	Customers
設計師 原束 美髮用品廠商 美髮器材廠商 室內設計公司 廣告看板廠商 宣傳品廠商	美髮手藝 店面 洗染護用品 美髮機台工具 時尚裝潢、家具擺設 LED電子看板 面紙、宣傳單		心情愉悅 乾淨清爽的髮質 減少疲勞 平價親民消費	學生 老師 居民 觀光客 失戀的人

顧客進門 → 帶位 → 服務處理 → 設計師選擇 → 設計師確認服務 → 面談客人(制定源頭按摩) → 推銷座位、會員卡 → 結帳離開 → 環境清理

■ 專案流程展開 - Tree Diagram

■ 關鍵品質要項(可量化指標) CTQ – Critical To Quality

VOC 顧客抱怨	KEY 關鍵問題	CTQ 客戶關鍵質量要素	指標	改良前	預期改良後
美髮手藝不好	設計師技術不佳	設計師需具備美髮帳服且有主動教育訓練師教客戶對對剪的滿意度	來客數 每月來店消費之顧客人數	60人/月	300人/月 5人/天*2設計師*30天
店內裝潢配置不佳	動線不佳	環境空間不便利性	滿意度 顧客對於等候時間之滿意度	2分 不滿意	4分 滿意
洗頭被弄濕衣服	服務人員技術不佳設備不佳	顧客對洗髮技法/設備的滿意度	滿意度 顧客對於洗頭服務之滿意度	2分 不滿意	5分 滿意
店面不易被注意到	不顯眼裝潢不吸引消費者	被店面吸引來消費的人數	來客數 每月來店消費之顧客人數	60人/月	300人/月 5人/天*2設計師*30天

■ 專案目標設定-500%改善幅度

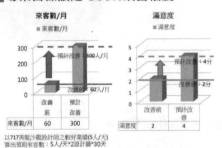

以717美髮沙龍設計師之較好業績(5人/天)
算出預期來客數：5人/天*2設計師*30天

■ Measure - 問卷調查

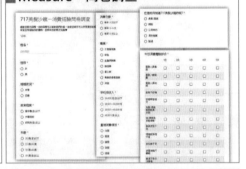

■ Analysis Phase - 真因分析

· 依據魚骨圖分析, 找出再消費意願下降的原因.

■ Analysis Phase-潛在要因分析

· 依據魚骨圖分析, 找出問題點各個潛在要因分析.

5M	要因	潛在要因分析
人員	服務人員儀容/態度	人員教育培訓不佳 服務人員親和太低 服務人員儀容不佳
	服務人員技術	人員培訓不足 使用工具不適合
	服務人數配置	設計助理人數太少 設計師人數太少
機	設備噪音過大	設備(吹風機、美髮椅)老舊
	座椅不舒適	美髮椅過於老舊 久坐易腰酸背痛
料	洗髮/染髮後髮質乾燥分裂	染髮用品品質不佳
	染燙髮後皮膚過敏	美髮用品品質不佳
法	服務流程不佳	現場等候時間太長 各段處置等候時間過長 無人員招待現場等候人員
環	環境乾淨度不佳	期所不乾淨
	座位數不足	店面空間過小
	設置地點不顯眼	地點位於巷弄內 無明顯招牌
	裝潢不吸引消費者	沒有現代、時尚感

Analysis Phase - 柏拉圖

- 利用問卷統計資料之結果，得知前70%之造成回客率下降之原因分析如下表.

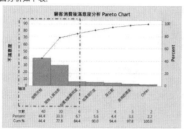

顧客消費後滿意度分析 Pareto Chart

Analysis Phase - 真因驗證

- 從柏拉圖分析，可看出只要影響來客率下降/顧客不滿意之根本原因為服務流程不佳、服務人員技術不佳、設置地點顯眼度不足、店內裝潢不佳.

來客率下降/顧客不滿意類型	影響的根本原因
服務流程不佳	*來店消費之客人在等待期間，無助理或設計師先了解消費者之需求消費項目及服務.
服務人員技術不佳	*美髮人員訓練不足，因此所剪出之造型與消費找期待有落差.
設置地點顯眼度不足	*確認717美髮沙龍之店面位置，是為於小巷子內，招牌不夠顯眼，且為於巷內較不顯眼，客人不易發現.
店內裝潢不佳	*店內之裝潢較無特色，燈光昏暗，室內之設計較不吸引人. *座位無擺放私人位置之空間

Improve

改善項目	改善建議	優點
沙龍店位置不佳	1. 重新選擇店址，改至人潮聚集眾多。 2. 更新Google地圖網上訊息(提供正確地址，上班時段、服務項目、實體店面開片等)。 3. 提高曝光度、發放招牌、增加商店傳單、建立FB粉絲團、LINE官方網站 4. 增設停車數(停車位)	1. 提高曝光度，讓顧客曉得有一家店面，方便，CP值高，環境優良，服務技術好。
美髮手藝不佳	1. 做計師技術不佳，宜強化在職教育訓練內容，及軸流實作提升手技能力，提高顧客的滿意度。 2. 鼓勵設計師，設計助理考相關美容、美髮執照及其。 3. 提高設計師的客美感(閱讀時尚雜誌、了解流行趨勢)，針對不同顧客風格(驗臉型、髮色、穿著)做出準確的定位。 4. 增加服務項目且價位親民合理。	1. 吸引顧客重覆來店消費，也藉此順利達到行銷的效果。 2. 做計人員如具備美容/美髮照，較具有專業知識與技能。 3. 這將改變顧客與設計師彼此關係，增加顧客對設計師的依賴性，提高再次消費意願。 4. 增加附加價值，提高整體競爭力。

Improve

改善項目	改善建議	優點
鞏固基本客戶	1. 定期發佈店內最新訊息、限時優惠、產品訊息。 2. 做好客戶資料管理及分類管理。 3. 建立一份顧客的詳細資料，髮型變化紀錄及顧客記錄等。 4. 鼓勵參加會員卡機制、儲值、優惠等。 5. 可推行集點活動，滿額兌換超值禮。	1. 定期推出優惠活動，增加客戶率。 2. 這是方便與顧客聯繫的管道，讓顧客感覺自己倍受重視，做好顧客管理，同時也提升了忠誠度
沙龍店裝潢不佳	1. 修改店內配置、動向、風格。 2. 增加店內明亮度、增加歐美型/美髮執照，美髮產品擺設地點得讓人一目了然。 3. 增加客戶擺放私人物品位置、符合人體工學的椅子、個人電視、茶飲/點心。 4. 提高美髮設備(頭皮檢測儀、洗髮椅、烘頭機等)。 5. 衛生間環境整潔衛生	1. 洗剪護髮顧客服務時間長久，較不會離開背脊。 2. 顧客能更快進入美髮在客裡就能感覺，讓顧客感覺安心服務。 3. 增加空間讓人不會有壓力，且服務多項，勤照明確，讓客人會再來消費被服務。

Improve

改善項目	改善建議	優點
提升美髮的專業材料	1. 頭皮清潔：有效清除頭廱屑、頭皮去角質產品。 2. 染髮劑：持久度高、效果好且不傷髮質、味道不刺激的產品，及後慎髮質護色保養出應的產品。 3. 護髮：針對損髮毛顯、過度出油有很好針對根部韌性、濃密髮質 4. 健康植品，頭皮保養精油 5. 盡量選用較天然的洗/護髮產品，較不易刺激頭皮(排斥、過敏)	1. 使用天然有機產品，顧客現在健康觀念提昇，讓顧客覺得安心使用，印象佳性 2. 如洗護後效果提昇，讓顧客覺得值回票價。

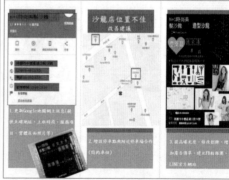

關鍵品質要項CTQ改善前後效益比較

VOC 顧客抱怨	KEY 關鍵問題	CTQ 客戶關鍵品質要素	指標	改善前	改善後	效益
美髮手藝不好	設計師技術不佳	設計師因電具備美髮技術每月有電假則訓練研習顧客對剪髮的滿意度	來客數每月來店消費之顧客人數	60人/月	75人/月	增加15人/月
店內裝潢配置不佳	動線不佳	環境空間不便利性	滿意度顧客於等候時間之滿意度	2分	3分	滿意度提升
洗頭剪髮服務不良	服務人員技術不佳設備不佳	顧客對髮技術/設備的滿意度	滿意度顧客對洗髮服務之滿意度	2分	4分	滿意度提升
店面不易被注意到	設置地點不顯眼裝潢不吸引消費者	被店面吸引來消費之人數	來客數每月來店消費之顧客人數	60人/月	75人/月	增加15人/月

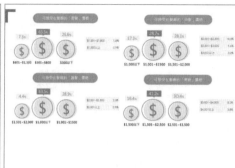

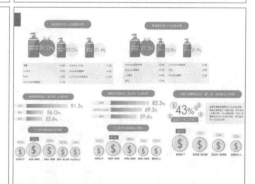

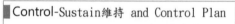

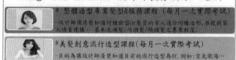

Control-Sustain維持 and Control Plan

1. 客戶資料管理
2. 設計師教育訓練、培訓
3. 動線服務標準化
4. 不定時促銷活動、集點

Control

- Short term action: 客戶資本資料管理, 以了解顧客來源及習慣/消費習性等等.

性別	□男 □女	婚姻狀況 □未婚 □已婚
年齡	□15歲以下 □16-20歲 □21-30歲 □31-40歲 □41-50歲 □51-60歲 □61歲以上	
職業	□學生 □軍公教 □服務業 □金融業 □資訊/科技 □媒體/廣告/設計 □藝文 □自由業 □醫療 □製造業 □農林漁牧 □家管/退休 □其他	
月收入	□無收入 □20,000以下 □20,001-40,000 □40,001-60,000 □60,001-80,000 □80,000以上	
願意花多少錢整理頭髮	□500以下 □500-1000 □1000-1500 □1500-2000 □2000以上	
平均多久整理一次頭髮	□半個月一個月 □一個月-兩個月 □兩個月-三個月 □三個月-半年 □半年以上	
一天中的使用用幾種產品整理髮型	□一種 □兩種 □三種 □四種 □五種以上	
是否有改變過頭型	□是 (染、燙、剪) □否	
覺得自己頭髮的問題 (複選)	□頭皮易出油 □頭皮太乾燥 □頭髮毛躁 □頭髮細軟 □白頭髮 □顏色、太淡/太濃 □易有頭皮屑 □易分岔、斷裂 □好整型 □頭皮屑多 □頭髮易毛躁 □其他	
怎麼知道本店	□傳單/廣告 □網路 □公司特約 □親友推薦 □路過	

Control

- Long term action: 設計師教育訓練、培訓

Control

- Long term action: 動線服務標準化

Control

- Long term action:不定時促銷活動、集點

廣告
- 在門口、人潮眾多的地方，發DM衛生紙，吸引消費者前來消費。
- 設計師也會利用官方or個人社群軟體宣傳，使更多人知道 717美髮沙龍。
- 來店消費的顧客只要打卡並分享我們美髮沙龍，給予30折價卷。

促銷
- 利用社群軟體告訴消費者店內最新促銷及優惠等活動，吸引更多新的顧客。

折價卷
- 在門口、人潮眾多地方發放折價卷吸引消費者者到店消費。

集點卡
- 運用裏賦效應的心態，提供來店消費後給予集點卡，更能刺激顧客再次光臨消費。

LINE f O

Thanks you!

準備放暑假啦~~~~

22 BURGER茶餐館之研究

牧民組

指　導 :楊廉宏 老師
曾馨嫻 10674601
王宥瑢 10674603
張荃銘 10674617
張文耀 10674620
周嘉德 10674621
鄧曜宗 10674626

研究動機

位於中原大學校外(位於後門斜對面)，因為份量充足且價錢平易近人，成為頗受學生族群歡迎的美式漢堡餐廳。
但近年受到許多新進競爭者，陸續在校附近開店，且中原夜市規模也不斷擴充，導致營業額逐年下降，經討論主因菜單變化更新幅度慢，送餐商品常有不一致，送點餐與動線雜亂等，造成顧客觀感不佳，雖然尖峰時間顧客不少，但離峰時間來客數卻明顯不足，最終客源回頭率不佳，使營業額下降，人氣逐漸下滑。

2014年~2017年營收表

來客數分佈

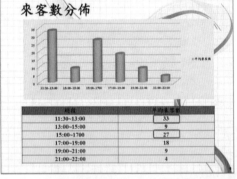

時段	平均來客數
11:30~13:00	33
13:00~15:00	9
15:00~1700	27
17:00~19:00	18
19:00~21:00	9
21:00~22:00	4

目標管理

期望提升幅度25%
目標：$140 (元/餐)
增加利潤：$10 (元/餐)
提升餐組最低消費：$50→55 (元/餐)
提升來客率：日均100人
期望改進平均利潤：$25→30 (元/餐)

D- 定義/M-量測

Define Phase Outline
Measure Phase Outline

Define 定義- Measure量測

計劃時程

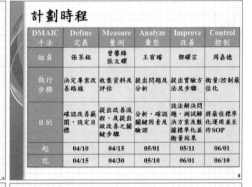

DMAIC手法	Define定義	Measure量測	Analyze彙整	Improve改善	Control控制
組員	張荃銘	曾馨緯 張文耀	王宥璿	鄺曜宗	周嘉德
執行步驟	決定專案改善路線	收集資料及評估	提出問題及分析	提出實驗方法及步驟	衡量/控制最佳化
目的	確認改善範圍,設定目標	提出改善流程,及提出欲改善之關鍵步驟	分析,確認關鍵因素驗證	設法解決問題,測試問題決方案及數據標準化衡量結果	將最佳標準化運用並當作SOP
起	04/10	04/15	05/01	05/11	06/01
訖	04/15	04/30	05/10	06/01	06/10

5W1H 問題描述:

What Defect ?	餐點/飲品送餐平均時間長。
What is it happened ?	2017年營收減少。
Where is it found ?	利潤降低2.5萬 元/月。
What extend ?	營收高低不均,22茶餐館競爭力下滑顯著。
Whom is impacted ?	牧民組成員。
How do I know ?	2014~2017營收表。

SIPOC (Suppliers, Inputs, Processes, Outputs)

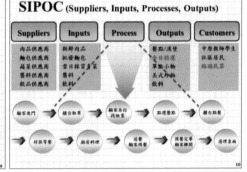

SIPOC (Suppliers, Inputs, Processes, Outputs)

改善範圍:
期以縮短餐飲製作、送餐停滯時間,增加來客數量與回頭率為本次改進重點。

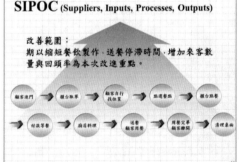

專案流程展開-樹形圖（Tree Diagram）

專案選擇- 優先度評比

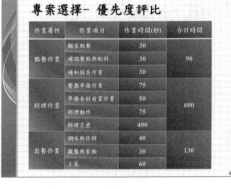

作業屬性	作業項目	作業時間(秒)	合計時間
點餐作業	顧客點餐	30	
	確認餐點與配料	30	90
	通知廚房作業	30	
料理作業	餐盤準備作業	75	
	準備食材前置作業	50	600
	料理動作	75	
	料理烹煮	400	
出餐作業	調味與佐料	40	
	擺盤與裝飾	30	130
	上菜	60	

專案選擇- 優先度評比

作業屬性	作業項目	作業時間(秒)	改善時間(秒)	節省工時(秒)	改善時間
點餐作業	顧客點餐	30	30	0	
	確認餐點與配料	30	25	5	80
	通知廚房作業	30	25	5	
料理作業	餐盤準備作業	75	65	10	
	準備食材前置作業	50	40	10	525
	料理動作	75	60	15	
	料理烹煮	400	360	40	
出餐作業	調味與佐料	40	35	5	
	擺盤與裝飾	30	30	0	115
	上菜	60	50	10	

目標節省:
820 – 720 = 100 (秒)

預計出餐一份 12 分鐘

關鍵品質要項(可量化指標)(CTQ –Critical To Quality)

項次	2014年	2015年	2016年	2017年	2018年(1~4月)
年度營收(元)	983,684	1,085,962	1,256,380	953,658	302,492
平均月營收(元)	81,974	90,497	104,698	79,472	75,623
平均日營收(元)	2,732	3,017	3,490	2,649	2,521
每日來客數(低消$50)	55	60	70	53	50
每日來客數(低消$55)	50	55	63	48	46
每日來客數(低消$60)	46	50	58	44	42
營利提升(25%)	1229605.00	1357452.50	1570475.00	1192072.50	378115.00
可增加營收(元)	245921.00	271490.50	314095.00	238414.50	75623.00

15

關鍵品質要項(CTQ-可量化指標)(效益導入前(66/人))

	改善前	改善後
標準出餐(每份)	13.66 min/分	12 min/分
每日尖峰時段	平午餐時段:21(份) 下午茶時段:19(份) Total:40(份)	平午餐時段:24(份) 下午茶時段:22(份) Total:46(份)
每日離峰時段	平午餐時段:10(份) 下午茶時段:16(份) Total:26(份)	平午餐時段:12(份) 下午茶時段:18(份) Total:30(份)
利潤/元	90+50→140	95+55→150
獲利(月)	40(份)*140(利潤/元)*30天 26(份)*140(利潤/元)*30天 共計 277,200元	46(份)*150(利潤/元)*30天 30(份)*150(利潤/元)*30天 共計 342,000元
預計 效益	餐期增加利潤(契約消)：140→150(元/份) 導入SOP每日產值:66→76(份)	

NOTE：
22 Burger 店員：3員。
日營業時間:11:30-10:00。(日/30)。
此改善對針對每日尖峰(平午餐/11:30-13:00)、(下午茶/15:00-17:00)改善。
平均每份餐(主餐+飲料):140元/份。
導入電子式取號機:費用預計15000元。(評估中)
導入POS系統:費用預計78000元。(評估中)
導入系統設備:費用預計3400元。(準備中)

16

目標預計提升改善幅度25%

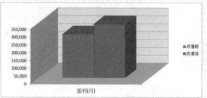

盈利(月)

目標:$ 140 (元/餐)
增加利潤:$ 10 (元/餐)
提升餐組最低消費:$ 50 →55(元/餐)

工時減少：1分7秒
總營收提升：23.4%

17

A-彙整 / I-改善

Analyze Phase Outline
Improve Phase Outline

18

Analyze彙整-Improve改善

- Root Causes Analysis
- 對策改善
- 導需流程展開-瀑布圖(改善後)
- Data Worksheet

19

茶餐館 SWOT 分析

	優勢 Strengths	劣勢 Weaknesses
機會 Opportunities	1.距離學校門口近，可直接吸引學生前往。 2.離峰時間顧客不多，多利用離峰時間進行促銷。 3.物販點足，符合學生族群用餐習慣。 4.環境採光充足，餐廳外觀識別度高。	1.缺乏早餐時段供應，可提早1hr營業開拓早餐市場。 2.跟學校地點近，鄰近外送服務，可增加外送區域(學校教室/宿舍/公司/店面)。 3.假日期間主要客群學生為主，但可以促銷吸引附近家庭族群前來消費。 4.寒暑假漢堡、主餐群減少，應積極吸引上班族，或增加外送服務。
威脅 Threats	1.距離夜市近，易遭遇流行新商品，顧客容易流失。 2.距離學校近，易被其他促銷商品店吸引，主要顧客容易流失。 3.自訂美式漢堡原，但又賴茶餐館，定位易混淆。	1.附近巷弄U&T型路口不易停車。 2.餐點未更新，易喪失新鮮感。 3.經營FB&LINE，不積極，宣傳不足。 4.店家為一級美食戰區，客易有新競爭者進入。

20

消費者問卷調查結果

用餐時間統計

時間	11.5-13	13-14	14-15	15-16	16-17	17-18	18-19	19-20	20-21	21-22
人數	21	7	3	9	10	3	7	1	3	1

用餐問題統計

問題	用餐環境吵雜	優惠活動太少	清潔衛生不佳	出餐速度太慢	選題項選擇不多	用餐價位偏高	餐點排隊	服務態度敷衍	餐點口味不合	其他
人數	3	31	5	37	29	14	11	2	1	1

發放問券數量：80 份
回收問券數量：66 份
問卷回收率：82.5 %

21

回收問卷整理

用餐時間統計

感到最不滿意地方

22

回收問卷整理

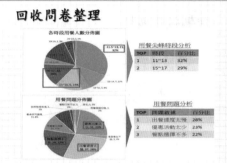

各時段用餐人數分佈圖

用餐尖峰時段分析

TOP	時段	百分比
1	11~13	32%
2	15~17	29%

用餐問題分佈圖

用餐問題分析

TOP	問題敘述	百分比
1	出餐速度太慢	28%
2	優惠活動太少	23%
3	餐點選擇不多	22%

23

Root Causes Analysis

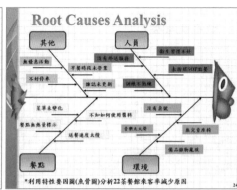

*利用特性要因圖(魚骨圖)分析22茶餐館來客率減少原因

24

Root Causes Analysis

主題	不良現象例	要因	重要性	掌控性	可發性	總評	選定
如何減少客率	人員	衛生習慣不好	52	50	46	148	✓
		沒有外送服務	42	32	34	108	
		訓練不熟練	36	28	34	98	
		未依照SOP監製	36	44	36	116	
	環境	備品雜物亂放	46	48	52	146	✓
		沒有桌號	42	46	44	132	✓
		無兒童座椅	32	30	36	98	
		音樂太大聲	28	26	22	76	
	餐點	未依時段調整菜單	42	46	52	140	✓
		送餐速度太慢	44	48	54	146	✓
		餐點無熱量標示	38	32	36	106	
		不知如何使用醬料	36	32	36	104	
	其他	早餐時段未營業	46	44	46	136	✓
		無優惠活動	40	48	44	132	✓
		不好停車	26	22	30	78	
		臉誌未更新	36	24	28	88	

備註: A.評價方式:成員共6人,由全體成員依據脑力激荡給予1.3.5.7.9分評價,三項總分162分/固定高的129分(80%)執行對策。

25

Root Causes Analysis

編號	不良項目	要因	對策編號	對策內容
1	人員	衛生習慣不好	1	要求人員廚房人員全程使用口罩。
2	環境	備品雜物亂放	2	整頓物品置固定區域,廚房物料不可堆放在外。
3		沒有桌號	3	將桌子建立桌號,更新出餐動線。
4	餐點	未依時段調整菜單	4	依早上與下午餐點進行調整。
5		送餐速度太慢	5	制訂餐點製作SOP。
			6	導入電子式叫號機。
6	其他	早餐時段未營業	7	調整開店時間(10:00),增加早餐餐點選擇。
7		無優惠活動	8	在離峰時間增加促銷活動。

26

對策一:注意食安問題,全程配戴口罩及手套,加強教育訓練。

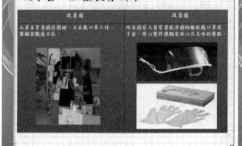

改善前 改善後

人員未穿著廚房圍裙,且未戴口罩工作,讓顧客觀感不佳。

所有廚房人員背著乾淨廚師服配戴口罩與手套,用心製作讓顧客安心且美味的餐點。

27

對策二:要求物品放置固定區域,廚房物品不可放在外面。

改善前 改善後

廚房各項物品未歸定位,環境髒亂影響動線且易造成使用錯誤等情形。

在固定的位置製作清楚標示,以利廚房人員使用後歸定位。

28

對策三:建立桌號&更新動線

改善前 改善後

未建立桌號,使服務人員送餐速度緩慢且易上錯餐點造成顧客抱怨。

在每張桌子建立桌號使服務人員有效且迅速的送達餐點。
建立預定席標示讓服務人員方便保留座位給指定座位的顧客。

29

現有位置&動線

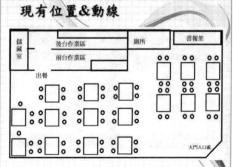

儲藏室

後台作業區 廁所 書報架

前台作業區

出餐

大門入口處

30

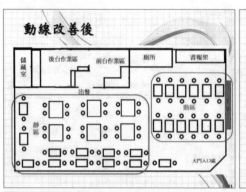

動線改善後

動線改善說明

- 多增加學生社團辦聚會空間組合。
- 家庭聚餐、生日、節慶空間轉換利用。
- 動線明確，靜區、動區不干擾。
- 動線明確，送餐不擁擠、不受阻礙。
- 出餐口調整位置，提升送餐效率。
- 等餐、外帶區分明確，內用餐人員不受干擾。
- 增加座位數量，提高翻桌率。
- 由4人座餐桌，一半位置調整為2人座餐桌，增加調整彈性。

導入設備費用	單	桶
原總數量(大*17)	17	66
新增數量	1	4
更換總量(大*6、小*24)	18	72
單價成本	1000	600
新增支出	1000	2400
合計		3400

對策四：依時段作餐點進行調整。

對策五：依餐點出餐製作SOP。

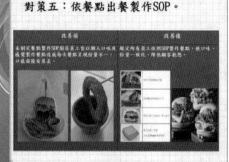

對策六：導入電子式叫號機。

對策七：調整開店時間，增加早餐餐點選擇。

對策八：套餐多變化，並於離峰時間增加促銷活動。

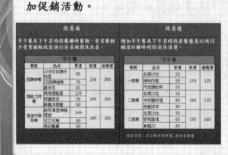

C-控制

Control Phase Outline

Slide 39

Control -控制

- ☐ 銷售&製程改善後
- ☐ CTQ-改善前後效益比較
- ☐ 控制計畫
- ☐ 持續滿意度調查問卷
- ☐ 討論與延續

39

Slide 40

銷售&製程改善後

原銷售方式
- ➢ 原套餐太單調,僅增加不同飲品組合,缺乏吸引力
- ➢ 折扣少
- ➢ 無特色餐

改善銷售方式
- ➢ 增加自由配,加強離峰客群消費
- ➢ 定期更換促銷套餐,享受高CP質(還我打八折)
- ➢ 結合節日/校園/慶典特色餐

40

Slide 41

銷售&製程改善後(漢堡製作)

- ➢ 加入SOP,每一分標準漢堡餐 75->60 (秒)
- ➢ 10人份出餐就減少2.5分鐘

41

Slide 42

關鍵品質要項(CTQ -可量化指標)(效益導入後(100/人))

	改善前	改善後
標準出餐(每份)	13.66 min /份	12 min /份
每日尖峰時段	平午餐時段:21(份)	平午餐時段:32(份)
	下午茶時段:19(份)	下午茶時段:28(份)
	Total:40(份)	Total:60(份)
每日離峰時段	平午餐時段:10(份)	平午餐時段:14(份)
	下午茶時段:16(份)	下午茶時段:26(份)
	Total:26(份)	Total:40(份)
利潤/元	90+50＝140	95+55＝150
盈利(月)	40(份)*140(利潤/元)*30元	60(份)*150(利潤/元)*30元
	26(份)*140(利潤/元)*30元	40(份)*150(利潤/元)*30元
	共計 277,200元	共計 450,000元
預計效益	餐組增加利潤(每一餐組):140～150(元/份)	
	導入SOP每日差距:66 → 100(份)	
公式計算	盈利＝每月銷售總數量*利潤/(客單期望值)	

NOTE:
22 Burger店員:3員。
日營業時段:11:30-10:00。(日/30)。
此尖峰對每日尖峰(平午餐/11:30-13:00)。(下午...
平均每餐式人數調查:140元/分
導入觸控點餐模式:費用預計 15000元。(評估中)
導入POS+軟體:費用預計78000元。(評估中)
導入桌椅設備:費用預計3400元。(準備中)

預估提升
62.34%

42

Slide 43

關鍵品質要項(CTQ -可量化指標)(效益導入後(100/人))

以2016年最高峰為觀察值

- ➢ 以茶餐館歷史資料顯示,改善後,減少料理時程100秒,推估每日尖峰時段可多銷售6份套餐。
- ➢ 但若店家獲利目標,期望提升25%,則需由原月平均營收 104,698元,增加至130,873元,必須多賣31(份/天)餐組(單現現有來客數調查,目標不易達成)。
- ➢ 此部分建議茶餐館導入點餐設備增加出餐速度,爭取翻桌率,多利用非尖峰時段,以團購方式、外送服務及促銷優惠增加銷量,彌補不足營業額。

43

Slide 44

控制計畫-對策導入建議

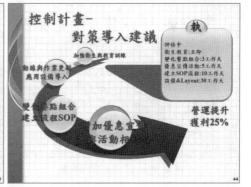

44

Slide 45

持續滿意度調查

➢ 美食需要刺激感官新鮮度,藉由問卷了解與社群互動可促進業績穩定向上提升

親愛的受訪者,您好:
感謝您撥空填寫這一份問卷,此問卷主要的目的是想瞭解您對22burger茶餐館餐選擇與考量因素。您在問卷中所提供的資訊,僅做為本店品質提升之用,敬請安心填寫。您的意見對我們非常重要,請依您自己的實際感受填答,謝謝您!

全員專線:99-468905
地址:中壢區...路22號1樓
營業時段:11:30-22:00,每週四公休
F/T:5520-40-22 Password 22220000
F /22burger茶餐館

45

Slide 46

滿意度調查問卷

22 burger 茶餐館 問卷調查

46

討論與建議

1 • 穩定增加回頭客

2 • 增加多元目標市場

3 • Q & A

穩定增加回頭客-促銷(定期)

促銷(定期)

穩定增加回頭客-促銷(非定期)

促銷優惠與時事配套吸引來客數

項目	主題	特殊要求	促銷活動
特定節日	聖誕節	應景裝飾量	推出特定套餐
	萬聖節		推出特定套餐
	情人節		二人同行，第二份餐5折
	籃球季		1.延長營業時間 2.主題飲料特價
	世足賽		
	棒球季		
品牌日	可口可樂歡慶日	主題佈置	著促期間:7/1-8/31 優惠:買一送一
	真黑聯盟		夏湘 紐市豐 合作，推出限定飲品
	LINE官方帳加		1.加入LINE好友，購買第一杯8折 2.線上打卡
	Facebook		用餐拍照打卡上傳，當日用餐9折
名人代言	蕭亞軒/張韶涵 江美琪/王心凌		1.桃園出生的名人 2.熱愛家鄉推廣中原美食

穩定增加回頭客

➢ 維持顧客關係管理，穩定顧客回店消費意願
➢ 利用此建立會員制，創造新會員商機

非假日消費滿二百送一點，
集滿12點即送招牌特餐一份

增加多元目標市場

目標	實施
增加銷售範圍	中原校區及周圍5KM內
走向健康養身	宣傳採取台灣認證『有機食材』
採取全有機食材製作套餐	爭取高端消費者，增加獲利
(隱藏版menu)	公司行號、學校為主
享受平價服務	• 享受高貴不貴的價格
貪小便宜選擇享受	推出 限時限量、套餐升級服務

挑戰未來 • 升級營運

謝謝聆聽

Q&A

總結性課程學生前兩次書面報告目錄

附錄八.1　卡淘Cardtao皮革文創股份有限公司

第一次報告

目錄

目錄

卡淘Cardtao皮革文創股份有限公司最後報告

卡淘 Cardtao 皮革文創

股份有限公司

cardtao

創業企劃書

總企劃人：陶柏嘉、楊仲凱

部門企劃組長
業務部：許紅博、童介云、劉禹良、張宏蒻
研發部：楊為翔、曾子宏、陳姓益、蕭郁存、賴信課、何煒嵐
製造部：鄭碩政、吳臧、奉祈承、陳沛甄、蕭郁宇、劉嘉瑚
生管部：林沛泉、賴柏宏、黎琡遠、黃治煒、辜郁綸
財務部：洪路、王鈺煇、廖其昀、陳千勳、葉湉筬

中華民國一〇五年九月二十四日星期六

---

cardtao

目錄

---

cardtao

II

附錄八.2 凱特C.W.股份有限公司

第一次報告

目錄

第二次報告

目錄

凱特C.W股份有限公司最後報告

凱特 C.W. 股份有限公司

十年計劃書

There is always a better way

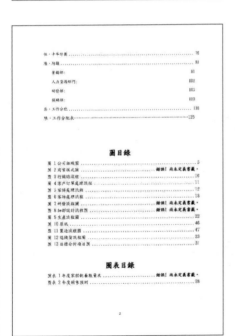

附錄九
教學實踐計畫書內容範例

一、計畫主持人部分

㈠說明申請人於課程教學現場試圖解決之問題及問題之重要性。

　　一般大學生在高中時所學習課程多為通識課程，包含國文、英文、數學、社會及自然等科目。這些科目屬性及難度相較於大學許多專業科目無論是深度與廣度都有著相當的不同。高中以前學習通識基礎科目的目的，大多與入學考試有關，因此，學生只要經過背誦以及大量的練習，就可以在這些基礎學科有優異的表現。然而，進入大學專業系所以後，所學科目與升學考試的連結關係就與高中截然不同。課程上的要求，不單只是學習知識而已，更重要的是將這些所學習的知識轉化，養成解決專業問題的能力。若以傳統講述式的教學方式，對於能力的養成幫助並不大。在98學年度進入中原大學工業與系統工程學系時，就仿照當時在荷蘭臺夫特工業大學碩士班就讀時老師的教學方法，在教學時引入適度的問題配合教學，將教學場域創造出解決問題的情境，學生可以應用知識，解決擬真實問題，提升學生學習成效以及培養解決問題的能力。而使用的教學策略，就是結合PBL及傳統式講述方式並行於課堂之中，學生在建立基礎背景知識後，可以透過情境實作強化學習效果。在執行過幾次之後，觀察到學生在學習的確有良好的成效。在進行近8次的教學中，透過學生學習心得、學生成績考核、教學評量以及與學生的互動中了解到混合使用上述兩種教學策略的有效性。目前課程架構，已經由**單班的PBL**教學發展成**雙班跨院系PBL**的合作教學，這樣有別於同屬性的協同教學，在課程實施上更加的困難，要完整收集學生的學習成效也有一定的難度，故申請教學實踐研究計畫，透過計畫的挹注，除了可以更妥適的發展課程架構，可以加強學生學習成效，未來將本課程所發展的課程模式進一步進行推廣。

(二)說明申請人近5年課程教學經驗與成果，包含：相關開設課程、學生學習表現、相關教材建構或發表、教學評鑑回饋等。

2.1 相關開設課程

　　本人在過去從98學年度迄今共教授22門大學部及研究所課程，包含工作研究、工作研究實驗、工業工程實習、電資與人類文明、品質管理、線性代數、作業研究上、作業研究下、生產計畫與管制、系統工程與管理、計算機概論一、計算機概論二、機率與統計一、機率與統計二、非線性最佳化、資訊科技導論、數理規劃、系統動態學、統計方法、離散數學、工程數學、資料結構。與教學實踐研究計畫相關的科目為「工作研究」，以下將指針對工作研究進行相關的說明。

2.2 學生學習表現

2.2.1 學生學習量化成績表現

　　由於工作研究課程中981學期開始發展，有單班PBL課程實施到雙班跨院系跨領域PBL課程，其評量方式略有不同，例如，在981、982中，成績評量以平時測驗成績以及課堂計畫成績為主，103學期至106學期則加入了期中考成績及期末考成績。981、982及1042學期課程為單班PBL課程實施模式，而從103學期，每學年的上學期開始雙班跨院系跨領域PBL課程。表1及表2為各式授課學生學習成績表現。圖1及圖2為應用ANOVA及TUKEY後設分析檢定各班成績結果。圖1顯示資料殘差除了一些特異值以外，為常態分佈以及約略等變異，因此，可以使用ANOVA及TUKEY檢定做進一步的分析。

表1　各次授課學生學期成績表現

學期	班級	全班人數	平均分數	標準偏差	備註
981	工業二甲	67	80.63	11.58	單班
981	工業二乙	89	79.52	10.4	單班

學期	班級	全班人數	平均分數	標準偏差	備註
982	工業二丙	78	83.85	8.2	單班、與學生課前溝通
1031	工業二甲	55	75.36	8.11	跨院系跨領域、英語授課
1041	工業二乙	59	80.46	6.29	跨院系跨領域
1042	工業二丙	61	81.23	16.51	單班
1051	工業二乙	57	78.81	12.97	跨院系跨領域
1061	工業二乙	49	79.14	7.83	跨院系跨領域

表2　各次授課學生學習成績在不同分數下的分佈

學期	0～59	60～69	70～79	80～89	90～99	100	0～59	60～69	70～79	80～89	90～99	100
981	3	3	24	22	15	0	4%	4%	36%	33%	22%	0%
981	2	12	23	41	11	0	2%	13%	26%	46%	12%	0%
982	0	5	8	50	15	0	0%	6%	10%	64%	19%	0%
1031	3	12	19	20	1	0	5%	22%	35%	36%	2%	0%
1041	0	2	23	32	2	0	0%	3%	39%	54%	3%	0%
1042	2	2	12	30	15	0	3%	3%	20%	49%	25%	0%
1051	2	2	16	34	3	0	4%	4%	28%	60%	5%	0%
1061	0	7	18	18	6	0	0%	14%	37%	37%	12%	0%
平均							2%	9%	29%	47%	13%	0%

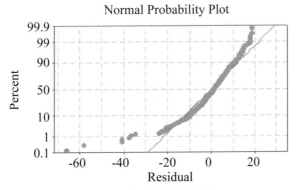

圖1　檢驗8個班級的成績是否可以應用變異數分析

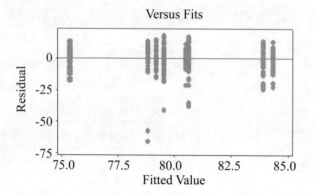

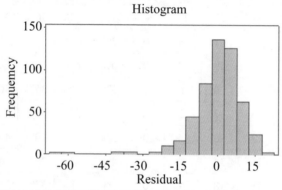

圖1 檢驗8個班級的成績是否可以應用變異數分析（續）

Source	DF	SS	MS	F	P
Factor	7	3557.0	508.1	5.65	0.000
Error	507	45565.7	89.9		
Total	514	49122.7			

Grouping Information Using Tukey Method

	N	Mean	Grouping
1042工業二丙	61	84.328	A
982 工業二丙	78	83.846	A B
981 工業二甲	67	80.627	A B C

圖2 ANOVA及TUKEY檢定分析各班成績結果

1041工業二乙　59　80.458　A B C D

981　工業二乙　89　79.517　　B C D

1061工業二乙　49　79.143　A B C D

1051工業二乙　57　78.807　　　C D

1031工業二甲　55　75.364　　　　D

Means that do not share a letter are significantly different.

Tukey 95% Simultaneous Confidence Intervals

All Pairwise Comparisons

Individual confidence level = 99.75%

圖2　ANOVA及TUKEY檢定分析各班成績結果（續）

　　在過去的班級中，從TUKEY檢定的資料分群大概可以看到單班PBL
及雙班PBL成績的屬性，比較特殊的有兩個班級分別是1042工業二丙單
班PBL及1031工業二甲跨院系跨領域雙班PBL。由於從1031開始，就開始
使用跨院系跨領域雙班PBL模式，但是由於課程安排，1042並無他係可搭
配之班級可以使用跨院系跨領域雙班PBL模式，但是課程架構以及評量標
準，都與跨院系跨領域雙班PBL模式一致，推論因此產生分析上的誤差，
而1031工業二甲平均成績為最低，與其他各學期成績差異較大，其原因
在於此課程為中原大學工業與系統工程學系大學部必修課第一次使用英語
教學，學生對於英文課程適應不佳的結果。

　　在98學期課程發展的初期，為了驗證教學法的有效性，進行教學實
驗，因此在課堂上所進行的活動，或是評量標準並沒有與學生充分溝通，
一些學生在學期末才表示，與大學之前的高中課程以及大一的基礎課程授
課方式差異太大，因而產生學習不適應的結果。在982學習上課開始，就
與學生溝通要改變傳統授課方式，讓學生投票決定進行創新教學，學生選
擇願意配合進行創新教學，因此在成績的表現上相較於981這兩個班級有
更好的結果。1031因為英語授課緣故，許多學生在語言適應上產生的困
難，因此在成績評量上，相較其他學期來說較為寬鬆，表二也顯示該年度
的成績架構，與其他學期有所不同。一般而言，成績的分佈再70分到90

分之間，學生人數成績百分比大約是80%左右，90分以上或70分以下大約是20%左右，符合80-20通則，亦即雖然PBL的評量，著重在能力上的評量與統講授式教學僅就考試成績及出席成績作為評量標準有所不同，但是本課程的實施，在評分結果與傳統教學下的成績評量，在概念上差異並不大，由於可以使用能力評量，更可以正確的判斷學生的學習能力。

2.2.2　學生學習質化意見

在PBL課程架構的學習環境下，要使用量化成績，正確的去評斷學生學習，對於第一次學習工作研究專業科目的學生在鑑別能力上有一定的困難度，因此，在每一次的書面報告成績的評量上，學生都必須撰寫學習心得，作為後續課程改善的依據。以下為部分學生的學習心得。

單班PBL

1. 這次模擬遊戲跟之前或者其他科是不同形態，一個是實作，另一個是紙上談兵，就像打仗的時候，在沙盤演練時，發揮比人更高的層次，在一到戰場上，就變成另一個人，完全還無作用，用實作來檢驗你的收穫，是不錯的方法，之前都是用考試，報告的形式來呈現，一直累積下去，就變成了只會讀不會用的窘境。

2. 這次的模擬遊戲，我們這組經過了不斷的討論和改進，終於找出最佳的生產方式，這次的模擬，讓我知道團隊合作的重要，每個人互相合作，才能完成一個好的作品，這次的模擬中，我們貼風車的膠帶準備不夠，臨時以蠟筆用畫的代替，並沒有讓作品空白，生產線上的每個人工作都重要，因為一個人做不好有可能就會延時到後面的時間和品質，模擬遊戲讓我學到的不只是生產線的運作，還有合作的重要性。

3. 這考試算是要我們再統整一次我們自己的產品，不僅是應用到課本上的知識，同時也能創造出自己的風格。

4. 本次模擬實驗讓我體會不少真實的體驗，以往的學習都只是紙上談兵，但這次的學習真的實際讓我們去體驗該如何做，並如何用自己所學的把事情做好。

5. 這學期在工作研究課上學習到跟一年級很不一樣的課程，不像一年級的課都是基礎拿來當工具用的，而是更有工業工程感覺的課，並且從學習中去模擬工廠生產，眞的去實際操作更能讓我們在其中學習的更好。

6. 工作研究這們課跟以往的課不太一樣，不用期中期末考但是卻也沒有學得比別的課堂少，讓我們可以把課堂所學實際應用在最後的產出，也因爲這堂課最後要完成一個小型生產線在一個小時內製造出２０個產品，就可以更了解工廠平常的生產線運作並不是我們所想的那麼簡單。

7. 我在這次的活動中是擔任作業員，從一開始就被分配爲是作業員，一開始我們這組都是組長、設計、採買再討論，其他人包括我都太衷於自己的職位了，較少參與討論。但後來我發現這樣下去討論的效率蠻差的，自己也發現一些可以改善產品的方法，因此我也開始參與討論，參與討論後感覺好玩多了，更有感覺自也是參與在那之中。

雙班跨院系跨領域PBL

1. 這學期老師讓我們分組，開始思考要生產什麼產品、怎麼做才可以在老師的條件下完成，要成本低同時步驟要精簡、快速在20分鐘內完成生產10個產品。成本的掌控必須要跟會計系的組員有良好的溝通，才不會發生超支。而這次我被分配到組裝組做整合組裝的工作。前半段的工研課讓我感覺是在上課、背公式，但一次的考試讓我們發現除了背公式，更重要的是是否能融入在實際的問題當中；中間的產品製作十足的讓我體驗到前面所學的重要性！如果前面沒有好好上課，那麼當大家在努力算著瓶頸站、WI、和時間研究時，當下的自己會變得多麼無助！這次實作也讓我理解專業性的重要在於上臺報告跟書面報告，當然，老師也給了我很多機會。以前，上臺報告只要將PPT做好、文字複製上去、圖片貼好就好，但這次老師要求格式、文字大小、目錄、標題等等，眞的讓我很驚訝，原來一份書面報告、一份PPT有這麼

多的規定。從小到大，所有的科目都只是書本拿起來背然後考試，很少去真正的使用書本所教的知識。最後，在完成所有的工作後，我認為我不只是上了一堂創意勞作課，同時還學到了團體成員間互相磨合的方法，以及工作研究的專業知識。雖然不能說我從頭到尾都非常了解每一個步驟的原因，以及報告裡每一個表格的意思，但就我有參與的部分，例如動作研究、時間研究，我都能了解它的意義以及製作方法！

2. 走到今天感觸不多，但是大多都很深刻，不管是分工合作、研發、書面、報告，感覺都好專業，讓我感覺好像我們真得像是第一次出去創業，要研發並且要販賣賺錢，雖然我沒有類似的經驗，但是當我們真的在製作並且計時時，真的很有臨場感，可是真的可以體會社會上那些研發製作頭痛的感覺，跟以往當學生的那些讀死書的感覺真的差很多，其中不同以往形勢的壓力讓我感覺到自己的無知，焦慮是人不時會有的感覺，這些未來可能發生、或根本不會發生的重要議題，是學生難以感受到的。

3. 老實說，老師的課真的很麻煩，一開始的不太想做，在初期的報告中，我一直扮演著被動的角色，並不想參與更多但也沒有因此少做些什麼，我做好我的工作而已，因為這與之前的上課模式不同，對我是非常陌生，很像是很多麻煩事，正好我也很討厭麻煩，所以將事情推了大部分給其他人做，我以為我設計出來一個新的產品之後就沒我的事情了，但是隨著時間過去，我發現我們的進度是落後的，而我的期中成績也考不太好，被寄了預警，我開始慢慢去檢視之前所做的事情，發現到老師的上課模式，是在動手做之中學習，而且是自己學習和別人做討論，我一直以來習慣了講授方式，發現自己落後了一大半，所以在後來的報告中，我參與了討論，之後也將製作報告的所有事接下來，才了解到有很多東西是我不懂得，透過不斷的詢問、翻書、上網找資料等，才勉強將第一次量產的報告做出來，上臺報告時，被提到我們的表現差異太大，在報告時是很優秀的，但是平常卻

很差，報告缺乏上課所學之內容，於是在這份書面報告中，我把平常未補上的東西全補上了，才知道我短時間學習到這麼多東西，老師的上課方式所帶來的成效是如此的令我驚訝，從前的老師講授，我們底下猛抄，相比現在的經驗，讓我感覺到唯有思考和動手，才能將東西變成自己的，很開心老師有寄期中預警給我，讓我知道我該做的是什麼，而不是只想找簡單的事情做，也很謝謝老師願意替我們想那麼多，在我們有困難時給予建議及幫助，這門課真的讓我受益良多。

4. 這學期的工作研究課真的是一個很棒的經驗，過去的課程總是告訴我們目標及步驟，我們只要一步一步照著老師給的指示就能完成。但在工研課上，老師只會告訴我們方向、給我們一點提示，讓我們在一次次的失敗與挫折中找到正確的應對方法。例如我們一開始選用的填充物是裝水的夾鏈袋，但報告結束後老師卻點出了我們當時沒有想到的問題：「水在製造過程中是否有極大風險會造成工作人員失誤，甚至毀壞其他材料？」課堂結束後我們便立刻展開小組會議討論這個問題，並參考了老師提出的替代方案，如棉花、空氣及海綿，並在評估各項條件後選擇其二來做試驗，只為找出最恰當的方案。除了老師的幫忙外，組員們的付出也令我很感動，因為人數眾多，平日總是沒辦法找到大家都能配合的時段，所以我們總是選在周末開小組會議及試產，每一次的聚會總是要花上好幾個小時，甚至還有幾次在學校宿舍待到半夜才終於完成當日的進度，但大家總是不辭辛勞地做好自己的工作，難免會有抱怨及爭執，但我能感受到每個人都希望自己能為小組多貢獻一些、盡力讓我們的產品及報告更豐富且完善。我在這門課上學到團隊的分工合作及報告技巧，更了解到一個成功的企業應該如何規劃其部門分配、安排生產線流程，我認為無論我們未來會朝哪個方向發展，這些經驗都能成為將來就業時需要用到的知識。我很慶幸能在大學裡遇到一位熱衷於教課的老師，並不只是傳授我們知識，而是領導我們獨立思考，自己想出解決方法，我認為這是學校中最難能可貴的收穫。

5. 這次的工研課程是第一次這麼多個人一組，一個十幾個人的組別，再加上五六個別的系的同學，是非常龐大的一組，也因為這樣，大家的意見也會有很多的不同，所以在找尋最適當的那個方法時也會花比較久的時間，尤其是我們要從零到有的討論出一個產品並且將它製作出來，都是非常需要時間與精力的。從小到大從來沒有自己構想過一個產品並且把它從想像中製造出來，透過這次的工研課程，我們不僅製作出了屬於自己的產品，也學到了如何利用生產線來製造產品，由多個人組成的生產線，經過每個人的一步驟滿滿的組成我們要的產品，如果一不小心做不好了，就會提高我們的產品不良率，所以都要非常的小心謹慎。我們起先是由一個影片中得到靈感，影片中看似簡單的產品，做起來不僅很難而且根本大不相同，再經過我們一步步的改良，例如盒體的大小，合體內的內容物，洞口的大小，保麗龍柱體的長短，都是經過很多次的抉擇才有現今的樣貌。我覺得這次的工研，讓我學到的不僅是利用課堂學習的知識，例如如何計算浮時，如何製作魚骨頭等等更還有與如何與組員們做良好的溝通。要生產出一個產品很簡單，但是如何利用將一條生產線中每一個工作站發揮到最好，卻是非常困難的一件事。每一個工作者都有自己擅長的工作，如何分配也是一大難題，甚至應該將產線分成幾個工作站都是必須經過討論及實際演練的。在每一次的爭吵中，也都會激起不同的火花，因為每一個人都是希望讓生產線更好希望讓我們的產品更完整。這次的課程也快結束了，這半個學期真的學到了很多，也希望接下來的幾次都可以完美的落幕！

　　從學生的心得分享中，可以看到單班PBL同學寫的心得較少且較不具體，而在雙班PBL中，學生的學習心得較為具體明確，對老師課程的設計有較好的適應，一直在學習的效果也有著明顯的提升。

2.3 相關教材建構或發表

2.3.1 單班PBL課程設計架構

　　歷經了8次工作研究的課程教學，已經建立單班及雙班跨院系跨領域PBL上課架構。以下將簡略的介紹。若只有3學分的課程，整個學期的課程設計可分為3個階段，第一個階段為建立學生專業背景知識上課，這時候上課的方式與傳統講授教學無異，但在此階段教學期間，為了使後續大分組PBL活動順利進行，老師將進行學生學習彼此互相合作的課堂活動；這個階段，老師可採用上課兩小時講授式教學與1小時學生PBL混合教學學習活動，或是上課1小時與兩小時學生PBL混合教學學習活動；第三階段則讓學生完全主導PBL教學活動，老師與助教在旁協助之方式進行。圖3為三學分課程教學架構教學模式概念圖。表3為982學期課程大綱設計的實施範例。

圖3　教學模式概念圖

　　具體實施步驟範例如下，

1. 授課前10週到14週，主要為授課教授教科書內容，並於課堂上即時進行課堂測驗，並透過實驗課的配合讓學生學習大部分的方法技能。

2. 第4週開始學生已部份熟悉上課內容，此時，我會將3節課的上課內容調整為2節半，剩下的半節課，讓每組自由討論，討論的主題分別為2.1至2.5所示。

    1.1　第4週，選出每組組長做為聯絡窗口，分配組員相關任務。

    1.2　第5週，討論目標產品，訂定出產品所需工作單元。

    1.3　第6週，安排各工作單人所需人力。

    1.4　第7週，設計每一工作單元的標準流程。

表3　982學期工作研究課程進度表

週	第一節	第二節	第三節
1	Ch1：方法、標準與工作設計緒論	Ch1：方法、標準工作設計緒論	Ch1：方法、標準工作設計緒論
2	Ch2：解決問題的工具	Ch2：解決問題的工具	Ch2：解決問題的工具
3	Ch2：解決問題的工具	工具	Ch2：解決問題的工具
4	Ch2：解決問題的工具	工具	模擬遊戲第一週：分組、產品
5	第一次口頭報告	第一次口頭報告	第一次口頭報告
6	Ch3：操作分析	Ch3：操作分析	模擬遊戲第二週：目標產品工作單元
7	自由討論	自由討論	自由討論
8	Ch3：操作分析	Ch3：操作分析	模擬遊戲第三週：人力分配
9	品管補充	Ch7：時間研究	模擬遊戲第四週：標準流程
10	自由討論	自由討論	自由討論
11	聽演講	聽演講	聽演講
12	Ch7：時間研究	Ch8：評比寬放	模擬遊戲第六週：品管、時間量測、評比寬放
13	Ch10：標準資料法	模擬遊戲規劃報告	模擬遊戲規劃報告
14	Ch11：預定時間系統	試產	
15	模擬遊戲第八週：outlines	模擬遊戲第八週：試產	：試產檢討
16	自由討論	自由討論	
17	模擬遊戲上線	模擬遊戲上線	模擬遊戲上線
18	各組心得分享	學期學習總檢討	學期學習總檢討

老師主導的講授式教學

學生主導的 PBL 教學

3. 第9週開始，各組的事前準備工作已完成。第9週第10週，進行分組口頭報告對於5週以來的規劃，報告結束後經由老師助教同學的回饋，及報告組的本身的腦力激盪於第11週結束前，完成初步規劃。

4. 從第12週開始，上課內容調整為2節課，並於第12及13週進行先導整合實驗，讓學生將所規劃的步驟，實際操作，並從其中觀察問題及評估可行性。

5. 第14週第15週，將上課調整為一堂課，第二三堂課讓學生報告修正規劃。

6. 第16週做課程總整理，並討論確認最後各組實施最後設計。

7. 第17及18週實施實際模擬操作並收集相關數據加以分析。最後將由老師助教同學評選出最佳的一組，每位組員可以獲得小禮物一份，並於最後一週跟每位同學分享整個經過。

2.3.2　會議論文發表及演講

　　進入中原大學工業系就開始實施PBL教學於工作研究。另外，在其他的課程如計算機概論、工程數學、數理規劃開始了融入資訊教學。在所有的授課科目中以PBL為核心的課程可以說是教學及學習成效最好的科目，包括工作研究及生產計畫與管制。從2010年開始我就參與研討會或相關演講分享自己的相關教學經驗如下。

中原大學普仁小集教學分享

　　2016/09/26 PBL教學法運用 I

　　2016/04/26 PBL教學分享與實作

　　2015/10/29 PBL教學工作坊（一）PBL於課堂模擬遊戲之應用

　　2014/11/22教學工作坊：教學專題研究經驗分享-課堂模擬遊戲對於教學成效的分析研究

學校演講

　　2016/3/28德明財經科技大學PBL於課堂模擬遊戲之應用

　　2017/4/5佛光大學PBL教學法讓課堂更靈活，學生更主動

　　2017/10/26龍華科大PBL實作課程設計

　　2017/11/1嘉南藥理大學PBL課程設計與實作

　　2017/11/15開南大學帶領PBL實作活動

營隊活動

　　2017/8/24-2017/8/24桃竹苗區域教學資源中心教師PBL教學營活動擔任PBL講員及實作講師

業界演講

2016/5/10國泰人壽PBL於課堂模擬遊戲之應用

學術研討會

2010/10/23 2010提升學生學習生產力研討會融入PBL為基礎的模擬遊戲於課堂教學成就之探討與成果分享（論文銀牌獎）

2011/10/22 2011提升學生學習生產力研討會問題導向學習（PBL）應用於多元文化中的行動研究（個案佳作獎）、資訊課程融入數學類必修課程的作法與成果分享（個案金牌獎）、問題本位學習（PBL）為基礎的課堂物流模擬遊戲實施之教學成效探討（論文銀牌獎）

2016/10/19中原大學教學實務發表會課程教學策略與學生學習成效之分析

2017/6/21中原大學教師多元升等教學實務研究成果研討會課程教學策略與學生學習成效之分析、跨院PBL課程授課模式之建立

2017/10/20-2017/10/21第五屆師資培育國際學術研討會跨院PBL課程授課模式之建立

2017/10/20-2017/10/21 2017偏鄉學校教育與教學創新國際學術研討會大學部大班級PBL必修課程設計與實施-以生產計畫與管制為例

2.4 教學評鑑回饋

表示為工作研究課程截至目前為止七個學期的教學評量成績。由於本校在100學期開始，教學評量系統有做轉換，因此在98學期與103到105學期教學評量成績無法直接比較，故轉換成相對百分數。

表4 教學評量成績

學期	教學評量成績	相對百分數	備註
981	68.91	68.91	單班
981	69.36	69.36	單班
982	77.5	77.5	單班
1051	4.22	84.4	跨院系雙班

學期	教學評量成績	相對百分數	備註
1031	4.31	86.2	跨院系雙班
1041	4.33	86.6	跨院系雙班
1042	4.55	91	單班
1051	4.22	84.4	跨院系雙班

從表中可以發現，98學期與1042學期同樣是單班PBL教學模式，教學評量成績在1042學期高出98學期許多，也就是隨著教學技術的成熟，學生對於授課的滿意度也就越高。103學期以後，課程評量標準在各學期趨於一致，但是單班PBL的教學評量相對於跨院系雙班PBL教學模式來得高，雖然上無直接強而有力的證據，但是從課堂上的觀察以及學生的學習心得，許多學生對於他系學生融入課程，必須要有一定的時間磨合（如下學生學習心得粗體畫底線部分），對於課堂計畫的進行，有些不適應而造成，若從這個觀點角度來說，跨院系PBL教學模式仍然體一些值得精進改善的地方。

學生學習心得

我們的產品是選要做手機架，原本大家無頭緒，到後面決定產品、材料、作法、外觀等等我們一步一步慢慢的進步慢慢地改進，我們的外觀從一開始素灰色慢慢變成黃色最後現在又變成小小兵越變越可愛了，**這學期更特別的是還要跟外系合作，一開始完全不知道他們是誰不知道該怎麼跟他們溝通，到後面大家都有提出自己的問題自己的意見。**經過大家的努力一次次的量產一次次的改良我們的產品都漸漸進步了，一開始選擇這個產品時我還在想會不會太簡單什麼的，後來才發現原來就算是這種小東西看似簡單可是也是有很多細節要去注意的，從一開始黏合過久或是溢膠的問題，牢不牢固的問題等等，這些地方讓我知道了就算是小小的東西也是有很大的學問也是有很多地方可以去注意去用心的，就快到學期末了這堂課就要到尾聲了我相信經過大家努力的作品一定很棒。

(三)說明申請人近5年教學相關成果與教學實踐研究計畫之關聯。

　　過去在應用PBL教學策略融入於講授式課程的教學上，已經有一定的教學成效，目前在跨院系PBL雙班教學也建立了初步的教學模式，如圖4所示。

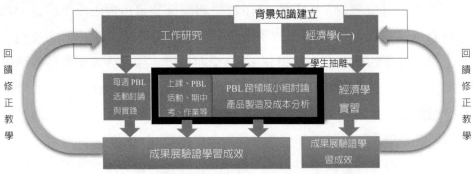

圖4　工業與系統工程學系工作研究與國貿系經濟學跨領域教學架構

　　目前在使用的跨院系雙班PBL課程設計，課程實施修正範例如下。

1. 背景知識的建立與產品製作的流程與原始PBL課程設計相同

2. 從第10週開始，修習經濟學的學生與工業系學生碰面，互相了解。第12及13週工業系的學生進行產品試產，同時讓修習經濟學的學生了解整個產品的設計、製程等項目。工業系的學生則收集同組修習經濟學學生的建議或意見進行改善。實驗課每組分別有工業系助教以及經濟學助教協助小組活動。兩個科系的學生對於每一週的小組討論都必須加以記錄，這些紀錄也將成為兩系學生最後成績的一部份。

3. 第14週第15週，學生進行實際的產品生產，將之前的設計具體實現，並對於實際生產所產生的問題，進一步反思回饋，進行報告修正規劃。

4. 第16週做課程總整理，兩系學生進行分享課堂計畫成果。

　　雖然目前已經建立的單班PBL及跨院系雙班PBL上課模式，從課堂上的觀察或者是學生的學習動機，均可以看到在傳統的講述式課堂若融入

大學課程的多元教學與實務

PBL教學策略，學生不但可以提升學習動機提升學習成效，但是在許多課程的實施細節，仍有一定的改善空間，例如，尚未完整建立標準化的Rubric評斷學生的學習以及能力，每一個PBL的課堂活動是否具有一定的評分鑑別度有待進一步探討，另外，兩個班級的共同PBL活動的進行，尚無一定標準的規範，這些議題在教學實踐研究計畫中，進一步的進行資料收集、分析與討論並將分析結果回饋於課程中，精進課程。

二、計畫執行內容部分

(一)研究動機與主題目的

1. 教學實踐研究計畫動機。

　　Design Thinking設計思維的使用始於Rowe（1991）所撰寫「Design thinking.」一書。而有系統地大量被研究則是自1992年第一屆的Design Thinking Research Symposium開始。自此，多個不同的模式就被提出，目前Design Thinking被廣泛應用於各個領域包含設計方法、心理學、教育、資訊科技、商業等。2017/2/17參與了由臺大土木系康仕仲教授所辦理的「T苗圃-教師實務工作坊」，工作坊所研習的核心就是應用設計思維模型進行課程設計。設計思維共分為五個階段如圖5所示。

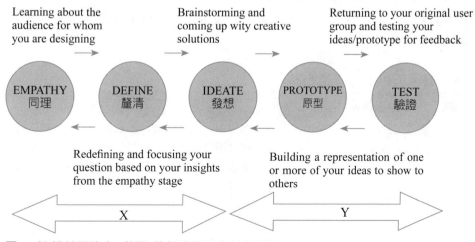

圖5　摘錄並更改自T苗圃-教師實務工作坊投影片

在研習中所強調的是設計思考的訓練來自於「實作」，而不是強調「聽課」。而本人所實施的融入PBL模擬遊戲於工作研究課程的作法，與設計思維有相當程度的一致。由於受限於課程學分，授課時數等等外在因素，因此，又將這五個課程步驟拆解成X+Y，其中X為同理、釐清、部分的發想，Y則為發想、原型及驗證步驟。X與Y各包含三個步驟可以依據課程的屬性設計X課程或Y課程。X課程強調學生思維學習，而Y課程則開始與某一個已知情境問題，以強調實作為主。個人在此大膽提出課程實施時，應該修正X課程及Y課程為X+小Y或是小X+Y。由於工作研究課程很難在課程進行中同時讓學生完整經歷這五個步驟，因此，設計課程時將工作研究應用小X+Y的課程設計概念，從課程科開始使用工廠實際影片，讓學生初步對於實際工廠操作有概念，並以一個題目「應用課堂上的桌椅形成組裝線，並在一個小時生產20個一模一樣產品」串接課程知識並結合其他課程知識例如生產製造與管制、品質管制課程知識（小X：同理、釐清、發想），學生必須在課堂上將產品設計出來，並依據課堂上所學得的知識做出產品並生產產品（Y：原型），經過兩次的生產活動（Y：驗證）後，在課程結束前透過口頭報告分享給其他學生。

在PBL的課程架構中，除了在課堂上創造出情境教學，配合與實作讓學生學習專業知識外，正確的評量學生解決問題能力也是相當重要的一環，Macdonald and Savin-Baden （2004）列出了14種PBL的評分方法，並對於評分的要求做了一個規範，本計畫重新整理PBL課程評量方法如表5所示。

表5　適用於PBL的評量方式

編號	評量方法	相關要求或注意事項
1	團體報告Group presentation	要求學生以口頭或是書面形式繳交PBL活動的過程。但是這種方式不容易打分數，因為教師可能不清楚個人或是團體之間在PBL活動的關係，進而合理的評量學生個人成績。

編號	評量方法	相關要求或注意事項
2	個人報告Individual presentation	要求個人繳交或展示自己在整個PBL中所進行的相關貢獻。但這種方法沒有辦法確定學生整體學習的成效。對於大分組或班級人數多時會相當耗時。
3	三部分評量Tripartite assessment（Savin-Baden 2003）	第一部分評量為小組繳交一份共同報告，這部分每個人的分數是一樣的。第二部分為個人針對自我學習所繳交的一分報告。第三個部分則由個人撰寫自我負責的部分與小組報告的關聯。這樣打分數的優點在於考慮個人努力的部分在最後的成績評量上。
4	個案基礎的個人論文Case-based individual Essay	學生撰寫以個案為基礎的論文。學生可以選擇個案撰寫時的難度及複雜度。這雖然可以反映PBL活動，但是這樣的評量還是集中在認知的評量。
5	以醫療常規下或客戶導向計畫下以個案為基礎的管理計畫Case-based care plan based in clinical practice/ client-led project	學生以真實案例作為基礎，為客戶解決或管理問題。這雖然是非常有效的方法，但是必須要有打分數的規範參考。一些老師或是外部審查者對於一些廣泛打分數的標準可能會有所不悅。
6	檔案評量Portfolio	如果評分沒有適當設計，則可能因為過多的檔案造成評分困難。目前有一些應用比較關鍵的檔案進行評分，但是需要注意評分的標準確認這些檔案可以包括所有綜合表現。
7	三級跳評量Triple jump（Painvin et al. 1979, Powles et al. 1981）	這個評量法是專為PBL設計的評量方法，但是這種評量方法耗時且成本高，適用於經費充足且人數少小團體的評量。三級跳評量就像運動的三級跳包含三個階段，跳（hop）、跨（step）、躍（jump）。在跳的階段老師對學生以詢問，讓學生可以專心在問題上，在跨的階段，老師讓學生有一段的時間對於在跳的階段所定義出的問題提出假設進行研究。在躍的階段，學生對於所獲得成果進行書面報告撰寫。
8	自我評量Self-assessment	自我評量方法適合用於PBL教學，但是前提是學生必須答應要進行自我評量。自我評量的優點讓學生可以進一步思索他們自己知道的與還不知道的知識，或者有什麼還額外需要進行的工作。

編號	評量方法	相關要求或注意事項
9	同儕評量Peer assessment	提供學生評分規範（Rubric）協助同儕進行評分。同儕評量適合用於PBL教學。
10	口頭考試Viva voce examinations	在PBL廣為使用前，口頭考試已經被大量地使用，也被認定是有效的評量的方式，然而這樣的考核方式耗時、高成本以及對於學生會造成極大的壓力。
11	反思（線上）日誌 Reflective（online）journals	學生每個星期繳交反思日誌。這個方法特別適用於工程類及醫學類的學生。
12	協助者/小組教師評量 Facilitator/tutor assessment	若協助者或是小組教師成為評分者，將有可能影響PBL活動的進行。所以這個評分方式會引起一些質疑。PBL評分最好是匿名方式，若使用他組協助者/教師進行評量或許也是一個好的方式。
13	報告Reports	可以用於評量學生的書寫能力。
14	片斷是文字紀錄Patchwork text（Winter et al. 1999）	對於每次的PBL活動進行評論，或是一些實作未完成品等，應用書面方式整理出進度報告，進行評量。

本計畫重新整理

　　在課程中曾經使用到的表格中評量方式為第9項、第10項、第12項以及第13項。但是由於中原學生的學習習慣，在講述課程中仍然融入的紙筆測驗例如期中考題期末考，但是所佔比例小於課堂計畫報告。此外，在過去PBL的活動中，許多同學對於評量方式的公正性以及鑑別度有所疑慮，因此，在本計畫案中預計將原有PBL課程配合設計思維架構進行統整，並且在每一個設計思維階段，設計可以評估具有能力鑑別度評分方式，如此，將可以更完整化工作研究課程。18週教學設計概念模型如圖6所示。

　　在設計思維的五個階段中，評分標準以及方式都可以使用原來的方法，或者是表5所提的其他評分方式。但是在過去PBL的課程架構中並沒有明顯像是設計思維的階段，可以在各階段定義學生的相關能力給與正確的評量，因此，若夠在原始的PBL課程架構中，融入設計思維評分階段，將可更正確的評估學生的學習成效，並進一步的當學生學習結果作為下一

大學課程的多元教學與實務

350

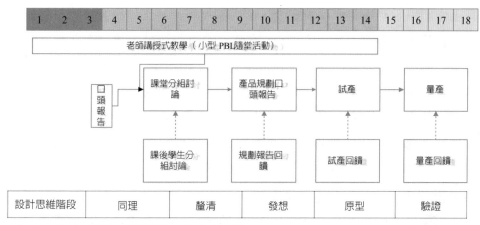

| 1 | 2 | 3 | 4 | 5 | 6 | 7 | 8 | 9 | 10 | 11 | 12 | 13 | 14 | 15 | 16 | 17 | 18 |

| 設計思維階段 | 同理 | 釐清 | 發想 | 原型 | 驗證 |

圖6　工作研究課程與設計思維架構之關聯

次PBL課程設計的設計基礎，如此不斷的持續精進，而所建立的課程架構以及評分模式將可進一步提供類似其他課程實施的參考。

2. 教學實踐研究計畫主題及研究目的

　　「工作研究」為工業與系統工程學系基礎核心課程之一，主要實施在大學二年級，是學生進入工業與系統工程學系後，第一門接觸關於製造的專業課程。由於其核心理論時間研究、動作分析及問題解決方法，這些理論大約在1970年代已經發展的相當純熟。現今資訊軟體高度發達，過去許多問題都必須依靠人工計算的部分，已經被資訊軟體所取代。另一方面，現在廣義的製造業包含了服務業，許多實體產品所需要注意的相關概念，並不適用於服務業的產品上，例如KK BOX音樂平臺所提供的數位影音。雖然工作研究理論沒有辦法完全適用於現今所有的產業，但考量「中原工業與系統工程學系」畢業生的工作類型，大約50%以上的學生會進入製造業，因此，「工作研究」還是中原工業與系統工程系的一個重點科目。

　　「工作研究」課程內容主要包括工作方法、工作標準、工作設計、生產流程分析、問題解決工具等。其中最重要的一個部分是如何量測「標準時間」，課程中教導學生應用不一樣的方式量測時間，並考慮「評比」、「寬放」原則於量測時間之中。另外，「工作研究」課程中所應包含的還

有工作環境設計、工作環境安全、獎工制度等。「工作研究」除了進行講授式教學，還配合著約8週以PBL為核心的模擬遊戲，讓學生在教室的環境中，形成團隊設計產品，並利用課堂上的桌椅形成生產產品的產線，將所設計的產品製造出來。在整個活動的課程中，教師一邊授課，學生同時應用老師所授課程知識在生產製造產品之中，深化所學知識。在98學期剛開始實施工作研究課程時，在課程中所強調的是以製造領域的專業知識，但是經過幾次的實施之後，發現產品生產不能忽略成本及效益的概念，否則傳授知識的完整性則不足。約在1031學期中，在一次的教學研習中與中原大學國貿系朱老師分享教學教學心得，朱老師教授經濟學，正好在思索如何找到合適的產品進行分析，讓學生可以應用所學的課本理論，驗證理論。這樣的一個簡單聊天，開啟了到目前四次的的跨院系跨領域PBL課程。

由於兩門課分屬不同學院，要偕同共授課程有一定的難度，因此在各院學分的既有架構下，初步的發展了跨領域PBL課程架構，如圖7所示。

圖7　跨領域教學初步架構

工作研究主要學生群為大二的學生，而經濟學的主要學生群為大一學生。由於兩班學生都是低年級學生，對於剛接觸的專業學生無法直接就進行PBL，必須建立學生的背景知識方能進行PBL跨院系跨領域課堂計畫，因此，在學期期中考前，兩位老師應用講述式教學，建立兩個班級所必要的課堂計畫知識，期中考後，兩個班級開始進行PBL跨院系課堂計畫。經歷過4次的合作計畫，雖然已經建立初步的課程模式，然而，在課程的實踐中仍然有許多需要詳細研究的地方以及如何再精進課程。例如，在工作研究課堂上，為了讓學生可以有效的進行大分組合作，在課堂練習中或是實驗課程中，常常進行一些讓學生進行合作的活動，每一個活動雖然是配合課程進行，但是難度可能不一致，每個學生對於活動的適應也不一樣，

對於學生所要求的作業，也沒有統一的規範，因此，每個活動對於學生能力的評量，並沒有辦法真正的落實。若能夠結合設計思維的結構，將不同的活動歸類在同理、釐清、發想、原型以及驗證，在針對這五個不同階段的屬性活動，調查學生對於活動的難度以及建立老師評分與難度之間的關係，如此就可以建立PBL課程具有鑑別度的學生學習能力評鑑。另外，在經濟學課堂上，朱老師的重點發展在於培養可以帶領PBL課程的助教，每一屆的助教都是曾經參加PBL課程的學生，經由老師甄選，志願參加協助進行跨院系PBL課程，在兩系進行PBL課程之前，助教要進行相關訓練，以期能達到帶領學生進行PBL課程。為了達到這樣的目的，每週經濟學課堂的助教群，都會進行讀書會或是討論會提升本質知能已經協助學弟妹進行PBL活動。而兩系的助教在目前的課程架構下，交流不若進行PBL課堂合作計畫的同學，因此，在某一些學習活動的關鍵點，助教的功能並沒有辦法發揮的淋漓盡致。利用教學實踐研究計畫的進行，將進行助教交流活動，以加強助教功能，協助老師進行PBL課堂計畫，提升學生學習成效。

3. 教學實踐研究計畫研究目的及目標

　　綜整以上，本教學實踐研究計畫的主軸有二，第一、強化原有課程架構，將設計思維五個階段，作為建立PBL課程架構的基礎，重新檢討規劃進度與內容，並建立具有鑑別度的活動設計，以及合宜的學生能力評量標準；第二，加強教師及授課助教相互交流，確實掌握學生在每一個課程學習階段能力養成，確保學生有更好的學習成效及老師有更好的教學成果。以下本教學實踐研究的計畫目的

1. 將原有PBL課程架構依據設計思維架構的五個階段同理、釐清、發想、原型以及驗證，重新安排課程，以及標準化相關活動的評量標準。
2. 建立具有鑑別度的PBL活動能力指標以及評分方式。
3. 不同學習風格學生，在大分組的學習機制的學習表現。
4. 精進助教養成活動，提升助教協助PBL課程能力，提升學生學習成效。

(二)文獻探討

　　問題本位學習（PBL，Problem-Base Learning）緣起於1960年代在McMaster University任教的Howard Barrows教授及他的同事，他們在教學的過程中發現在傳統的醫學教育下，學生畢業之後所具備的能力與實際執業的醫生有距離，因此，PBL方法孕育而生。在McMaster University的課程規劃中，學生在完成醫學院前三年的基礎課程之後，在畢業之前的課程，老師應用實際案例引導學生使用所學基礎知識解決問題，這樣的教學使學生的學習可以連結至未來專業角色，也了解到應有的專業責任與專業態度（H. S. Barrows, 1996）。中原大學問題本位推動小組（2008）引用H. S. Barrows and Tamblyn （1980）對PBL教學定義為，

　　　「為使學習者了解知識，透過解決問題過程的一種學習歷程，其包含呈現問題情境、小組成員應用知識和推理展開解題、學生主動確認學習內容並據之引發自我引導學習、回顧問題、展示成果與評鑑等步驟。」PBL教學法的步驟，也就是課程實施的架構，在實施教學的過程中是相當重要的。依照PBL教學原理，許多學者依據不同情境提出不同的步驟如Schmidt （1983）、Wood （2003）、Nuutila, Torma, and Malmi （2005）、中原大學問題本位推動小組（2008）、Cosgrove, Phillips, and Quilligan （2010）等。由於工程領域的課程與醫學院課程的屬性相當不同，因此，在工作研究課程最早所實施的步驟參照中原大學問題本位推動小組（2008）定義出非醫學院所發展出來的PBL課程實施架構加以修改而程。中原大學問題本位推動小組（2008）共分為八個步驟：包含，1.介紹2.遭遇問題3.透過問題進行探究4.自我引導研究5.重新思考原來學習的議題6.決定最合適的答案7.展現結果8.進行評鑑。由於工作研究課程學生主體為大學二年級學生，學生專業知識背景不足，因此，沒有辦法定義合適問題進行PBL課程，此時，老師或助教就必須介入，協助定義出一個合適的問題。

　　設計思維為近年來興起的一種教學架構，其優點在於有系統的將教

學爲不同的階段，依據每個不同階段的屬性，教師得以依據內容有系統的進行安排，將知識有系統的加以傳遞，然而，設計思維是一種複雜的概念，在實際上的教學操作，並非容易。Dym, Agogino, Eris, Frey, and Leifer（2005）對於設計思維教學進行有系統的回顧，其認爲可以將設計思維應用在工程教育，但是認爲要有系統的教導設計概念是相當困難的。其中所牽涉到的教學技術相當的複雜，有許多仍然在設計思維中需要解決的問題，例如，如何有效地透過PBL加以實踐，抑或是能夠正確評量學生解決問題的能力，這些都是相當值得進一步研究的學術問題。Dunne and Martin（2006）認爲管理問題可以轉化成設計的問題，並應用設計思維解決相關的管理問題。Kimbell（2011）討論的管理教育者應用設計思維做爲教學上的工具以及實務上的管理顧問如何應用設計思維解決問題。Johansson-Sköldberg, Woodilla, and Çetinkaya（2013）對設計思維進行的反思，認爲設計思維可以解決問題，也可以當成解決問題的流程之一，但是，設計思維不只是單一的解決問題架構，而是更多元更複雜的一個過程。在設計思維的架構下，不同學者已經指出設計師爲應用在工程教育上的可能性以及未來性，也提出了設計思維與PBL教學法融合的可行性，唯在教學規劃中，必須對於相關能力的評量做一詳細的規劃，以落實設計思維的架構，發揮融合設計思維與PBL的優勢，以幫助學生做更好的學習。

在PBL原始課程設計中，學生小組團隊學習是相當重要的一個活動。由於工作研究的分組學習活動是屬於大分組的樣態，每一個學生分組包含經濟學課堂的學生，大約有20位學生左右。因此，在進行PBL課堂計畫之前，學生必須練習如何進行小組分工合作，在工作研究的課程設計中，每一次的隨堂練習，我都將其當成練習小組分工合作的機會，讓三到五位的同學一起練習完整隨堂練習。在經過一段時間學習如何合作的練習，在進行大分組活動時，就可以減少彼此適應的時間，進行更有效的PBL課程學習。Hancock（2004）在研究方法課程上，進行合作學習對於研究生的學習動機以及學習成效進行探討，結論發現實驗組以及對照組的成績表現在統計上並不顯著，但是在學業的平均成績實驗組仍然高於對照組。在

Baumberger-Henry （2005）研究中也有相同的結論。在過去8次工作研究課程，對於分組的議題並沒有詳加討論，在課程發展之初，所採用的分組方式是以抽籤的方式為主，從103學年度開始，則使用自由分組方式進行，各分組的學習成效並沒有嚴謹的加以驗證，不過在質化的觀察中，可以看到有的分組表現得好，有些分組的表現不落預期。從學生的學習心得發現，在分組中，有一些學生難以適應合作學習的樣態。例如以下學生的學習心得。

學生學習心得

　　這次模擬實驗的難度不只是要完成一小時生產20個產品，同樣的，也要考驗著組員間的互動，像是組員間的互動，組長如果分配得不好的話，底下的組員就會很辛苦，而且，若換成像公司工廠裡時，同樣的員工拿同樣的薪水，做比較多的員工拿不到應有的加薪，十分的不公平，而且，如果組長不說，沒有人會知道誰有做事誰沒有做事，組長只是動口的那一個，做的都是底下的夥伴，但是，老師又想出了一個辦法，就是，加入筆試考試，但是這又會給那些有做事的組員一個壓力，就是，萬一回答不出來，拿不到分數，那之前做的都全泡湯了。

　　在我所教授的另外一門課生產計畫與管制中，也是以PBL為基礎的模擬遊戲作為輔助教學的工具。在1021學期，在執行中原大學教學專案計畫「於PBL環境下小組合作學習之成效」中有以下的發現，透過學習風格分組會比自由分組的表現相對成績表現會比較好。但是，在應用學習風格分組時，兩組學習風格相似，另外兩組是混合各類的學習風格。在學習風格相同的組中，有一組的表現特別的好。也有學習風格相同，但是在攝影機的記錄下，學習風格完全相同的學生的學習行為，似乎也有不一致的地方。這樣的計畫結論，那我好奇學習風格對於合作學習的影響。因此，在102學期及104學期我分別指導了兩位研究生，從學習風格與人格特質的角度來探討合作學習在PBL的環境下，學生的學習表現。以下是兩篇論文的簡介。

「PBL教學環境中學習風格與人格特質對於學生學習影響之研究」（賴志旻，2013）

應用所羅門學習風格量表及BPI人格特質量表作為學生分組的依據，探討學生分群後的學習成效。顯示以下結論，

1. 工業系學生在學習感官向度上大多為圖像視覺型學習者

大學部工業系學生，經研究者檢驗後，學生在學習感官向度上大多為圖像視覺型學習者，也就是圖像視覺型學習者在學習過程中，傾向於觀看視覺方面的教材，因此授課教師對圖像視覺型學習者進行教學時，可參考Felder學者的教學策略，多運用圖片、圖表、流程圖或播放短片等關於視覺型態的教學，將有助於圖像視覺型學習者學習。

2. 學習風格的學習感官與人格特質的情緒失調具有交互作用

當在學習感官為平衡型下，情緒失調正向的學生學期總分平均高於負向及不明顯的學生學期總分平均，而在人數增加時，在學習感官為圖像視覺型下，變成情緒失調不明顯的學生學期總分平均高於負向及正向的學生學期總分平均，然而當在情緒失調不明顯下，圖像視覺型的學生學期總分平均高於平衡型的學生學期總分平均，而在人數減少時，在情緒失調正向及負向下，變成平衡型的學生學期總分平均高於圖像視覺型的學生學期總分平均。

3. 圖像視覺型的不同情緒失調特質在學期總分平均具有顯著差異

當在圖像視覺型下，情緒失調不明顯，個人適應與社會適應偏向不明顯的學生學期總分成績會高於情緒失調負向，個人適應與社會適應偏向負向及情緒失調正向，個人適應偏向正向與不明顯，社會適應偏向不明顯的學生，因此進一步從課堂資料推測人格特質類型偏向不明顯時，會較認真投入在課堂活動上，而加深了印象，讓學期總分成績變高。

「學習風格與人格特質對合作學習之影響」（黃柏偉，2015）

賴志旻（2013）在小組分組的探討上並沒有比較深入的著墨，而此篇論文是用所羅門學習量表施測結果將實驗組學生進行同質異質分組，而在對照組方面則使用自由分組。最後分析結果因為學生作弊事件導致最終

成績實驗組及對照組無法進行相互比對，而本篇的論文只針對實驗組的同學的學習成績進行分析比對。

1. 組員間友誼較疏遠的小組其合作狀況較不樂觀，彼此間較少溝通以及討論。此狀況較多發生在人格特質中社會適應分數較為負面的組員身上，此種類型組員在合作學習的過程中對於專案內容討論以及工作分配大多以服從為主。

2. 學習風格中視覺型構面分數較高的組別，對於專案報告與產品開發與設計較為感興趣。在面談與實際觀察同質高視覺型組與同質視覺型組的過程，小組間對專案的參與程度相對於其他組較為熱絡。未來如果在某個教學課程裡，此風格的人較佔大多數，可以設計著重於專案報告的方式。

3. 經由本研究的觀察，在合作學習中存在著兩種合作模式，一種為有領導者的小組，另一種為無領導者的小組。有領導者的小組相對於無領導者的小組合作狀況較為良好。有領導者例如：第一組、第三組、第四組、第六組無領導者：第二組、第五組。面談結果顯示有領導者對於團隊效益較為有益。

　　由以上的教學計畫以及兩篇碩士論文的綜合討論，可以了解到個人的學習風格以及人格特質對於合作學習可能有某一個程度的影響，因此，在本教學實踐計畫研究中，希望納入學習風格作為分組的依據，希望在PBL及設計思維的課程架構下，進行更有效的合作學習，提升學習成效以及學習成果。

(三)研究方法

1.研究說明

整體課程

　　整體課程規劃維持跨院系跨領域PBL雙班合作架構，如圖4所示。在期中考之前，基於兩班學生都是低年級學生，因此以建立學生基礎背景知

識爲主。配合設計思維爲架構，在期中考前，將課程歸類於同理、釐清、發想等三階段。期中考後，PBL課堂計畫開始後，課程則歸類爲原型及驗證階段，如圖6所示。以下將針對單元主題、教學方法、作業設計以及評量策略，說明融入設計思維於PBL跨院系課程合作的初步構想。

單元主題

　　工作研究課程主要包含的單元有：1.工廠組裝線的配置與特性；2.工作研究歷史；3.問題解決工具；4.操作分析；5.時間研究包含評比及寬放。考慮要完整生產產品所必須考慮的因素，在課程研究中，還必須包括品質管理、動作分析已經預定時間系統單元。而在成本效益分析的方面，則透過跨院系的PBL課程計畫合作，讓工業系的學生透過同儕學習而獲得。經濟學課堂的學生，在期中考前都是專注於建立成本效益分析方面的專業知識，而透過PBL課程計畫合作，經濟學課堂的學生可以所生產的產品，分析其成本效益驗證所學知識，也可以透過分析驗證的過程，提供相關資訊讓工業系學生，反思如何進一步的精進產品的設計與生產，同時可以學習評估應用經濟學的觀點，驗證所學知識。表6爲考慮設計思維融入原始PBL課程架構的課綱設計，其課程架構與表3相當的類似，由於考慮設計思維階段，可以突顯原始結合講述式教學與PBL教學並行的合理性，顯示在低年級課程實施時，應該有相當的時間建立學生背景知識後，再實行PBL課程，將會更有效益，也就是在概念上可以讓學生學習到更完整的邏輯思維以及專業知識。

教學方法

　　依據表6所規劃的課綱設計矩陣，就可以依照在不同階段每一週的預定教學單元安排合適的教學法或者是進行知識、能力評量或給與相關的作業練習。表7表示在各週所對應的教學工作。

作業設計

　　依據表7所列之不同的教學方法可以進一步進行作業設計表8所示。在個人作業方面，主要讓學生能夠複習在上課所學的知識像是學生可以正

確的將觀察時間結合評比與寬放，標準時間。隨堂練習測驗的內容，除了讓學生練習相互合作之外，主要是在上課講解完一個觀念段落後，讓學生可以理解所學的觀念，例如，在生活中找一個案例，驗證80-20法則，透過三到五個學生的相互討論以及練習，學生可以在課堂上內化所學知識，有觀念不清楚的地方，透過老師及助教的即時幫助獲得澄清。

評量策略

在評量策略方面，爲了有效確認學生的學習成效，在期中考前所使用的評量方式仍與傳統講述式教學所採用的方法一致。透過作業、隨堂測驗、期中考等傳統方法健行所學知識評量。而期中考後的PBL跨院系課堂計畫，這是以評估學生能力爲主，主要考核的能力有口說書寫表達能力、團隊合作能力以及解決問題能力等。預計採用的評量方式則使用表5中所建議的方式，如同儕評量、口頭報告、個人心得報告、老師助教評量等方式進行。

2. 研究步驟說明

A. 研究架構

本教學實踐研究計畫共分爲8個步驟，如圖8所示。第1步及第2步爲正式實施課程之前的準備，主要在完整化教學模式以及教學設計。從第3個步驟開始到第7步驟爲融入設計思維於PBL課程的實施，以及相關研究的資料收集。最後進行資料分析與報告撰寫完成計畫。

B. 研究假設

本研究計畫實施對象爲大二工作研究工業系學生以及大一修習經濟學課程商學院學生，學生在進入課堂之前對於相關專業知識並無深入的認識以及理解。所有專業知識的來源，爲從課堂開始才開始獲得。由於課程固定在相同年級實施，所用教材、評量方式、考核題目十分類似，故假設本計畫所收集到的資料經由分析，可以與過去相同課程所分析的資料所加以比較。

表6 考慮設計思維跨院系PBL課程架構之工作研究課綱設計

設計思維階段	1	2	3	4	5	6	7	8	9	10	11	12	13	14	15	16	17	18
同理	工廠組裝線製程初探	工作研究歷史	問題解決工具	操作分析	時間研究	評比寬放	品質管理	預定時間系統	期中考綜合練習									
釐清			關鍵字報告	流程程序圖	生產線平衡	時間量測練習	評比寬放練習	設計產品品質										
發想				決定目標產品	產品流程拆解	生產線人員配置	第一次生產觀測時間量測	考慮評比寬放的時間量測										
原型										第一次試生產	試產報告與修正設計	第一次量產	跨系討論	第二次量產	跨系討論	第三次量產	跨院系PBL成果展示	期末考核
驗證										同儕回饋與修正	同儕回饋與修正	同儕回饋與修正		同儕回饋與修正		同儕回饋與修正		

表7　考慮設計思維跨院系PBL課程架構之工作研究綱設計所對應的教學法

設計思維階段	1	2	3	4	5	6	7	8	9	10	11	12	13	14	15	16	17	18
同理	講述式教學	講述式教學	講述式教學	講述式教學	講述式教學	講述式教學	講述式教學	講述式教學										
釐清			口頭報告	隨堂練習	隨堂練習	隨堂練習	隨堂練習	隨堂練習	期中考綜合練習									
發想				小組討論	小組討論	小組討論	實作練習	實作練習										
原型										實作	口頭報告	實作	PBL跨系討論	實作	PBL跨系討論	實作		
驗證										實驗課PBL小組討論		實驗課PBL小組討論		實驗課PBL小組討論		實驗課PBL小組討論	跨院系PBL成果展示	期末考核

表8　對應每週不同課程之作業設計

設計思維階段	1	2	3	4	5	6	7	8	9	10	11	12	13	14	15	16	17	18
同理	課堂筆記及學習心得	個人作業	個人作業	個人作業	個人作業	個人作業	個人作業	個人作業										
釐清			小組隨堂練習測驗	小組隨堂練習測驗	小組隨堂練習測驗	小組隨堂練習測驗	小組隨堂練習測驗	小組隨堂練習測驗	期中考綜合練習									
發想				小組隨堂練習測驗	小組隨堂練習測驗	小組隨堂練習測驗	小組隨堂練習測驗	小組隨堂練習測驗										
原型										實作練習	口頭報告	實作練習	PBL小組討論書面報告	實作練習	PBL跨系討論	PBL小組討論書面報告		
驗證										PBL小組討論書面報告		PBL小組討論書面報告		PBL小組討論書面報告		實驗課 PBL小組討論	跨院系 PBL.成果展示	期末考核反學習心得

表9 對應表8之作業評量策略

設計思維階段	1	2	3	4	5	6	7	8	9	10	11	12	13	14	15	16	17	18
同理	學習知識評量	學習知識評量	學習知識評量	學習知識評量	學習知識評量	學習知識評量	學習知識評量	學習知識評量										
釐清			學習知識評量	學習知識評量	學習知識評量	學習知識評量	學習知識評量	學習知識評量										
發想				學習知識評量	學習知識評量	學習知識評量	學習知識評量	學習知識評量	學習知識評量									
原型										操作評量	口語能力評量	操作評量	問題解決能力評量	操作評量	問題解決能力評量	書寫能力評量	綜合能力評量	
驗證										問題解決能力評量		問題解決能力評量		問題解決能力評量		問題解決能力評量		學習知識評量

C. 研究範圍

　　工作研究為工業系基礎必修專業課程，為單一性的課程，然而，後續連結到工業系進階專業課程，例如，生產計畫與管制、設施規劃、人因工程以及品質工程等。工作研究課程在工業系的課程規劃中，佔有相當重要的位置。在課程設計上，主要的課程外，還有一學分兩小時的工作實驗研究課程配合，在課程的時間分配上相較於過去只有三學分的課程有更大的彈性。在教室的使用，為了進行PBL課堂討論活動以及實作，所使用的教室設置在所以可自由移動的翻轉教室中進行，在翻轉教室中有相關自動錄影設備，可以記錄老師的授課，學生回家後，可以進入學校課程系統進行相關知識的複習。

　　在課程的進行與規劃，除了可與經濟學課堂老師討論外，中原大學設置了PBL校級工作坊以及院級工作坊配合中原大學教學發展中心，可以提供相關諮詢與資源支持課程的進行。透過校院系緊密的合作，使得課程可以順利的推動，所建立的教學模式也會透過教學發展中心在中原大學普仁小集相關課程設計實踐分享，擴散本教學實踐計畫成果效益。

D. 研究對象

　　工業系的學生為大二學生，且為第一次修習工作研究的學生。商學院經濟學的學生，則為大一未有經濟學背景知識的學生。工業系參與課程的學生，必須所有人都參加PBL跨院系跨領域課程合作，而經濟學課堂的學生，則視該年度課程老師與學生的協調的結果參與，可能為全班參加亦或者是招募有興趣同學參加。

E. 研究方法及工具

　　在課程模式的建立，採用文獻分析以及過去教學經驗發展而成。資料的收集方法這透過學生的評量成績、學習風格問卷、課堂上即時反饋問卷以及學校正式系統中的教學評量而得。分析軟體則採用Excel及SPSS統計分析軟體進行。

圖8　教學實踐計畫研究架構圖

F. 實施程序

　　計畫實施共分為八個步驟三個階段如圖8所示。第一階段實施時程從2018/8/1至2018/9/1止，在這個階段，主要繼續收集相關的資料文獻，將原有PBL課程架構融入設計思維，進一步的精緻規劃課程進度、課程設計以及其他相關評量的方式。第二個階段實施時間從2018/9/1到2019/1/31止，主要的課程活動落實教學設計，依照設計思維步驟，進行講授式教學及跨院系跨領域PBL課堂計畫活動，同時間，透過學校的即時反饋問卷系統、自行設計的問卷收集學生參觀學習心得、同儕互評及相關評量結果做為後續分析的基礎。第三個階段實施時間從2019/2/1到2019/7/31止將進行資料分析與相關研究，希望透過教學實踐研究完成以下工作事項。

1. 發展出結合設計思維架構及PBL課程架構的工作研究課程模式，標準化相關評量工作。
2. 建立具有鑑別度的PBL活動評量標準。
3. 了解在大班級進行PBL活動時不同學習風格學生的表現，提供相關分析結果作為後續課程改善之基礎。
4. 發展出具有協助跨院系PBL課程活動能力助教的培訓課程，使得課程可以永續發展。

G. 資料處理與分析

　　本教學實踐計畫必須取得學生的學習風格以及相關學習評量之資料，這些資料屬於學生的個人隱私，因此，本計畫在將學習風格與學習評量資料連結後，將予以去標籤化，所有的分析過程設計，將送研究倫理審查委員會審查，確定本研究資料處理，不會影響到學生的權益。在資料為去標籤化之前，所有資料將由主要研究者親自處理，以避免違反研究倫理，侵犯學生個人隱私。所有收集到的紙本資料將放置在研究者研究室中，研究終止後將紙本原始資料予以銷毀，電子資料將存放於不與網際網路相通的電腦上，除了相關分析統計值之外，原始資料也將於研究終止後予以銷毀。

㈣預期完成工作項目與成果

1. 預期完成之教學成果

⑴發展融入設計思維跨院系PBL工作研究課程

⑵學生學習成果將於期末進行動態展示

⑶相關紀錄影片將在不反隱私的前提下分享在網路平臺上

2. 預期達成之學生學習成效

在過去發展結合傳統講述是教學結合PBL課程架構時，已經建立了許多標準的題目、活動以及欲評估的能力指標。而工作研究課程固定在大學二年級進行開課，因此，在假設學生均為第一次參與工作研究課程的前提下，就可以比對過去學生的相關評量成績與融入設計思維新架構課程學生的成績驗證新課程設計的有效性。另外，在學習風格與合作學習關聯相關的研究中探討學生的學習成效表現並未在過去的8次授課中，進行實際資料分析，在本次教學實踐研究中，希望透過計畫的執行，了解不同學習風格的學生在PBL合作學習環境下的成績以及能力表現。在課堂計畫中，各個PBL分組都必須撰寫產品設計報告、試產報告以及最後期末報告，在報告中會要求每一個人都必須要有至少一定字數的學習心得，過去的觀察中，可以發現很多學生的學習心得並不具體，與學習的關聯度較小，而最近幾次的課程實施，可以發覺學生所撰寫的心得有越來越具體的趨勢。因此，在學生的學習成效方面可以應用類似文字探勘的觀念，找出學生學習心得直接與學習有關的字句與所有字句的比例，當成學生學習成效的指標，這個分析也會透過此次教學實踐計畫研究加以實現。希望透過量化及質化的指標，反應正確的學生學習成效，作為未來精進課程的參考。表10為預計採用的學習成效指標，以作為學生學習成效的評估。

3. 預計教學成果公開發表分享之規劃

所得知教學程過將應用下列方式進行擴散與分享，

⑴透過中原大學普仁小集以及校院系PBL工作坊進行分享。

表10　學生學習成效指標

學習成效指標	評分基準	成績類型
期中考成績	要徑法 魚骨圖反魚骨圖帕列多圖的應用 品質問題 時間研究 生產線平衡	量化
期末考是非題50題	所有單元題目均包含	量化
隨堂練習	各個單元	量化
學習心得報告	直接關於學習的字句與總字句的百分比	質化、量化
同儕互評	實作評量、小組合作評量	質化、量化
實驗討論紀錄	討論議題、進度報告	質化、量化
書面報告	書寫的完整性	質化、量化
口頭報告	口語表達能力、簡報設計	質化、量化

⑵持續到各校分享PBL課程設計與分享。

⑶參與教學研討會，分享教學實踐計畫成果。

⑷選擇合適期刊進行論文投稿。

⑸參與區域教學營隊活動分享教學成果。

⑹在不違反個人隱私的前提下，將所記錄的課程剪影分享到網路平臺，如Youtube。

4. 教學成果對教學社群可能產生之影響與貢獻

　　PBL教學法目前為教育部大力推行的一個教學策略，從過去到現在從單班教學PBL模式到目前發展出來跨院系跨領域雙班PBL教學模式，為了精進跨院系跨領域PBL教學模式，本教學實踐計畫引入設計思維架構，進一步讓PBL授課架構、能力評量標準可以系統化，所建立的課程發展模式也較容易將其成果擴散。就我所知，目前在高中以前的教師社群，進行創新教學的速度遠遠快於大專以上的老師，原因在於大學教師除了教學的工作外，一部份的時間必須進行研究工作，若本教學實踐計畫可以建立一個

系統化的課程設計準則，則對於大專老師要在專業課程進行創新課程開發的時程可以縮短，如此，也會提升老師從事創新課程開發，在教學方面有更多的貢獻。

(五)參考文獻

Barrows, H. S. (1996). Problem-based learning in medicine and beyond: A brief overview. *New Directions for Teaching and Learning, 68*, 3-12.

Barrows, H. S., & Tamblyn, R. M. (1980). *Problem-based learning: An approach to medical education.* New York: Springer Publishing Company.

Baumberger-Henry, M. (2005). Cooperative learning and case study: does the combination improve students' perception of problem-solving and decision making skills? *Nurse Education Today, 25*(3), 238-246.

Cosgrove, T., Phillips, D., & Quilligan, M. (2010). *Educating Engineers as If They Were Human: PBL in Civil Engineering at the University of Limerick.* Paper presented at the 3rd International Symposium for Engineering Education, University College Cork, Ireland.

Dunne, D., & Martin, R. (2006). Design Thinking and How It Will Change Management Education: An Interview and Discussion. *Academy of Management Learning & Education, 5*(4), 512-523.

Dym, C. L., Agogino, A. M., Eris, O., Frey, D. D., & Leifer, L. J. (2005). Engineering Design Thinking, Teaching, and Learning. *Journal of Engineering Education, 94*(1), 103-120.

Hancock, D. (2004). Cooperative Learning and Peer Orientation Effects on Motivation and Achievement. *The Journal of Educational Research, 97*(3), 159-166.

Johansson-Sköldberg, U., Woodilla, J., & Çetinkaya, M. (2013). Design Thinking: Past, Present and Possible Futures. *Creativity and Innovation Management, 22*(2).

Kimbell, L. (2011). Rethinking Design Thinking: Part I. *Design and Culture, 3*(3), 285-306.

Macdonald, R., & Savin-Baden, M. (2004). *A Briefing on Assessment in*

大學課程的多元教學與實務

Problem-based Learning. Retrieved from

Nuutila, E., Torma, S., & Malmi, L. (2005). PBL and Computer Programming - The Seven Steps Method with Adaptations. *Computer Science Education, 15*(2), 123-142.

Rowe, P. G. (1991). *Design Thinking*: MIT Press.

Schmidt, H. G. (1983). Problem-based learning: rationale and description. *Medical Education, 17*, 11-16.

Wood, D. F. (2003). ABC Of Learning and Teaching in Medicine: Problem Based Learning. *British Medical Journal, 326*(7384), 328-330.

中原大學問題本位推動小組。（2008）問題本位學習手冊。Retrieved from

黃柏偉。（2015）。學習風格與人格特質對合作學習之影響。（碩士），中原大學。

賴志旻。（2013）。PBL教學環境中學習風格與人格特質對於學生學習影響之研究。（碩士），中原大學。

Note

Note

Note

國家圖書館出版品預行編目資料

大學課程的多元教學與實務／楊康宏著. ——
初版. ——臺北市：五南，2020.03
　　面；　公分
　ISBN 978-957-763-484-9 (平裝)

1.高等教育　2.教學研究　3.課程規劃設計

820.9508　　　　　　　　108009917

1XHG 五南當代學術叢刊044

大學課程的多元教學與實務

作　　者 — 楊康宏

發 行 人 — 楊榮川

總 經 理 — 楊士清

總 編 輯 — 楊秀麗

副總編輯 — 黃惠娟

責任編輯 — 高雅婷

校　　對 — 卓純如

封面設計 — 王麗娟

出 版 者 — 五南圖書出版股份有限公司

地　　址：106台北市大安區和平東路二段339號4樓

電　　話：(02)2705-5066　　傳　　真：(02)2706-6100

網　　址：http://www.wunan.com.tw

電子郵件：wunan@wunan.com.tw

劃撥帳號：19628053

戶　　名：五南圖書出版股份有限公司

法律顧問　林勝安律師事務所　林勝安律師

出版日期　2020年3月初版一刷

定　　價　新臺幣580元

經典永恆・名著常在

五十週年的獻禮——經典名著文庫

五南，五十年了，半個世紀，人生旅程的一大半，走過來了。

思索著，邁向百年的未來歷程，能為知識界、文化學術界作些什麼？

在速食文化的生態下，有什麼值得讓人雋永品味的？

歷代經典・當今名著，經過時間的洗禮，千錘百鍊，流傳至今，光芒耀人；

不僅使我們能領悟前人的智慧，同時也增深加廣我們思考的深度與視野。

我們決心投入巨資，有計畫的系統梳選，成立「經典名著文庫」，

希望收入古今中外思想性的、充滿睿智與獨見的經典、名著。

這是一項理想性的、永續性的巨大出版工程。

不在意讀者的眾寡，只考慮它的學術價值，力求完整展現先哲思想的軌跡；

為知識界開啟一片智慧之窗，營造一座百花綻放的世界文明公園，

任君遨遊、取菁吸蜜、嘉惠學子！